グリーンソーシャルワーク
とは何か

環境正義と共生社会実現

レナ・ドミネリ
[著]

上野谷加代子/所めぐみ
[監訳]

ミネルヴァ書房

日本語版出版に寄せて

　私はこの日本語版のまえがきを嬉しい気持ちで書いています。本書において提示したソーシャルワークのモデルが，日本の研究者と実践者にとっても有益であると知らされ，たいへん嬉しく思っているのです。日本は，地震，津波，台風，地滑り，公害など多くの自然災害や人災を経験してきた国です。また，災害が引き起こす問題に対応するための備えが最もできている国と考えられてきました。それゆえ，東北で地震とその後の津波，さらに原子炉の爆発が起こり，現在に至っても原子炉の爆発は東北地方と太平洋周辺の環境を脅かす状況にあること，備えがよくできていると考えられていたにもかかわらず災害時の対応がうまくいかなかったことは，ショックでした。この惨事によって，日本の人々は，自らがとるべき方策についての再検討を迫られていると思います。科学者らがIPCC（気候変動に関する政府間パネル）において世界中で複雑な災害がさらに頻繁に発生しうると予測していますが，私たちはもっと学ぶ必要があるでしょう。2016年4月14日から16日に熊本で連続して起こった大きな地震はその一例ですが，東日本大震災以降も日本はいくつかの災害を経験しています。

　グリーンソーシャルワークモデル（GSWM）は複雑な災害にはホリスティクなアプローチをとることの必要性を訴えています。自然災害による被害をさらに大きくする物理的プロセスの理解とともに，その災害が起こる社会の社会経済そして政治的環境のありようと，人が行動を起こすことあるいは起こさないことにより，その災害が悪化しうることについて，理解する必要があります。気候変動に関する国際連合枠組条約（UNFCC）の京都議定書の後，法的拘束力をもたせることに対して世界的な合意を得られていないことは，人々が行動を起こしていないことの一例なのです。もし各国が，社会は力動的で変化するものであり，それゆえある時期には常識とされた考え方は，時代を経れば新た

i

な考え方にとって代わられうる可能性があることを理解していたのなら，この結果は避けられたでしょう。たとえば，この条約の附属書1締結国リストにある西洋諸国と日本は，大きな人口規模を持つ中国とインドの経済成長に危機感を募らせ，19世紀には適切であったモデルとは異なるポスト近代化のモデルを見つけなければならないと強く主張しています。また，条約附属書1締結諸国には，技術的なノウハウを分かち合うことが求められています。弱ってしまったエコシステムをこれ以上痛めつけないようにしつつ，地球上で暮らすすべての人がまともなレベルの生活ができるようにすることが必要なのです。地球上のすべての人も地球そのものも，その誰もが勝者となれる状況を作り出すことに，各国が協力することが求められているのです。

　そして，グリーンソーシャルワークを実践するソーシャルワーカーは，以下のような方法でそのプロセスを支えることができるでしょう。

・人々のニードを満たし，貧困から抜け出ることができるような新しい方法について代弁すること。
・環境事故や自然災害の大きな被害を受けた人々の日常生活に寄り添った新しい政策を提案すること。
・環境問題への関心を喚起する人々と協働し，コミュニティが十分に関与して物事を行うことができるよう，今あるやり方とは異なる別の方法を開発すること。
・グリーンソーシャルワークが環境的に持続可能で当該地域に対応するものであるよう努めること，そして，大災害の発生をできるだけ防ぐ文化的に適したアプローチをとり，人々が大災害に備えることを助け，救助，復旧，復興を支えること。
・大災害を人々がどう経験したかについて，オーラルヒストリー等の方法で記録し，被災生存者が自分たちの経験を振り返り，他の人々はその経験から学ぶことができるようにすること。
・異なるサービス利用者グループのニードを満たす対応をよりよくすること，とりわけ女性，子ども，高齢者，当該社会において多数を占める民族とは異なるニードを持つ少数民族といった人々のニードに対応するこ

と。

・個人，コミュニティ，国のそれぞれのレベルでのレジリエンスを築くこと。

・地元住民が自分たち自身の減災対策を共同して策定し，それを実施することができるよう支えること。

　私は日本の大学に所属する共同研究者らに日本へ招聘され，グリーンソーシャルワークモデルの妥当性を東日本大震災において考えられるかどうかを探索し，いくつかの被災地域で彼女たちと過ごしました。所めぐみ教授（関西大学，当時佛教大学）の優れた通訳と，上野谷加代子教授（同志社大学），斉藤弥生教授（大阪大学）のサポートによって地元の住民，行政職員，NGO のリーダーらと語らうことができたのは，私にとって何よりの幸せでした。この機会によって，私はグリーンソーシャルワーカーが，そうした状況の中で何をなしうるのかについての重要なポイントを理解することができました。それは，住民が自分たちの土地から放射能の除染を行い，より安全な場所に自分たちのコミュニティを再建し，また自分たちの生活を取り戻すため，自らの声を政治家や企業らに聞かせようとすることや彼らの物語を記録すること等に，住民自身がもっと関われるようにすることです。

　私はまた被災地の行政職員や民間団体が，地震と津波により破壊された土地や沿岸部の修復における瓦礫の除去を住民らとすでに行い，住民に住まいを提供し，収入を得られるような活動を起こし，今後の津波に対する防潮堤の構築等にすでに尽力していることを目の当たりにしました。しかし，さらなる取り組みが必要なことは明らかでしたし，日本のように豊かな国であっても，アメリカでハリケーン・カトリーナの際に浮き彫りになったように，元々，十分な資源や人材が無かった所に甚大な災害が起こった場合，そういった資源や人材は使い果たされてしまいます。本書で論じていますが，支援が必要な人々を支える人材の数を増やすことは，被災したコミュニティが被災していないコミュニティとともに，将来に向けて備える計画策定において取り上げるべき課題です。また，ソーシャルワークを学ぶ学生とその教員は，災害が起こった際には

即戦力となる人材を送ることができるよう，通常のソーシャルワーカー養成教育課程において災害の諸段階に対応できるためのトレーニングを行い備えることが求められます。

　災害対応にソーシャルワークが関わる必要性は大きいのです。日本のソーシャルワーク研究者や実践者は，強い歴史感覚，アイデンティティ，これまでの災害を生き抜き対応してきた強さを持った日本の人々のニードに対応する，日本におけるグリーンソーシャルワークを発展させる必要があります。そうした取り組みのための知的基盤はすでにあり，将来，発展する可能性はとても高いです。私の仲間たちの取り組みがうまくいくことを願うとともに，本書が役立つ道具となり，日本の被災生存者への支援や，日本以外の災害多発国においてもそれぞれに適したかたちで活用されるように願っています。今日，気候変動の影響による自然災害の惨害の恐れのない国はありません。フィリピンで起こったハリケーン・ハイアンや2013年にイギリスのサマセットレベルズで起こった洪水による被害は，東日本大震災後に起こったものですが，地球上のすべての人間，地球，動植物，自然環境が，自然の強大な力の前では脆弱であることを改めて思い起こさせるものとなりました。人間は自然からの賜物を得ている地球上に生きるすべてものに代わって自然の力を認め，産業のための資源採出をできるだけ搾取的でないようにし，生命の維持ができるような方法を探すべきでしょう。ソーシャルワークの研究者，教育者，実践者，学生には，いかにして地球の資源の活用と保護をしうるのか，創意工夫をこらして持続可能な方法を探ることにおいて多くの役割が期待されています。

　2017年3月16日

　　　　　　　　　　　　　　　　　　　　　　　　レナ・ドミネリ

謝　辞

　これほど広い範囲を網羅する本を書く時には，感謝しなければならない人が世界中に大勢いる。その方々のお名前を一人ひとり挙げるには数が多すぎる。しかし，頂戴したインスピレーション，ご助言，優しい言葉に対する私の感謝は計りしれない。皆さんの勇気づけとご協力なしに，本書の執筆はなしえなかった。また，グリーンソーシャルワークの基本原則を検討する上で，経済社会科学調査審議会（ESRC）の取り組みが多くの示唆を与えてくれたことを，非常に感謝している。2004年のインド洋津波発生時に組まれたプロジェクト"施設及び専門職の実践を国際化する──津波後のスリランカにおけるコミュニティ・パートナーシップの変動モデル"への支援や，国際ソーシャルワーク学校連盟（IASSW）の気候変動委員会における災害時介入を通した災害生存者の支援を行うという経験が，私の関心を高め，災害，レジリエンス，不屈である人間の精神といったものを幅広く調査することに向かわせた。

　私たちのレジリエンス及び支援ネットワークを必要とする日々の大変な出来事をはじめ，執筆がはかどらなかったり，技術的な問題が発生してストレスを感じている私に絶え間ないサポートをしてくれた家族に感謝したい。

　また，このプロジェクトが完了するまで見守り，常に勇気づけ，励ましてくれた出版社の方々にも感謝したい。さらに，ダラム大学の応用社会科学部，そして危険要因・リスク・レジリエンス研究所のすべての同僚にも，謝意を表したい。その中でも特に，トム・マックリーシュ，スチュアート・レイン，サイモン・ハケットの3氏には，諸科学の間にある分断を乗り越え，協働することができれば世界はよりよいものとなる，ということを提示するために，格段の協力をいただいたことに感謝する。

レナ・ドミネリ

グリーンソーシャルワークとは何か
——環境正義と共生社会実現——

目　次

<table>
<tr><td>序　章</td><td>なぜ今グリーンソーシャルワークなのか</td></tr>
</table>

1　背　景

　21世紀の最初の10年が過ぎた今，ソーシャルワーク実践は，環境危機とそれが地球上の多様な人々に与える影響の解決を迫られている。地球上の環境とそこで生きる数えきれないほどの人間，動物，そして植物のウェルビーイングに与える損害は複雑で甚大であり，災害の頻度が多いだけではないのである。2010年のハイチ，チリ，クライストチャーチでの地震や，2011年のクライストチャーチ，日本で起こった地震――日本で起こった地震は津波と放射能漏れによるあらゆる危険もはらんでいる――のような自然災害は，支援サービスによる対応がとても間に合わないほど被害が甚大である。

　それらの災害はまた，人間の諸活動と経済的要請，社会政策と，被災生存者が経験する困難の深刻さとの間にある関係を浮き彫りにした。例を挙げるなら，ハイチのエリートの腐敗，チリの建築関連法の監視不能状況，そして日本では企業を守ろうとして，被害をより拡大させてしまったことである。これらの大災害に対応するために不可欠な情報，社会資本，そして資源が不足していたため，緊急対応は妨げられたのである。貧しい女性，子どもたち，男性も，ありとあらゆる人々がこれらの失敗により過酷な状況にさらされた。被災者の経験は，何をもって災害とみなすかという概念の整理と災害への対応を変えていく必要性を，環境への関わり方同様，問うている。人々のウェルビーイングを守ることに責任をもつべき専門職であるソーシャルワーカーは，こうした事態によってもたらされている諸課題に立ち向かわなければならない。

　ソーシャルワーカーらは人道的支援とカウンセリングサービスを現地の人々に提供してきたが，メディアを通したソーシャルワーカーらの声はほとんど聞こえてこない。また，大規模な荒廃を将来防ぐための政策の策定過程や，災害

時やその事後におけるニーズを訴える際にも，ソーシャルワーカーの声は不在である。それゆえ，ソーシャルワーカーが関与していないことは，十分考えられる。ソーシャルワーカーの仕事は支援が必要なものをサポートすることである。しかし，ソーシャルワーカーたちが，ミクロレベルの実践からの学びを活かして社会政策を発展させることや，また他の専門職が役割を専有しようとしている時に自分たちの専門性を主張し，マクロレベルの課題に取り組むことは滅多にない。幅広い責任を負っている職業でありながら，ソーシャルワーカーたちは，ローカルコミュニティにおいてもそして世界的レベルでも，人々のウェルビーイングに有害な影響をもたらす環境災害についての協議において，大きな役割を果たせてこなかった。

　コミュニティワーカーを除けば，サービス利用者やクライエントが暮らす住宅ストックの乏しい貧しい地域のひどい物理的環境の改善に向けて，アクションを起こすことは稀である。ソーシャルワーカーは，湿っぽく，そして，かび臭い住宅のせいで呼吸器疾患を罹っている子どもを守るため，新しい住居を必要とする家族にかわって代弁はするかもしれないが，コミュニティワーカーでない限り，団地全体の中にある老朽化した建物等を修繕したり，取り替えたりするためのコレクティブ・アクションに従事することはないであろう。また，気候変動についての議論において，ソーシャルワーカーの声はほとんど聞かれない。しかしソーシャルワーカーというのは，それが気候変動や自然災害により引き起こされたものであれ，人的災害や産業事故（インドのボパールでの事故やケニアのナイロビでの紛争など）であれ，あらゆる環境災害の後にさまざまな地域で活動しているのである。ナイロビのスラムでの紛争は，伝統的な生活様式を干ばつにより失い，牧草地を失って逃れてきた難民たちが，スラムの先住者らとの緊迫した衝突に巻き込まれてしまったというものである。

　本書は，環境問題についてソーシャルワークの視点から明確に論じられた出版物の不足からくる文献のギャップを埋めようとするものであり，どのようにまたどこで行われていようとも，災害の渦中にある人々をサポートするソーシャルワーカーらの声を，政策と実践のそれぞれのレベルにおいて代弁するとともに，さらに強めようとするものである。環境ソーシャルワークやエコロジカルソーシャルワークと称されたものを取り上げている教科書の数も限られてい

る。私は，私自身が「グリーンソーシャルワーク」と命名した理論に焦点を合わせることとする。その理由は，システム思考を基盤としたソーシャルワークの主流アプローチであり，環境の中の人に力点を置くエコロジカルソーシャルワーク（Van Wormer & Besthorn 2007）の範疇を超える本を書きたいからである（例として Gill & Jack〔2007〕）。これらの文献は，貧しい人々や周縁に追いやられている人々，また地球上の動植物の生活の質が，地政学的な社会構造上の力関係の有害な影響を大きく受けていることに関心を向けていない傾向があるし，人類と地球のウェルビーイングを高めるのに必要な変化を確実に起こそうとする行動を支持することができていない。グリーンソーシャルワークは，環境危機への対応において，貧困，構造的不平等，社会経済上の格差，産業化のプロセス，消費のパターン，多様な背景，グローバルな相互依存状況，そして限りある自然資源について問題提起するとともに，いかに対処しなければならないかについて焦点を合わせたものとして，私は論じるつもりである。

　ソーシャルワーカーが人々の生活を向上させる個別支援を日常のルーティンとして行っている専門職であることは自明であり，今日のソーシャルワークが環境問題に対して日常のルーティンの一つとして精力を注ぐことを当然のこととすべきだろう。ソーシャルワークが現代社会で通用し続け，21世紀に人々が解決しなければならない社会問題と環境問題との関連性を強調するとともに，ソーシャルワークの活動が保健学，地理学，心理学，そして精神医学を含む関連専門職に代替されるのを防ぐためには，ソーシャルワークが関わる領域を広げなければならないのである。また，その実践は，地域とグローバルの双方に関わるとともに，当該地域に特化した形で文化的に適合し，国内と諸外国の間にあるグローバルな相互依存性にも関わるものである。このゴールは，身体的物質的な現実，社会経済的，政治的，文化的構造，そしてスピリチュアルで情緒的な場などが一つに収斂され，現実と想像とともに人が生きている場として象徴的なものであり，社会的に構成された意味のある言説空間としてとらえられる場所の構築である。

　貧困とは，絶え間なく継続して起こっている災害であるということ，そして災害への脆弱性を定める際に，単なる追加要因として考慮されるべきものではないと，私は述べたい。こうした見解は，現存する文献において，十分には概

3

念化されていない。私は，これより広範で構造的な貧困のとらえ方を社会的公正の問題——貧困を克服できないことや環境変化を含む社会問題に対して，市場を基盤とした解決方法の検討に参加できない低所得の人々の市民権が否定されてしまうという問題——につなげて考えたい。低所得の人々は，エネルギーを節約できる手段を個人的に獲得したり，新しくて再生可能な「グリーン」テクノロジーを購入できないのである。こうした問題を探究する中で，私は，多国籍企業のさらなる拡大，消費至上主義，資源の不平等な分配，そしてエネルギー保全はもとより，土壌，化石燃料，鉱物，大気に至る，ありとあらゆる資源の枯渇を防ごうとする試みを崩している，人口の移動の問題について考察する。そして私は，低所得の人々の生活の質が，地球を犠牲にすることなく，今日そして将来において高められることを保証するために，これらの問題の解決方法を，ソーシャルワーカーが携わるコミュニティ・イニシアティブに結びつけて考えたい。

　この戦略を採ると，西ヨーロッパ，カナダ，そしてアメリカでは公的支出が削減され資源不足となっていることを批判することになる。これらの国々の統治者らはコミュニティに解決を見出そうとしている。信頼できる言説空間としてコミュニティを再構築し，そこが無限の善意と再生可能なセルフヘルプ活動によって，人々が一生を通じて必要とするものと，国による支援や一定の所得が得られる安定した仕事に就くことなしに確保できるものとの間にあるギャップをカバーすると想定されている。国は自らのケアする責任を放棄しようとしているのである。今では，それらのケアは負担と表現され，イギリス首相（当時）のデイヴィッド・キャメロンが進める「ビッグ・ソサエティ」の考えに要約されている。この例に私は焦点を合わせることとする。その理由は，国が不都合なものを隠ぺいしようとする巧妙な構造を浮き彫りにするからである。国は，自立したコミュニティづくりに役立ちうるセルフヘルプ・イニシアティブに人々を集められる社会の力に頼るその一方で，貧困をつくりだしているということ，人々が個々に抱えている苦しみには関心をもっていないこと，産業界の大物や財界をコントロールできず，人，植物，動物の生活の質を高められる持続可能な環境を構築できていないことを隠ぺいしている。国はその国民と地球上に生息する動植物と利潤追求しか考えない団体等の両者を統治できていな

い。エリートの統治のしかたは，数年前にジョージ・W・ブッシュアメリカ大統領（当時）により「失敗した」国と称された国々よりもさらに悪い。つまり，よい統治が喪失された状況を呈しているのである。そこでは人々は，支配層によって自分たちの権利を奪われ，自分たちと支配者らとの関係は疎遠で分離されているという感情を抱いており，この事実は支配層の民主性の欠如を明らかにしているのである。

　さらに私は，化石燃料への依存を減らしつつ自助力を活用して新しい再生可能技術を活用することで，エネルギー充足が可能なコミュニティを育成することを検討する。このようなイニシアティブをおこし，労働者階級の人々の力を動員する際に，コミュニティソーシャルワーカーは，ミドルクラスのコミュニティがより人道的な都市環境創造のための移送の問題に取り組んだ際にみせた動員のスキルから学ぶことがあるだろう。このようなスキルを用いれば，貧しいコミュニティにおいて不十分なモデルに甘んじることなく，あるいは主流的なソーシャルワークでしばしばみられるように，自分のアイデンティティを隠さずにミドルクラスのライフスタイルを取り入れることができる（Callahan et al. 2000）。さらに私は，ソーシャルサービスは残余的なものやスティグマを与えるようなものではなく，包摂的で普遍的なサービスでなければならないことを論じたい。容易に利用でき，必要な時にアクセスできるすべての人のための質の高いソーシャルサービスは人権として保障されるべきであり，資源を当然必要なものとしてとらえ社会的公正を実現するのに不可欠である。本書において，私はこうした関心事についての理論と実践を統合させるためにケーススタディを活用し，これらの問題をホリスティックに考えることの重要性を指摘したい。

2　新たな言説空間をつくること

　ソーシャルワークの教育者は，今まで，エコロジカルソーシャルワーク，あるいは環境ソーシャルワークを踏まえて講義してきた。それらの理論には，Van Wormer & Besthorn（2007）による *Human Behaviour and the Social Environment*，Coates（2003）による *Ecology and Social Work*，そして

Gill & Jack による "*Child and Families in Context*" の知見が含まれる。これらの論考に主に反映されているのは、社会環境とその中にある個々人の位置について説明しようとするシステム・アプローチである。それらの論者らは、物質的そして人間の社会文化的環境の双方を破壊してきた社会的経済的な発展の構造分析については関心が低い。それらの論考は、現存する社会経済的関係を変えることを目的として、生活がもつ社会的物理的諸要素について論じていない。Besthorn や Coates らにより Global Alliance for Deep-Ecological Social Work というものが立ち上げられており、ソーシャルワーカーの物理的環境への関心を高めようとしている。その影響には限界があるが、これらの課題について論議するため何度か会議を開催している。Ungar（2002）の周縁におかれているグループの環境権と持続可能なコミュニティの形成についての論文は、人権に焦点を合わせることによって、こうした議論を深めた。彼はソーシャルワークの課題について述べているが、本書が扱っている範囲までは十分に取り上げられていない。Ungar はまた、日常のルーティンを越えて、実践者がより持続可能で社会的にも環境的にも公正な世界をつくりだす活動をしようと思えるようなケーススタディの活用ができていないのである。

　私の議論は、Cahill & Fitzpatrick（2002）により編集されている "*Environmental Issues and Social Welfare*" のようなソーシャルワーク実践について書かれたものではないが、関連したテーマを扱っている著作をも超えるものである。その理由は、この本は編集されたものであるが共著者らの誰もが、ソーシャルワークの本流には関わっておらず、またソーシャルワーク実践を取り扱っていないからである。別の著作、Brown & Garver（2009）による "*Right Relationship: Building a Whole Earth Economy*" は、人類のウェルビーイングを破壊する資本主義経済の発展、とりわけ新自由主義経済の発展についての批評が役に立つ。しかし、ソーシャルワーカーらが、資源を集合的に蓄えるマイクロファイナンスやクレジットユニオンからその多くを学んで、これまでのものに取って代わる経済コミュニティモデルを通じて人々が生活を再建できるようサポートするように、新自由主義の破壊的な教義に反対し、よりコレクティブで相互依存的な経済へのアプローチを求めて住民を組織化することなどの実践的な課題についてはほとんど述べられていないのである。Närhi

（2004）は，「ソーシャルワークにおけるエコソーシャルアプローチ」と称して構造的不平等について考察しているが，狭い範囲のエコロジカルな課題，フィンランドの小さなエリアでの検討に留まっている。Mary（2008）の著作の目的は，私の目的に近いけれども，持続可能な世界のための実践について取り上げておらず，実践における介入に影響する産業化や消費主義への批判についてもカバーしていないことから，本書とはギャップがあると考える。McKinnon（2008）は，エコロジカルな課題について論じる上で，ソーシャルワークの価値基盤との関連性を指摘しているが，環境問題については限定的にしか取り上げていない。視野そして取り扱う領域の幅広さを鑑みれば，グリーンソーシャルワークは新天地を開拓しようとするものであるといえよう。

　本書は，社会のほんの一部のニードを満たそうとする産業化モデルを批判的に検討することにより，人間と地球のウェルビーイングを高めるために構造的不平等を無くそうとする文脈における環境と社会正義の諸課題に取り組むものである。本書はまた，他者をケアし，また他者からケアされるという共同責任についても検討している。ソーシャルワークにおいてグリーンであるとは，個人の行動そして社会組織と誰かを社会から取り残してしまう構造的な様相の双方を，さまざまなホリスティックなアプローチで包含してマクロレベルの問題に取り組むということである。そして，それは地球上の資源，技術革新，人間のウェルビーイングを高めるために活用しうる社会的供給物の不平等な分配から起こる社会問題を解決するためには，お互いを支え合う関係と連帯が必要であることを議論するということでもある。社会的供給物は地球上で公平に配分されなければならないし，同時に，人間と他の生き物らとの相互依存性について認識する必要性と，限りある地球の物的資源，地球上の植物や動物を尊重する必要がある。グリーンソーシャルワーカーにとって挑戦となるのは，今日社会の中で周辺に追いやられた人々の生活の質を高めつつ，同時に将来の世代のために地球からの贈り物を守ることである。すべての個人，動物，そして植物のウェルビーイングを守る際にこのことを深く心に留めるためには，現存する不平等な社会関係の代わりとなるべきものを発展させることが非常に重要である。地球のウェルビーイングを高めるためには，西洋社会だけでなくインド，中国，ブラジルのような経済新興国において成長するミドルクラスに象徴され

る消費主義の生活様式を適切に変化させることが求められるし，自分の投資から利益を得たい人々だけでなく，すべてのステークホルダーのニードを考慮する新しい経済パラダイムの創成が必要であり，人口増加を踏まえ，より一層計画的に取り組むこと，そして多様な生物圏と自然界の風景を守ることが求められる。

　グリーンソーシャルワークは，ソーシャルワークが従来軽視してきた領域に対する特別な研究対象を作り出そうとしている。グリーンソーシャルワークは，①平等，②人間と動植物のウェルビーイングの確保，③社会資本（住宅ストック，電力網，交通，通信等）を含んだ環境及び自然資源（土壌，空気，水，鉱物資源等）の相互作用に，環境権と社会的公正に基づき，焦点を合わせるものである。この点における社会的そして環境的公正は，ある人々を社会の周縁に追いやることの問題，構造的不平等，人権，そしてアクティブシチズンシップをグリーンソーシャルワークが取り上げるべきことの中心ととらえ，地球保護のための枠組みにおける介入の新たなモデルの創造を要請する。そのためには，人々とその環境の間の関係性を新自由主義でとらえることを再考しなければならない。

3　グリーンソーシャルワークの理論的根拠

　専門職としてのソーシャルワーカーは以前から環境問題に関わってきたし，それが包括的というよりは限定的な方法であったとしても，引き続き関わっている。この例として挙げられるのは，イギリスで1980年代に非常に人気のあった中間治療プログラムで，若い犯罪者を刑務所から野外活動に連れ出すというものである。こういったプログラムは若者ら本人の成長を励まし，他者や物理的環境とつながるためのスキルを彼らに教える場になったのである。こうした試みは，タブロイド新聞によって納税者の負担で行われる「お楽しみ」であると攻撃され，国がこのような刑務所の代替的プログラムへの資金供給を拒んだことで，あまり行われなくなった。また，他の例を挙げると，イングランドには Mark Hook という多くの罪を犯した者がいた。彼は，7,000ポンドかかったアフリカへの88日間の人格教育の旅に送られたが，メディアから「サファリボーイ」と呼ばれ叩かれた。帰国して間もなく，彼は民家に強盗に入り，いく

つかの物を盗み，北ウェールズのブリンメルリンセンターから盗んだ車を無保険で運転した罪で，グロスターシャーカウンティの裁判所により 9 カ月間収監された（Waterhouse 1994）。「サファリボーイ」に関してのメディアによるヒステリックな反応は，彼のような若い犯罪者たちが中間治療プログラム修了後もさらに罪を犯したため，このようなプログラムについての論議に決定的な「転換点」を与えた。彼らの再犯は，人格を形成し本人の成長を促すことで個人の行動を変えられると主張するプログラムへの支持を失わせた。メディアと国は，若者たちの過ちに焦点を合わせることで，若い犯罪者たちが戻らされたコミュニティにはびこっている貧困からの回復や社会復帰・更生の機会の提供に国が失敗していることを，都合よく無視したのである。人々の生活への介入の成功を支えるためには，本人と構造の変化が共に起こる必要がある。これは，この事件から学ぶことができる，より建設的なレッスンである。

　グリーンソーシャルワークと私が定義するものには，さまざまな環境とそれらが人間の行動に及ぼす影響についてのホリスティックな理解がある。環境は治療目的で用いられることがあるけれども，環境はまた社会的に構築されたものであり，たとえ人々が自分たちの目的の達成のためにそれを用いたとしても，何かの目的のための手段ではないことが尊重されるべきである。私が考える「サファリボーイの事例」における保護観察官の失敗は，若者自身について，また彼がすでに日常的に知っている環境について，尊重する感覚を教えるのではなく，未知の地での短期間の野外活動を経験させることで若者のコントロールと躾という目的を達成しようとしたことである。この意図が，自分のもつ潜在的な力のすべてを発揮させうる彼自身の能力を妨げるのである。また，彼が社会において活動的で価値のある一員になれる努力を続けられるためには，彼の行動だけでなく何を変える必要があるのかを理解できていなかったことも，この失敗の要因の一つである。もし保護観察官らが，これらの点について理解できていれば，彼の行動に真の変化を起こさせる，自分自身への自信と，自分や他者，そして環境を信頼する気持ちを起こさせることができたかもしれない。人は，環境や他者を尊敬し尊重するためには，社会における場と関わりの感覚が必要なのである。それがなければ，疎外感を感じ他者から距離を置くことで，違法行為や社会の混乱を一層助長する言動をしてしまうのである。この教訓は，

2011年夏にイングランドで起こった暴動に参加して刑に処された者たちや，ギリシャで財政緊縮策に反対して収監された者たちに起こり得ることと関連している。

　私は「グリーンソーシャルワーク」は，そうした部分に関わる実践であること，つまり，構造的不平等の広がりと，力と資源の不平等な分配について論じる平等主義の枠組みの中で，人々と社会文化的，経済的，物理的環境との間，そして人々の間の相互依存性を統合することによって，環境を守り，人々のウェルビーイングを高める介入を行う実践であると定義したい。こうしたことに注意を払うことで，ソーシャルワーカーが人々のアイデンティティを尊重し，再分配を重視するよう政治的にも関わること，そして環境を人間に都合の良い搾取の道具として扱わないことが求められる。本書はアイデンティティと再分配の政治に関わることから，主に人と社会的物理的環境との相互作用に関心を集中させ，本書でいう「環境」とは，環境について，人が働きかける対象ととらえているソーシャルワークにおける「ディープ・エコロジカル・アプローチ」が掲げる諸課題の範疇を超えたものである。私は，こうしたアプローチは人を別物として特別扱いし続け，現存する平等ではない社会関係，力関係そして資源分配のシステムを変えようとするホリスティックなソーシャルワーク実践がするようには，人が包含されている物理的，社会的，経済的，政治的，文化的等すべての環境を統合的に扱っていないと考える。社会的環境と物理的環境は相互作用し，互いに影響を与えている。こうした事柄を考慮した上で，私は，ソーシャルワーカーが果たしてきた役割，そして現代の主要な環境課題（環境悪化，公害，一部の富裕層による消費過多，気候変化，自然災害によって引き起こされた転住，水や土地，澄んだ空気等の不足する自然資源の奪い合いに伴って増えている闘争等）においてソーシャルワーカーが果たし得る役割について検証する。そこには，ソーシャルワーカーが代弁者として，政策立案者に影響を与えるロビーイストとして，一人ひとりが抱える苦痛に対応し治療するワーカーとして活躍する能力を探求することも含まれている。ホリスティックな「グリーン」アジェンダを包含することによって，既存のソーシャルワーク実践を変えられるかについて考察したい。次に，私の見解を以下のように各章で展開する。

4　本書の構成

　第 1 章において，主要な社会的災難である貧困が社会的・物理的環境が最も
悪い状況で暮らす人々にふりかかるのは，環境権がないことに付随しているこ
と，そして公害や自然災害が，いかにその人たちに偏って降りかかっているか
という点を考察する。貧しい人たちは，環境危機に対応しうる能力を強めたり，
高価な燃料，高品質な食品，人並な住宅を購入する財政的な手段を持ち合わせ
ていない。現在の世界的な財政危機は，とりわけ公的な社会福祉に頼らざるを
得ない貧しい人々を増加させ，一方で，その需要が高くなっている時に公的な
社会福祉予算の削減をもたらしている。一国の独立国家が信用に値するかどう
かを市場に決めさせることによって，国家の借金返済能力を弱め，その一方で
国民には前代未聞の厳しい緊縮財政に耐えさせようとすることは，ギリシャの
国債の例に見るように，公的財源をヘッジファンドホルダーのポケットに投入
することとなる。これは，投機家の膨大な利益と自らの窮乏を納税者が対比し
た時，納税者の激怒を招くであろう略奪資本主義の一例である（Landon 2011）。
他の西洋諸国では，「緊縮の時代」が拡大しており，西洋の経済を危険にさら
しているのである。なぜなら，それらの国々では繁栄を促すために必要な成長
を志向した結果，人々を有給雇用に就かせることができないからである。バラ
ク・オバマ大統領（当時）は，ますます深い不況に経済に陥っていく中，アメ
リカの失業の恒常化しつつある状況を改善するため奮闘している。イギリスで
は，デイヴィッド・キャメロン首相（当時）が，厳しい時節を人々が乗り切れ
るようにと「ビッグ・ソサエティ」という大きなアイデアを提案した。しかし，
この計画は貧しい人々の苦境を悪化させるものであり，容赦ない公的支出の削
減と福祉資源への公的資金供給を削減するとともに，人々が病んでいるかのよ
うに扱い，彼らの苦境の責任が本人たちにあるとして，彼らのスキル，主体性，
自立しようとする意志のなさを強調するのである。状況に即し，ホリスティッ
クであり，革新的な，ストレングスに根ざした解決策が，そのような「猛攻
撃」に対して効果的に対応するためには必要である。ソーシャルワーカーは，
新しい前進策を人々が見つけることを支えることができる。第 1 章では，その

ような改善策について，社会的・物理的環境の双方におけるソーシャルワーカーの役割に着目して検証する。

　また私は専門職としてのソーシャルワークの危機について考察する。他の専門職，特に心理学，精神医学，人文地理学，犯罪学といった専門分野との間で「血を流す」ことがないようにするためである。同時に，ソーシャルワーカーは環境問題について発言し，グリーンソーシャルワークを再分配の枠組みにおいてローカル，世界的なレベルの双方で実践することで，新たな活動領域を拡張する機会を持つことができる。ソーシャルワーカーは新たな挑戦に立ち向かうスキルを持ち，市場経済による略奪からコミュニティワーカーたちがコミュニティを守るためにコミュニティに働きかけたようにである。これらはゲットークレンジングへの抵抗の例であるが，西洋諸国で暮らす貧しい人々が，幹線道路を通すために自分たちの家が撤去されることに抵抗すること，またインドのムンバイの都市スラムに暮らす人々が，裕福な人々のための大きな開発のせいで自分たちの家を明け渡さなければならないことへの反抗も類似した事例といえる。ソーシャルワーカーは，貧しい人々が集団として，そうした開発に異議申し立てができるよう助けるのである。これらの闘いのいくつかは勝利できたが，負けに終わったこともある。重要な点は，貧しい人たちが自分のコミュニティと関心を守ろうとすることを，ソーシャルワーカーが継続して助けることである。たとえ力があり，物事を決めることができ，資源を持つ者らが，生活状況の改善を求める人々の要求を無視したとしてでもある。

　第2章の中心的テーマは，産業化と都市化の現在の形態への批評である。産業化は，都市環境に活動を集中させ，構築されたインフラは企業が利益を上げる機会を増やし，職と生活水準の改善を求める人々が都市へと流れるのを助長する。このアプローチは過度な都市化をもたらすとともに，人々のウェルビーイングと物理的環境への甚大なダメージをもたらした。貧しい人々が悪化した物理的環境下での生活によってもたらされる直接的コストに耐えたとしても，開発事業が開始され，彼らと彼らのコミュニティにどのような影響が及ぶかについて，彼らが声を上げられる機会はほとんどない。これは歴史的にも証明されており，囲い込みの時代にスコットランドやイングランドの田園地域では，そこに暮らしてきた人々が土地を失い，ロンドンなど，ヴィクトリア朝イング

ランドの大都市では，無数の人々が窮乏に追い込まれた。現在こうした状況は
南半球の巨大都市のスラム街において顕在している。双方の結末のシナリオは
同じである。それは，一度は自給自足できていた地方の人々の生活の質が短期
間で落ちてしまい，そして自分の労働力を長期間にわたって提供せざるを得な
くなることである。持続可能で健康な環境の欠如と，十分に稼ぐことができた
地方での雇用機会を失うことは，過度な都市化による圧迫とこれに付随する問
題を制限するために，必ず論じられなければならない。

　社会関係はより階層的に分化しており，家庭においては，男性が支配的にな
りはじめ，職場では雇用者が自分の思う通りに指図し，幸いにも職を得ること
ができた者はそれに従うことが期待された。このような形態の社会組織におい
ては，富める者による振る舞いや下された決断が，他の人々に悪影響を与えて
いたとしても，責任を負わせることが困難であった。現代の多国籍企業のオー
ナーやマネジャーらの無責任ぶりは，ソーシャルワーカーが注目すべき問題と
して残ったままである。課題は，抗議をする前に明確にされるべきである。実
践者は，それらの企業の下した決断が，声なき人々の暮らしに与える影響に責
任を持つことを働きかけられるよう，コミュニティの組織化を支援すべきであ
る。

　また，第2章では，私は事例を用いて，ソーシャルワーカーがどうすればロ
ーカルレベルで動くことができるか考察する。これは，より持続可能で生活を
より良くする方向で都会の生活を発展させうるように視座を提示するためであ
る。そして，ローカルエリアのすべてのステークホルダーによって取り組まれ
るアクションへの責任を追求する。私はさらに，ローカルな施策が国と国家間
レベルへどのように影響を及ぼしうるかを探究し，コレクティブ・アクション
による状況改善を確認するための視点を提供する。これらの課題を検討するに
あたり，私は北半球と南半球双方の事例を用いた。これらの事例には，マイク
ロクレジットによるベンチャーの立ち上げや，クレジットユニオンのような地
域に責任を持つ金融機関，金銭のやり取りを避け市場の外のサービスへのアク
セスを可能にする地域通貨スキームのようなローカルエリアネットワークの創
設，社会的企業の創設等が含まれている。私は，批判的・省察的な見方でこれ
らの施策を検証する。なぜならソーシャルワーカーはこれらの活動にホリステ

ィックに関わることで多くを学ぶことができるからである。

　産業化は引き続き第3章においても重要トピックである。ここでは，工業プロセスで排出される汚染物質の無制御が原因と考えられる呼吸器疾患の増加やさまざまな障害等，環境汚染が産業化の副産物として人々の健康にどのようにひどい影響をもたらしたのかに焦点を合わせる。西洋諸国において鉛を車用のガソリンの原料にすることが禁じられたことは，いかに車の運転のような毎日のルーティンを変え，主要な道路近辺で暮らす人々の健康に大きな改善をもたらすのかを例証している。また，深刻な事故は，科学的につくられたものが制御不能に陥った際に，人がコントロールしようとしたことで起こっている。1986年に起こったチェルノブイリ原発第4高炉の爆発は，その一例である。それは今後も立ち向かわねばならない広範囲にわたる長期的な「後遺症」を必然的に伴った。その他の例として挙げられるのは，世界中のさまざまな地点で，ダイオキシンや放射性物質が漏出していることである。イタリアのセベソで1976年に起こったダイオキシンの大気への漏出や，2011年に起こった東日本大震災とそれに続く津波により起こった福島第一原発での爆発事故である。これらの事故は，世界人権宣言（UDHR）の第22条から27条に謳われている，すべて人は地球からもたらされる幸を享受することができ，自分たちのスキルと能力を十分に伸ばすことができる権利として定義されている人々のウェルビーイングにひどい悪影響を及ぼしている。

　また，第3章では，アメリカのスリーマイル島，ウクライナのチェリノブイリ，インドのボーパルで起こった甚大な産業事故について，ソーシャルワークの観点から検証する。がんの増加と先天性障害の出現率の上昇，生計手段の喪失，社会的孤立とスティグマ，これらに起因する不健康と高い疾病率はソーシャルワーカーが今までも対応してきたことである。私はまた，ソーシャルワーカーがこれらの産業災害への地元のレジリエンスを高める上で果たす役割を探求する一方で，経営者らが自らの責任を取るよう，既存の社会資源と法的手段を活用することの重要性を強調する。

　気候変動は第4章のメインテーマである。気候変動は西洋の企業家たちによって促進された産業モデルの副産物である。彼らは，利益を得るために自然資源を搾取して製品を生産し，最も安価な廃棄物処理の方法という理由で，温室

効果ガスとその他の環境汚染物質を大気中と水中に放出している。これらの行動はその結果として，地球上のすべての生物を脅かすレベルまで気温を上昇させることになった。気候変動は，最近の環境危機の代表例であり，それは一つの国の深刻でダメージを与える行為が他の国々や環境に影響を与えてしまうという，世界的な相互依存の例である。西洋諸国は，工業化の過程でますます増加した温室効果ガスの排出により，南半球の農村地域において工業化が進んでいない生活様式で暮らしている貧しい人々に損害を与えて，その利益を得てきたのである。そして，その結果として起こっている大洋に沈む危機にさらされているモルディブやツバルのような小さな島国への影響が，とりわけ気にかかるものである。意図されていたものでないにせよ，気温の上昇を永久に２度以下に制限するように，環境の浄化と環境に優しく再生可能なエネルギー源を開発するために，環境汚染者が代償を支払うという要求に結果としてつながったのである。国は重要な役割を果たすべきことを訴えたい。なぜなら(a)国家は，国民の集合的な意思を具現化し，国民がケアされ他者をケアする権利を保証する者であり，それらを提供できなかった場合には責任をとらねばならず，(b)現在の市場ではすべての人々にそれを保障することができないこと，そして(c)慈善で対応するには事があまりにも大きすぎて対応できないことが，理由として挙げられるからである。さらに国家は，これらの問題を解決するために企業らが博愛的な役割を果たすよう促す必要がある。政治家らは，企業や個人に助成したり，再利用可能なエネルギー源を維持する公共設備を設営したり，個人レベルでの行動変容を起こすための公共教育キャンペーンを実施することにより，自分たちの選択を示すことができるのである。現行の戦略である「通常通りのビジネス」は，これらの問題を引き起こしてきた産業モデルを当初より変えようとしないものである。また，これらの問題に立ち向かうための資源を持ちえない人々に自分たちの決定が与えた影響を無視する資本家たちに，責任を取らせようとするものでもないのである。これらのメッセージは国連の気候変動に関しての会議で，繰り返し発せられてきた。国家は，自分たちが優先的にせねばならないこととその対応について，再考しなければならないのである。国，人々，そして環境の間の依存関係は，気候変動による葛藤への解決には，エネルギー消費を統制するための解決法を見つけるための市場における高価な技術

や，世界的にみられる不平等な力と資源の配分の問題の解決から排除されている人々をもっと包摂し統合して取り組む必要があることを示している。ソーシャルワーカーは，これらの問題に関心を集めるとともに，これらの問題に地元の人々が関われるよう示すことができるのである。

　エネルギー削減にかかる財政的制限を超えて貧しい人々が力を持てる例として，イングランドにおいて提案されている固定価格買取制度（feed-in tariffs）の成果が挙げられる。この施策により，住民は家庭で使用する電気を再生可能なエネルギー源からつくり，その余剰分を政府が決めた料金で電力会社（the national grid）に売ることができる（この制度の名前の由来である）。この制度の導入により貧しい人々と電力会社がパートナーシップを組んだ際に，貧しい人々とそのコミュニティに利益を与えるかどうかは今の段階では確かではない。しかし，小規模な試行的プロジェクトで，小規模の再生可能エネルギーの技術により，貧困により燃料が使えない問題（fuel poverty）や失業を解決しようとする事例を，本書では取り上げる。このような戦略に取り組むことで，貧しい人々は貧困により燃料が使えない問題を伝えることができ，化石燃料によるエネルギーの消費を削減することが可能となり，雇用の機会を広げながら生活水準を上げつつ，エネルギーの自給自足が可能なコミュニティを開発できるのである。私はこのような試みについてこの章で取り上げるが，その理由はコミュニティソーシャルワーカーたちは，たとえばイギリスのガイルズゲイトやアルゼンチンのミサルミにみられるように，北半球・南半球ともに，こうした取り組みに加わっているからである。私はこうした事例を用いて，ソーシャルワーカーが京都議定書に基づく気候変動にかかる政策議論において積極的な役割を果たし，ソーシャルワーカーが活躍する領域を拡大すべきことを議論する。

　環境悪化は物理的環境にダメージを与え，砂漠化，洪水，環境危機をもたらしてきた。第5章において私は，気候変動の結果と，伝統的な農地や森林を侵してきた産業プロセスについて検証する。これらは長きにわたって人々の生活の場であった地域やそこでのライフスタイルの消失を促進させてきたのである。とりわけ開発途上国の遊牧民や他の国々の先住民たちの，人と土地とが一体的につながった伝統的な生活を送ることを好んできた人々の生活に影響を与えてきたのである。環境悪化は周辺環境が悪化することにより，移住を余儀なくさ

れた人々の間に衝突をもたらしている。世界の中の各所で起こっている砂漠化や広大な範囲で長期にわたって続く洪水によって，人々の移動は続き，農村部だけでなく都市部の既成環境にも土地の不足による重圧（intensified land stress）をかけている。不足している土地資源をめぐって人々は競争し，それによって環境危機から逃れてきた避難民たちのためのキャンプの中でも，彼らとその生活環境をますます危険にさらしているのである。災害前の平時と災害後の状況に対応できるレジリエンスをそのようなコミュニティに築くことは，気候変動に対する脆弱性を削減することに重要な役割を果たす。本章においては，紛争が起こった際に，いかにソーシャルワーカーが仲介者としての役割を果たすことができるのかを，そしてコミュニティディベロップメントワーカーたちがもっと持続可能な方法で，どのように人々の生活とコミュニティを復興できるのかについて，私は論じたい。ソーシャルワーカーによる介入で，興味深いものが，ケニアのマサレバレーで起こっている。ナイロビのスラムに干ばつを逃れてきた人たちがたどり着いた時，新参者とそれより前にそこに住み着いていた人々の間に一触即発の状況が生まれてしまったが，ソーシャルワーカーたちが住民たちとともにその状況を鎮める働きをしたのである。

　第5章では，その他の問題についても検証する。ケニア，ソマリア，エチオピアの国境で暮らす原住民たちが，ヨーロッパ諸国によるアフリカの植民地化の過程でつくられた国境超えを阻まれている状況についても取り上げる。たとえば，ケニアのダダーブキャンプでは9万人のソマリア人が，Said Barr の独裁政権の崩壊後，難民となっている。2008年から2009年にかけて起こった干ばつは，これら3つの国々から流れてくる人々の数を2倍以上に増やし，そのため環境悪化をさらに進めてしまった。これらの人々の集住地の増加を制限しようとする公的な試みの中には，ケニア政府が宣言したもののように，もし国民が難民キャンプで支援を求めたとしたら国民としての市民権を失うというものも含まれていた。しかし，こうした形での排除は，マサイの人々がキャンプに行くのを止めることはできなかった。これらの課題は，UDHR の下での市民権を守るとするケニアの国家的な失策の懸念を生じさせるものである。さらに，ソーシャルワーカーは，難民救援ワーカーとして，行き場を失った人々のために放置したダダーブのキャンプにおいて，国籍によっては援助を受けられなく

なるという「排除」を支持することは，倫理に反することである，と述べるであろう。マサイの人々がおかれた状況は，植民地支配の力がアフリカの現地の人々に専断的に国境を押し付けたことにより生じた問題の困難さを表している。そして，なぜ市民であるはずの人々が，彼らが伝統的に遊牧のために活用してきた土地の間を移動するだけで，自国政府に助けを求める権利を失わなければならないのか。さらには，世界食糧プログラム（the World Food Programme）によって難民キャンプに提供される食糧は通常十分ではないが，支援ワーカーたちは自分たちの仕事をするためには，政府と一般の人々にその資源を頼らざるを得ない。食糧不足はこの干ばつの間，他所でも起こっていた。たとえば，エチオピアのアユーブキャンプである。こうした問題を考える上で，私はソーシャルワーカーがこうした状況下で果たせる役割を考えたい。たとえば，国に援助を求めることで市民権を喪失してしまうという問題に疑問を投げかけることである。

　環境悪化は産業化，都市化，地球上で起こっている人口増加による諸要求により引き起こされてしまっているが，それは人々の生命を守るべき既成環境と基幹施設が，自然災害が発生した時には人々の生計とウェルビーイングを失わせてしまっているという失敗を犯しているからである。私は第6章で，人の移動，人が周縁化されること，そして社会的排除，環境への要求が複雑に絡み合っていることを論じる。これらの互いに競い合う要求に対応するためには，精微な計画と十分な地域住民の参加が必要である。この目標を達成するため，人道支援のワーカーは「金太郎飴」のような計画に沿って仕事をしてはならないのである。そうではなく，自分たちの仕事を当該地域の文脈に合わせていくこと，そしてその地域特有で，そこでの文化に合った実践を，貧しい人々を支援している幅広い関係者や学問領域，政府機関とともに担うべきである。

　ニューオーリンズにおけるハリケーン・カトリーナでは，アフリカ系アメリカ人たち等貧しく周縁化された人々のニーズに対して，救援や政府の対応が遅れ，大きな被害を引き起こすという影響が生じた。2011年に起きた複合的災害（東日本大震災）への日本政府による初期の対応は，生存者たち，特に高齢者たちから不十分であったといわれている。これら2つの例は，世界で最も豊かな2つの国においても，対応が十分にできていないことを示しているのである。

ハリケーン・カトリーナではアフリカ系アメリカ人，子どものいる低所得家族は，堤防決壊後の救援活動において特に悪影響を受けていた。これらの事例は，社会において最も周縁化された人々が，災害だけでなく，救援活動中にも最も困難に遭遇することをよく示している。2010年夏に起こったパキスタンでの洪水と，同年ハイチで起こった地震は，コレラと胃腸疾患の大発生を引き起こした。これらの状況は，公共設備再建の緊急的対応ができていないことを示している。具体的には，災害により破壊された後の，衛生や水の供給の確保等である。そして，貧しい人々のニーズに対する対応の失敗をこれらは露呈させているのである。

　第6章で，私は，悲惨な「自然」災害へのソーシャルワーカーの関わりについて，実践者らが災害介入をどう見ているか，そして将来においてより適切な災害介入につなげるための実践者からの提言等について検証する。「自然」災害には，その有害な影響を悪化させる人的影響の要素があることを私は議論したい。私はまた，もし人々とコミュニティの間に，災害そのものへの対応と被災後の生活復興のためのレジリエンスを築こうとするのであれば，そうした災害への対応はもっと予防に焦点を合わせることを提案したい。そうした計画において正式なプレイヤーとしてコミュニティを巻き込むことは，レジリエンスをどのレベルにおいても高めるために極めて重大であり，それはソーシャルワーカーがその必要性を代弁しかつ促進することができる実践の要素である。私はまた，いかにして異なる専門職からなるチームが，地元の人々によりそって，将来の災害にもっと備えるための活動ができるかについて検証することに努めたい。例を挙げれば，ハイチでは，地滑りの専門家たちと救援ワーカーは，避難民のためのキャンプが安全な場所に設置されるよう協働している。

　第7章では，私は，地球の自然資源である土壌や水，エネルギーや鉱物資源といったものが，西洋モデルの工業化の要求によって使い尽くされつつあることを論じる。現時点においてこうした資源の恩恵を受ける少ない人々のためだけとしても，こうした自然資源は持続可能ではなく，いわんや国連が2050年までに90億を超えると推測しているように増加を続けている世界人口にとって持続可能とはいえない。私は第7章において，こうした懸念や人口増が引き起こす問題について，欠乏の観点から考えたい。一方，私は，人々を貧困から抜け

出させ，持続可能な発展と健康なライフスタイルを促進する方法が見つからず，来る世代と地球上の植物や動物たちのための将来への見通しが非常に暗くなければ，この課題についてマルサス主義者たちが抱く憂鬱を是認しない。また，それは，土地や水といった限られた資源をめぐる抗争を将来激化させることになるかもしれない。

　楽観的な例を挙げるなら，自然資源をめぐる抗争を非暴力な方法により解決しようとしてきた国々があるということである。最新の事例でいえば，エジプトとエチオピアが，両国における人口増による水の必要性と生活水準改善への要求を満たすために，ナイル川の管理について交わした協議がある。彼らの協働は，2008年にキルギスとタジキスタンの国境にあるイスファラ川を流れる水の管理をめぐり噴出した暴動とは対照的である。第7章ではまた，不足する資源をめぐり起こりうる潜在的な対立を解決し，すべての人と地球にとってwin-winの状況を達成しようとする，諸国間で実施される取り組みについて，いかにソーシャルワーカーがサポートしうるかについて検証したい。これに加えて，私は，ローカルレベル，国レベル，地域（region），そして国際的レベルでの政策の検討も加えたい。

　第8章では，近代性，あるいはお金のある人々と彼らの関心事を優先させる，階層性と一体となった産業化のプロセスに基づく西洋様式による世界観について掘り下げてみたい。ポストモダニストらによる批判がなされるまで，近代という世界観は，他よりも優れているとみなされていた。それは，その支持者らが「科学的」と称した実証された証拠に基づく合理的思考プロセスの産物であることを誇り，他を劣ったものとしてみくびった。他の視点で世界を見ること，とりわけ地球上に存在しまた生活するそのあり方が，土着性を持っていること，産業化前のままであることが，激しく非難されたのである。西洋社会は，19世紀のヨーロッパに典型的にみられた剥奪の形から，その社会の人々を持ち上げることによって，現実をそのように描写することで利益を得てきたのである。しかし，西洋社会は，自国内における貧困の撲滅に失敗し，自分たちのためのプロジェクトにより，地球の自然資源や他国において伝統的なライフスタイルを破壊し，経済的未発展を助長することで，貧困をより深刻化させている。このような植民地化につながるような投機的事業とこの事業がもたらした新植民

地主義には，西洋的思考モデルを促進する教育を通じて永続してしまう潜在的危険性があり，数々の疑問が現在投げかけられている。また，中国のように急成長している超大国が，地元の人々の強い思いや人権や環境を守ることについては関心を持たずに，土地とその他の資源を手に入れていることについても懸念は表されている。

　近代に替わる世界観は，以前から継続してあるのである。それらの中で重要なものは，生命に対してスピリチュアルなアプローチであり，西洋社会またそれ以外の地域に元から住む人々の中に見ることができる。彼らは，植民地化政策においては合法とされた「猛襲」にもかかわらず，必死で取り組み自分たちの文化，言語，伝統を守り続けてきた。アジア，南アメリカ，アフリカの現地の人々は，強い困難にもかかわらず，伝統的なライフスタイルを保持してきた。西洋社会において彼らと同様な人々は，自分たちの資源の権利と，もっと持続可能なライフスタイルへの回復を要望した。これらはしばしば，その地に近代以前からいる人々による運動として定義され，ソーシャルワークにも大きな影響を与えたのである（Gray et al. 2008）。現地の固有性を重視するアプローチの中で日常生活にとって重要なのは統合された関係性であり，それは人としての自分たち自身を見つめ，そして人と人の間，人とその周りの社会的・物理的環境との間の関係性を直視しようとするものである。それらのアプローチにおいて，自分たち自身を地球上の植物，動物，天然資源を将来の世代のために守る人と定義づけているのであるが，これは人と，他の形をした生命体，そして生命体でない物体との間のスピリチュアルな関係性に組み込まれている。これは生きとし生けるものとその周りの物理的環境に対してのスピリチュアル志向を示している（Green & Thomas 2007）。

　第8章では，いかに現地固有の信念，特にカナダの先住民やアオテアロア（ニュージーランド）のマオリが持つ信念が共同的な傾向を持ち，自然環境への破壊的影響を最小限におさえ，コミュニティを基盤とした持続可能なライフスタイルで生活している点を考察する。先住民たちは，よりホリスティックで共同的なアプローチで自分たちの活動を支えている。彼らはまた受け継いできた言語や伝統的なアイデンティティを保ち続けている。これらの「財産」を利用して，先住民たちは福祉や刑事司法の支配的なアプローチを批判し，困難と／

あるいは社会的問題を経験している人たちへの代替的な対応策を開発しようとしている（Grande 2004）。たとえば，非行青少年へのマオリのアプローチである。家族グループカンファレンスを通じて，本人の生活を立て直すためのリハビリテーションとサポートを，家族のすべてを巻き込んで行うというものである。

　こうした先住民たちの生活についての知識とアプローチから得られる洞察は，ソーシャルワーカーが，都市部の人口密集地域で，実際の世界と人々が再びつながり，他の人々とのつながりを新たに築くことを助ける実践に役立つレッスンを提供してくれる。それは大都市の都心部へ向かって多くの若者が，実際は見つけることが困難な，稼げる働き口を求めて地方から流れ出て，その結果，さらなる極貧状況と環境悪化を引き起こすことを防ぎ，持続可能な方法で産業化を図る道を探している地方で活動するソーシャルワーカーに対してでもある。

　私は，終章においてそれ以前の各章から明らかになった事柄を発展させ，ホリスティックなモデルのソーシャルワーク実践を発展させるべく考察し，本書の結論としたい。この実践は，世界中の人々，植物，動物，天然資源の間の相互依存性と連帯を促そうとするものである。そして，コミュニティを基盤とした実践を通じて促進されるものであり，政府と多国籍企業に対して彼らの決断に対する責任を持たせようとするものである。そして，これらの取り組みを通してすべての人々のウェルビーイングを守り現在と将来の世代のために環境を守り，また／あるいは高めることができる，持続可能なライフスタイルを発展させることが，今後，不可欠である。私はこのモデルをグリーンソーシャルワークと称する。それは，ソーシャルワーカーがコミュニティにおいて日々の実践を通じて，人々に寄り添い，社会文化的，物理的環境に加えすべての生きとし生けるものを尊重し，「社会」の中にある貧困軽減を目的としたものを含む経済活動に与し，そして社会的正義と環境的正義を促進しようとするものである。これはソーシャルワーカーに，ローカル，国，地域（リージョナル），そして国際的なレベルでアクションすることを求めるものであり，力と社会資源の平等な分配に賛同して変化を起こすための代弁を行う組織を活用すること，そして，植物や動物を含む地球の物理的恵みの保護を求めるものである。

<table>
<tr><td>第1章</td><td>社会的・環境的災害の中の専門職の危機</td></tr>
</table>

―― 訳者コメント ――

　本章では，まず，他者をケアする義務と他者からケアされる権利の両方を広く行き渡らせるためには，社会的，政治的，経済的，さらに環境的に存在する構造的不平等の変革が必要だと強調しています。そして，現代社会が抱える課題に，ソーシャルワークの基本としてのミクロからマクロへの広い視座を保持し，創造力をもって対応することがソーシャルワーカーの資源と能力を広げ，課題を抱えた地域，そしてそこに暮らす住民をエンパワーすると述べられています。本章は，自信を失いつつある世界のソーシャルワーカーたちを勇気づけ，鼓舞する内容といえます。

はじめに

　現代のソーシャルワークは，従来の課題に加えて新たな課題にも直面している。従来の課題とは，貧困への対策や少年・成人による犯罪行為への対応，児童虐待の予防の失敗等であり，これらは，この専門職の誕生以来存在している課題である。新たな課題とは，たとえば気候変動や災害対策等である。同時に，ソーシャルワークも専門領域としての立場が揺らぐ等，大きな変化の渦中にある。1世紀に渡り，国内外においてその研究基盤と地位の向上を目指してきたにもかかわらず，医療や法等の高いレベルが求められる専門性においてソーシャルワークの地位は依然として疑わしい状態にある。歴史的な経緯はあるにしても，ソーシャルワークにとって理論と実践方法といった独自の特別な知識基盤を明示すること，そして資格を証明することに活力を注いできたが，先行きの不透明さが専門性に対する自信をへし折ることになった。ソーシャルワークの多様な専門性のありようは世界中で認知されているが，他国に比べソーシャルワークの実践家が評価されている北欧諸国ではソーシャルワーカーはその専門性を高く評価されているが，イギリスの政治家はほとんどの場合，社会に対

するソーシャルワーカーの貢献をとりわけ低く評価している（Oxtoby 2009）。

　西洋諸国では，専門職としての信頼性の欠落は次の3点において表面化する。第1に医療など他の専門職と関わる中でソーシャルワーカーの評価が低いと感じられる時，第2に，かつてソーシャルワーカーが独占していた権限が，他の専門職の適切な活動を通して，そのもろい境界にできた穴がさらに広げられる時，そして第3に，実践に深刻なミスが生じた際に，メディアを通してソーシャルワーカーだけが強く非難される時である。特に，この3つが重なると，ソーシャルワークにとっては大きな損失が生じる。ソーシャルワーカーが現場の期待に応えられない時，とりわけ児童保護の領域において，専門職としての立場を弱体化させることになる。資源の不足は大きな要因だが，多職種連携の現場においてさまざまなチームの間で通用するコミュニケーションのための適切なチャンネルが欠如していることと（Laming 2009），社会におけるソーシャルワークの役割が不明瞭であることは非難される事柄である。しかし，すべてが悲観的というわけではない。というのも，ソーシャルワークは世界中に広がっており，「ソーシャルワーカー」という仕事に就く人がいる国は90カ国にものぼる。多くの西洋諸国のソーシャルワーカーは社会問題に対して個別に関わることが一般的だが，南半球では，公共における啓発に力点が置かれ，より職権が与えられたソーシャルワーカーが社会・地域開発に関わることが多い。

　この専門職がアイデンティティとステータスにおいて危機的な状況にある一方，対象となる社会的・物理的環境も危機的な状況にある。2008年の金融危機はソーシャルワークに多大な影響を及ぼした。多くの国家では社会サービス関連の予算が削減され，公的な手当ての減額が推進された。「メイン街（Main Street）がウォール街を救済しなければならなかった」ことにより，貧困層や，母子世帯，障害者，高齢者のように，賃金を得ている層ではなく公助に依存しなければならない層が特に不利を被っている。ギリシャやフランスといった国家において顕著であったように，公的予算の削減は社会的な抗議行動や騒乱を引き起こすことになった。さらに，公的セクターの経営戦略を含む新自由主義に基づく新たなマネジメントの考え方は，ソーシャルワークを弱体化させた（Folghereiter 2003）。具体的には，実践者の専門職としての自律性を低下させてしまい，支援を必要としている個人や地域の福祉を守ることよりも，資源や

サービスの利用（や不利用）に関する申し立てから所属機関を守ることを優先する運営管理を重視する官僚的な実践者にしてしまった（Dominelli 2010a；Munro 2011）。ソーシャルワーカーがその専門性を発揮する領域を被災者支援や環境問題を含む新たな問題群に拡大させることは，世界的な規模の問題に対応を迫ることになり，引いてはソーシャルワーカーの限られた資源と能力を広げることになる（Dominelli 2011）。

　本章では，ソーシャルワークの専門職が直面している危機的な状況について検討し，その厳しい状況の中で人々を支援しているソーシャルワーカーに与えられた役割の背景について検討を重ねる。社会問題に創造力をもって対応しているソーシャルワーカーが，どのように問題に関与しているのか考察を深めたい。その中でも，特にコミュニティを基盤に社会的な領域と環境的な領域に焦点を合わせた経済的活動に関与するソーシャルワーカーに光をあてていく。そして，同時に，心理学や精神医学，人文地理学，犯罪学といった他の学問領域から専門領域を守ろうと奮闘しているソーシャルワークの専門性の危機についても考察する。再分配的な枠組みの中で環境問題とグリーンソーシャルワークの実践に関与することにより，ソーシャルワークは新たな領域への機会を得ることになる。幹線道路の建設のために住居の立ち退きを求められてきた西洋の貧困者の例や，インドのムンバイのような都市において高級住宅の開発に伴ってスラムから退去させられてきた低所得者の例にあるように，コミュニティワーカーは，市場による略奪を拒否するためにコミュニティに関与し，そこの住民を組織してきたわけだが，そのようなケースでは，ソーシャルワーカーは貧困者とともに住居や生活の喪失に対して抵抗するための行動を起こしてきた。同様の考えに基づけば，ソーシャルワークの可能性が新たな好機の下で成長していくことは明白である。

1　騒乱の中の専門職

　インフォーマルなケアと異なり，専門職としてのソーシャルワークはヨーロッパの産物であり，19世紀のヨーロッパにおいて中産階級の女性を中心に生み出されてきた（Walton 1975；Kendall 2000）。ヴィクトリア朝時代のイングラン

ドでは，宗教機関や家族の支援ネットワーク，ボランティアによって培われて
きた初期の博愛の伝統に則り，慈善的な支援を管理，向上させるとともに，個
人のふるまいを変えることが目指されていた。これらの試みは，科学的な基礎
の構築と個人の家族生活への侵入に対する理論的根拠の必要性を露呈させ，私
的領域を公的な監視の対象とすることは，「社会的なるもの」の領域の範疇内
と規定する理論形成の流れを作った（Lorenz 1994）。イギリスでは，1868年に
慈善組織協会（Charity Organization Society；以下，COS）が設立されたことで，
このような考えが公認された。生まれたての専門職が他の専門職の中で自らの
立場を確立するため，その直後に，COS における主流な介入方法であるケー
スワークというアプローチが，貧困者及びその家族に介入するための方法とな
った。これらの試みによって明るみになった「ケア」と「管理」の間の矛盾
（Parry, Rustin & Satyamurti 1979）は，当初からソーシャルワークの中に不安の
種を落としていた。その矛盾とは，民営化事業を特権化する資本主義経済の枠
組みの裂け目の中で運用されているものの，模範的態度で法律に従う国民であ
るべきという社会からの要望と，不平等や構造的な不利，物理的な環境への無
関心に立ち向かうべきという社会からの要望に同時に応えるという点であり，
カウンセラーや臨床ソーシャルワーカー，保護観察官，コミュニティワーカー
の実践において特に明白である（Parry 1989）。

　オックスフォード大学の学生がロンドンのイーストエンドの貧困地域に住み
こんで活動したこと等から始まった19世紀のセツルメント運動は，COS によ
って信奉されたケースワークの信条の正当性に対して疑問を投げかけた
（Gilchrist & Jeffs 2001）。セツルメント運動の信奉者たちは，貧困や失業，教育
の機会の欠如といった構造的な不平等に対してコミュニティ・ディベロップメ
ントとして知られる取り組みを推進した。その急進的な批判に加えて，ジェー
ン・アダムズもシカゴのハルハウスを通してコミュニティ・ディベロップメン
トを展開し，この方法は，現在でも反抑圧とエンパワメントのための実践とし
て，また，地域住民を教育し動員する方法によって課題に対する解決策を自ら
開発する実践として推進されている。

　大学で最初にソーシャルワーカーの訓練を提供したソーシャルワークの学校
は1899年にアムステルダムに設立された。その後，ロンドン・スクール・オ

ブ・エコノミクス（London School of Economics；以下，LSE）では1901年に，バーミンガムでは1902年に，その後ニューヨークとシカゴに開設された。LSEは，ブラックフライアーズ（訳注：ロンドンの中心街）にある女子大学セツルメント運動（Women's University Settlement Movement）が培ってきた伝統的な訓練方法を基にして設立されたものであり，その設立には1912年にLSEの一部として統合されたCOS社会学学校（Charity Organization Society's School of Sociology）も関与していた。ケースワーク，（青少年に対する）ユースワーク，グループワーク，コミュニティワークの訓練において求められた科目の中には，経営論，応用経済に重点を置いた経済，歴史，哲学，心理が含まれていた。初期のカリキュラムには音楽のような芸術と人文学も取り入れられていた。そして，現場で直接実践に携わる実習も必須のものと考えられていた。各コース（今ではモジュールや単元と呼ばれるもの）の重要度や実習期間は多様だが，現代のカリキュラムの構成もそう大きくは変わらないといえる。芸術と人文学の重要性は，音楽療法やアート療法，プレイ療法，回想療法といった特有のセラピーを中心に確認することができる。演劇に関する内容は，街頭演劇の創作や若年層の現場における演劇アートに重点を置いたコミュニティワークの中に見ることができる。

　歴史が浅いゆえに深い専門性をもたないために，ソーシャルワークは，家庭崩壊や違法行為，障害，高齢による困難，貧困，失業，劣悪住宅といった最も解決困難な社会問題に対応するために個人の行動を変容したり，ロビー活動を通して社会改良を達成するという高い目標を掲げなければならなかった。劣悪な住宅や失業，その他の構造的な不平等を改善するための個別支援に限定すれば成功事例はいくつかあるものの，ソーシャルワークは構造的な不平等などの社会的な病理を根絶できなかった（Bolger et al. 1981）。実際に，いくつかの課題は増加し，他のものは形を変え，そして，新たな課題が浮上してきた。時々しか「成功」しなかったことが，ソーシャルワークの専門性の危機を招いたのである。

　医療や法のような伝統的な専門領域と異なり，ソーシャルワークは，その始まりから，オープンで包摂的なものとして期待されてきた。完全に独立した専門として認められることを熱望されていたが，1915年に発表された専門性に関

27

する報告書の中で，Flexner（2001）が高く見積もっても准専門職にしかなり得ないと分類したことで，その熱は一気に冷めそうになった。ソーシャルワークが科学的かつ理論的に独自の基盤を有していないことと，自らのプログラムを管理する職能団体が存在しないことが要因であった。この過去の報告書によって設けられた限界を超えることを目指してソーシャルワークは奮闘してきた。しかし，ソーシャルワークは，医者や弁護士が保持するような専門職としての信頼を回復できないままの状態が続き，傷ついてきた。

ソーシャルワークの専門性は，その事業において慈善家や政府の助成に頼らなければならないという点で，依存的なものである（Dominelli 1997）。したがって，ソーシャルワークにはその実践の支えとなる独立した専門基盤が欠如しているといえ，実践者としてのソーシャルワーカーが影響を及ぼすことも限られ，反対の意向すら表明できないほど，政策決定に従属しているということが示された。依存的であるということは，貧困層に困窮の責任を押し付けることや，構造上の問題の責任を個人に押し付けること，差別主義や白人至上主義を支持するイデオロギーを強要する上でとりわけ重要な意味を持った。なぜなら，依存的にさせることにより，政府はソーシャルワークに存在する多様な価値の中から自分たちに都合の良いものを選ぶことが容易になったからである。そのため，COS がセツルメント運動によって表明された構造をより重視するモデルではなく，出資者の賛同を得やすいモデルを提示したことは単なる偶然ではなかった。COS は海外に普及したケースワークや個別化された方法を特に支持したのである。

当初，ソーシャルワークは，イギリスのようなヨーロッパの植民地支配による政策によって世界中に普及した。たとえば，南アフリカのようないくつかの国家において，ソーシャルワークとは国民すべてを対象としたものというよりは白人の移住者の特権と考えられていた（Sewpaul & Hölscher 2005）。その他の土地，とりわけ北米，オーストラリア，アオテアロア・ニュージーランドでは，ヨーロッパモデルのソーシャルワークの介入は，それを求めない人たちに対して，通常は彼らの損失につながるものとして強要されるものであった。そして，ソーシャルワークはその土地従来の助け合いの形に取って代わるものとなった（Haig-Brown 1988）。しかし，その土地の伝統は水面下で継承され，完

全に失われるということはなかった。第2次世界大戦後に国連の保護の下でソーシャルワークの実践が展開され，そうした伝統の消滅が特に危険な状態と考えられた時であっても，伝統的な習慣は根強く残り続けた。Ioakimides (2010) は同時期に同様のことがギリシャにも起こっていたことを述べている。伝統的な形態の助け合いと植民地支配による西洋のモデルの間の根強い緊張関係は，後者に対する対立的な先住民の反発を生み出してきた。この反発こそ，南半球の多くの地域におけるソーシャルワークの土着化に寄与してきた。そして，先住民のうちソーシャルワーク実践を継続するものは，西洋諸国の中心に位置づけられてきた (Grande 2004；Gray et al. 2008)。

　ソーシャルワークの専門性にとっての新たな課題は，他の専門職に活動の場を奪われ，固有の領域を守ることができなくなったことで生じる専門性の境界における損失である。とりわけ精神医療や医療，法といった，より力のある専門職に対してソーシャルワーカーが劣位に感じてしまいがちな組織間のやりとりにおいて，それは顕著である。イギリスでは，この数十年間，組織間連携に注力し続けてきたが，そこでは課題を取り上げてこなかった (Warmington et al. 2004)。Arblaster et al. (1996) は，専門職間の緊張関係は異なる専門分化の中で生じるものであり，他職種が連携する際に平等性の欠如が生じると述べている。そうした場面において格が落ちる立場にあるソーシャルワークは，補佐的な役割を受け入れる傾向にあり，たとえば医師の権限に対して疑問を抱くソーシャルワーカーはまずいない。

　ソーシャルワークの活動における心理士や精神科医のように，組織間連携の実例において保健医療系専門職の役割が強化されてきたものがある。これらは，不安定行動や精神疾患に関わるものである。組織間連携の実践において，本来ソーシャルワークの活動領域において，保健医療専門職，心理職，精神科医の役割が強化された。これらは，特に不安定行動や精神疾患に関わるものである。この傾向は，精神保健の領域において認定社会福祉士（Approved Social Worker）に与えられた地位を失うことと関係している。1983年の精神保健法によって，認定社会福祉士は，個人を隔離するにあたり要求される2人の署名人のうちの一人になれる権限が付与された。この地位は法によって守られ，精神障害の課題を抱える人のアセスメントや，支援，隔離に関与する認定社会福

祉士に限定して用意された訓練を修了したソーシャルワーカーにしか付与されないものである。しかし，認定社会福祉士は，2007年の精神保健法によって認定精神保健専門家（Approved Mental Health Professional）へと取って代えられた。2007年の法改正は精神保健師，作業療法士，心理士といった保健医療専門職に門戸を広げることになり，この領域におけるソーシャルワーカーの独占を脅かすことになった（SCIE 2008）。

2　専門職を取り巻く新たな課題── グリーンソーシャルワークを定義する

　災害や気候変動により生じた状況への介入は，ソーシャルワーク専門職にとっての新たな課題を招く危機であるとともにチャンスでもある。こうした領域におけるソーシャルワーカーの力量を高めるための新たな理論そして実践を開発すること，さらに，その開発した成果を教育と実践双方に埋め込むのは，ソーシャルワーカーの責務である。私のグリーンソーシャルワークの定義は，以下のとおりである。

　　「専門職によるソーシャルワーク実践のホリスティックな形態であり，
　　人間同士の相互依存性，人間とその物理的居住場所に存在する植物や動物
　　との間にある社会関係性と，社会経済的および環境的危機と人間及び地球
　　のウェルビーイングを損なうような人間同士の間でなされる行動との相互
　　作用，等に焦点を合わせた行為である。グリーンソーシャルワークは，
　　人々が自身の属する社会の基盤，人間同士，生物との，果ては無生物な世
　　界との関係をどのように考えるのか，そのことにおける深い変革に向けた
　　議論を展開することで，前述した焦点となる事柄への対応を提示しようと
　　するものである。そのために，人間そして地球の恵みを搾取するような生
　　産及び消費傾向に疑問を投げかけ，権力や資源の不平等な分配を含む構造
　　的不平等の解消を目的に掲げ，貧困及びさまざまな『主義』の撲滅を目指
　　し，世界レベルでの相互依存，連帯，平等主義に基づく社会関係の促進を
　　図り，特権階級の限られた人向けではなく，すべての人の利益となるよう
　　土地，空気，水，エネルギー資源や鉱物資源といった限りある資源を活用

し，地球上の植物や動物の保護を主張するのである。グリーンソーシャル
ワークの目的は，貧しい人々や周縁化された人々の生活の質に悪影響をも
たらしている，社会政治的及び経済的な力の変革であり，今日そして将来
の人間そして地球のウェルビーイングを高めるために必要な政策の変更及
び社会的変容を確固たるものとし，他人をケアする義務と他人からケアさ
れる権利の両方を広く行き渡らせることである。」

　上記のような意味において，グリーンソーシャルワークは，社会的に構成さ
れたものだとしても，権利を有する実体としての物理的あるいは「自然」環境
を尊重し，その価値を重視する。と同時に，人間がそれらからの恩恵を自身の
ニーズを満たすために使用していることも認識もしている。この認識は，人間
と場所や空間との関係を相互依存的かつ共存的にする。さらに，グリーンソー
シャルワークは，財，サービスや自然資源の不平等な分配を非難し，これらの
修正を試みる。その意味で，グリーンソーシャルワークは，他の先鋭的なソー
シャルワークと同様に，非常に政治的なものとなる。グリーンソーシャルワー
クは，社会関係を編成する際に人々が採った政治的選択と，一部の人のニーズ
にしか対応できないのが明白なパターナリスティックな資本主義，の２つに根
差した社会関係に存在する不平等の構造的基礎を明らかにしたラディカルソー
シャルワークや反抑圧的ソーシャルワークからの示唆に基盤をおいている。そ
の一方，エコロジカルソーシャルワークあるいは環境ソーシャルワークとは異
なる。それらはGill & Jack（2007）のように，今日メインストリームにあるソー
シャルワークであり，システムを基盤としたアプローチを採用し，通常社会
環境と定義される環境の中にある人への関心にとどまっている。この点につい
ては，Van Wormer et al.（2011）によっても同様の指摘がなされている。メイ
ンストリームのエコロジカルソーシャルワークによる論考は，アイデンティ
ティにかかる課題，力関係や資源の分配に関する定義づけは行っているものの，
既存の地政学的社会構造に根差した力関係を無視しているという意味において，
政治性が黙示的なのである。このことは，Germain（1979），Germain &
Gitterman（1995），Pardeck（1996）といった論考の中で示されている。ただ，
中にはエコロジカルソーシャルワークにおけるスピリチュアルな領域の重要性

のように，追加的に論考をしている研究者もいる。専門職による実践における環境的側面にある政治的な本質の軽視は，Rogge（1994），Rogge & Darkwa（1996），Rogge & Coombs-Orme（2003），Coates（2005），Coates et al.（2006），Borrell et al.（2010），Rosen & Livne（2011）といった論考の中で明らかである。

　実践において，オーストラリアをベースとするキルドナン・ユニティング・ケアのような企業によるエコロジカルソーシャルワークの展開においては，貧しい人々の家に断熱処置を施す，補助金に申請する，より効率的なものの購入を促進する，存在するすべてのサービスにアクセスするといった形で，彼らがエネルギー消費からより効率的に何かを得るための既存エネルギー資源の効率的な使用に，主な焦点が合わされた。そうした活動に価値はあるが，貧しい人々を市場の外における低所得状態に追いやっている構造的不平等や資源の不平等な分配を問題視していない。さらに，主に利益の最大化を目指す新自由主義に根差したグローバリゼーションに基づく不平等な社会システムを，解決しようともしていない。エコロジカルソーシャルワークの展開は多様だが，それらはエコロジカルソーシャルワークの域内にとどまっているのである。しかしながら，アメリカのコロンビア大学の学生たちが最近，フェイスブック上でグリーンソーシャルワークグループを立ち上げたが，これによって，構造的不平等に立ち向かう，環境ソーシャルワークの革新的なアプローチが生み出されるかもしれない。また，ディープ・エコロジー運動家たちは，2009年，カナダのカルガリーで会議を開催し，ソーシャルワーカーや他の援助専門職が，より持続可能で適切な方法で環境問題に取り組むことを求めた。こうしたグループとグリーンソーシャルワーカーは，戦略的連携を形成することで，学び合うことができる。

　エコロジカル領域で効果的にかつホリスティックに動くために，ソーシャルワーカーには，物理的領域とスピリチュアルな領域とを横断できるような，豊富な知識と卓越したスキルが要求される。そうした知識やスキルの中には，他の学問領域からの援用が必要なものがある。たとえば，地滑りに関して物理学者から提供される情報やデータであり，その情報を基に家屋が不適切な場所に建てられるのを防ぎ，脆弱なエコシステムが原因の豪雨による死者を予防できる。図1-1の「グリーンソーシャルワークの展開に必要な知識の車輪」は，

図1-1　グリーンソーシャルワークの展開に必要な知識
　　　の車輪

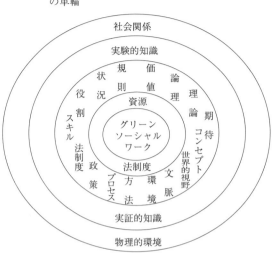

出所：Dominelli（2002）.

こうした活動を行うために必要とされる知識とスキルの範囲と関係を示したものである。ソーシャルワーカーが実践を行う場所は多様だが，住民を巻き込む時，とりわけ地域レベルにおいては，その地域性が重要な意味を持っている点を認識しなければならない。

3　財政的・社会的そして環境的危機

　社会的危機は，それぞれの個人，家族，地域が，自身のウェルビーイング向上に必要な資源そしてレジリエンスに欠けている時，さらに，自身の可能性について認識するために必要な資源，そして／あるいは，機会を手に入れるに際し他の人々に依存的である時に課題として抱える諸問題（貧困，低賃金，失業，不適切な住まい，必要な教育の欠如，健康状態の悪さ）に関連するものである。これら課題への対応における国家の失敗は，そうした課題が構造的なものであることを際立たせるとともに，多様な構成員同士の社会関係性によって構築される社会組織によって引き起こされた不平等（とりわけそれが財やサービスの生産や消費にかかわる不平等）が，これらの課題をさらに深刻なものにしている。

　　ウェインは，さびれた低所得者の暮らす地域に住む，イギリスを母国とする労働
者階級の18歳の男性です。16歳の時に，彼は母親の死後に父親がガールフレンドを
見つけると同時に家を飛び出し，他の同様な状況の若者たちと不法占拠地で暮らす
ようになりました。彼は，窃盗，無免許運転，薬物摂取，酩酊した上での暴行といっ
た罪も重ね，若者向け更生施設に収容されたこともありました。

　　彼は，保護観察官に対し，自身が周縁化され望みが持てないことを語りました。
未来への展望が何ら持てないとも言いました。学校の無断欠席を繰り返し，やがて
退学となりました。お金はなく資格もなく，したがって仕事もありませんでした。
保護観察官は，ウェイン自身が興味のあることをすれば改善できるのではないかと
考え，彼に何をしたいのかを尋ねました。彼は不法占拠地で暮らしていた時に，自
分のような人々が美しい家に暮らせるよう，家の建て方を学びたいと思ったことを
打ち明けました。保護観察官は，もし本当に興味があるなら，建築や塗装の訓練を
受けることができることを伝えました。ウェインはその話に同意し，少し後に，興
奮気味に建築のコースを受講しました。

　構造的に引き起こされた不平等は，ソーシャルワークの介入によって必ずしも
直接的に改善される訳ではない。ソーシャルワーカーは，課題を抱えた人々が
他の人や資源を頼る手助けをしたり，そうした活動がしやすくなるように権利
擁護を遂行したり，政策決定者，企業所有者，オピニオンリーダーたちに対す
るロビー活動を行うことで，より社会的包摂が進んだ社会の実現のための構造
変化を目指すのである。

　私は犯罪が常に貧困の結果として起こるものだと主張するつもりはないが，
一般的に犯罪は低所得の結果であり，資源や正当な機会を得られないがゆえの
結果だろう。とりわけそうした状況が就労分野で生み出されれば，その困難な
状況にある人が，どうにか稼ごうとする時に，就労に代わる手段として犯罪に
走ることはありうることであろう。他の選択肢がなければ，社会の周縁に追い
やられた若者たちは，生き抜くために社会的には受け入れられない究極的には
効果的でない方法を採用するであろう。学校関連施設や保護機関等に従事する
ソーシャルワーカーが，個々人の振る舞いを改善できたとしても，労働者階級
の個々人，低所得の人々，とりわけ希望が見出せず社会への帰属意識を持てな
い若者たちが抱える課題を満たすに至らず，失業する，という構造的問題や教

育システムの失敗には対応できないことが多い。

　前頁の「ケーススタディ①」からは，若い労働者階級の人々にとってのまともな住宅という形としての環境的権利の重要性が強調される。コース修了後，保護観察官は地元の雇用者と協力し，ウェインが自営していけるよう，彼のためにさらなる研修を行おうとした。そうした活動は，個人レベルにおける構造的な問題の解決に至り，ウェイン自身の希望をふまえたゴールに向かう支援を行うといったアプローチが，他の排除された集団が抱える課題の解決に向けても適用しうることを指し示しているといえる。しかし，若者全体が正当な稼ぎを得られる仕事がそもそもないという，より大きな構造的問題に対処できてはいない。また，賃貸であれ分譲であれ，手の届く値段の住宅が不足しているという問題にも対処できていない。

　社会的病理と貧困とのつながりは，新しいものではない（Room 1995）。しかしながら，災害時における貧困と環境的権利の欠如の絡み合いという現象は，相対的にここ最近のことである。2005年，アメリカ，ニューオーリンズを襲ったハリケーン・カトリーナによって，世界で最も富める国でも，身の安全，水，食糧，避難所，薬をすぐに必要としている貧しい人々に対する適切な支援ができないことが明白になり，貧困と環境的権利の欠如の絡み合いという現象を浮かび上がらせた。さらにその後，災害の難を免れた人々に対する家族の再統合や長期的に住まうことのできる住宅等といった，より長期的なニーズへの対応でも，同様の状況であることが明白になった。多くのアフリカ系アメリカ人は，洪水によって家の権利証をなくしてしまい，数世代にも渡り長年暮らしてきた場所に，家を再建できずにいた。また，その中には，子どもや高齢者を中心にいまだ行方不明となっている家族との再会を待ちわびている人もいた（Pyles 2007）。

　私は，貧困で周縁化された集団が他の災難に出くわした時に彼らを待っている課題をさらに深刻なものとし，リスクを低減したり，災害後の対処をより困難なものにするという点から，貧困が社会的な災害の鍵となるとの見方をしている。Denton（1986）は，この点を「環境的人種主義」という言葉で表現した。貧困はたいていの場合，貧しい人々が最も劣悪な環境下，最も貧相な住宅で，そして産業汚染や自然災害の被害を最も受けながらの暮らしを強いられるとい

った，環境的権利のない状態とセットである（Escobar 1998；Wisner et al. 2011）。貧困はまた，貧しい人々を二重の危険に晒し，レジリエンスを蓄えたり，適切な対応をする彼ら自身の力を削ぎながら，脆弱な状況の中に彼らを押し込めてしまう。また，防災計画の担当者がリスクの低減策として前提としがちな，例を挙げれば洪水に備えた住宅保険の購入等と相容れないのも貧困である。貧しい人々がそうした保険に入ることができるわけでもないので，洪水等からの復興において，中産階級の人々に比べて，よりリスクを背負うこととなるのである（Pyles 2007）。

　避難住宅も，それが賃貸であれ所有者が住んでいる場合であれ，貧しい人々にとって災害後の即座に住まいが必要な時には問題となる（Comerio 2002）。そうした住宅では，改修や維持が必要な場合，ただでさえ必需品を手に入れるだけで手いっぱいな状況下において，さらなる資源が要求されるからである。また，所有者はリスク回避型となり，問題のある環境に対する投資を拒否するようになる。このように，災害から難を逃れた人々は，自身のニーズへの対応および復興に向け，外部からの支援に頼らざるを得ないことが多い。災害によるトラウマと戦うにも，頭の上に屋根があること，そして迅速にかつ効率的に住まいを再構築することは，災害後支援において決定的に優先すべきことである。ソーシャルワーカーは，この一連の流れをモニタリングし，人々の住宅にかかるニーズを十全に満たすようロビー活動を行うべきである。

　「自然」災害は，その頻度そしてその苛烈さを増しているが，貧困は国の内外問わず世界的に増加しており，富の格差は拡大し続けている（UNDP 2011）。たとえば，2005年から2010年という深刻な危機があった期間にもかかわらず，億万長者の数は，世界で793人から1,210人に増加した。一方，1日2米ドル以下で生活している人の数は，2005年から2007年の間で25億人から28億人に増加し，彼らのほとんどがサハラ砂漠以南のアフリカと南アジアに住んでいる（Ravallion et al. 2008）。億万長者たちは55カ国に散らばっており，4兆5,000億米ドルを超える資産を有している（Kroll and Fass 2011）。数年前，世界で最も富める人になったのがメキシコのCarlos Slim Heluで，資産は740億米ドルであり，560億米ドルを有するビル・ゲイツを抜いた（Kroll & Fass 2011）。しかし，億万長者の女性はまだ少なく，2005年の78人から2010年には89人と微増し

ている程度である。

　こうした億万長者の推移において特徴的なのは，アメリカ人億万長者の減少，とりわけ男性の数が減っていることである。このアメリカ人億万長者の現象を具体的にいえば，世界的にみて2人に1人だったアメリカ人の割合が，3人に1人に減っているのである。一方で顕著なのが，ブラジル，ロシア，インド，中国といったBRICs（ブリックス）諸国の億万長者の増加である。具体的には，2009年には130人だったが，2010年には332人になっている。中国はその数を倍増させ，2010年現在，115人の億万長者がいる。ロシアは101人で，モスクワは世界のどの都市よりも億万長者がいる都市となった（Kroll & Fass 2011）。こうした状況は，富の格差が，異なるセグメント間に存在する異なる消費傾向にも反映されている。上位20％の富裕層が私的消費の76.6％を占める一方で，最も貧困な20％の人々の消費が占める割合はわずか1.5％である（Shah 2010）。財政危機前，ビル・ゲイツの総資産額は，アメリカの下位40％の貧困層の合計資産額よりも多かったという事実は，このギャップを端的に示した例である（UNDP 1998）。こうしたバランスの悪さの解消は，気候変動による消費の影響を懸念する人々にとっては優先事項であり，ソーシャルワーカーが特に力を入れて開発すべき領域である。ウェルビーイング向上を志向するソーシャルワーカーが，地球に存在する物質的資源のより公平な分配を求め，その実現に向けた権利擁護活動を行いうる。

　リーマンショックに端を発する経済危機は，貧しい人々が持つ，社会的，財政的，そして環境的危機への対応力に悪影響をもたらした。また，それ以前に存在していた不平等を拡大させた。具体的には，危機の結果としての財政支出の削減のあおりを受けたのは貧しい人々であり，銀行セクターを無罪放免とするような公的財政支援の不適切な分配があったのである。貧困はまた，貧しい人々が，値段が上がり続ける食糧や燃料を買うための財源にも事欠くことも意味していた。結果，公的資源が減り続ける中で，補助の出ていた交通，住宅，教育，ヘルスケア等へのニーズは急激に高まる一方で，彼らの空腹そして燃料の不足も深刻になったのである。値段の上昇は，土地を持たない都市部住民や郊外の労働者に多大な困難をもたらし，彼らの健康や教育に災害ともいえる影響が出た。

2008年，食糧と燃料の値段が激しく上昇し，基本となる食糧の値段上昇に対し，貧しい人々による暴動が世界各地で起こった。イギリスの国家統計局によれば，2010-11年度，食糧の値段は9.3％，ガソリンは25.4％，とそれぞれ上昇した。2010年までていえば30億人強の人々が，1日2米ドル以下で暮らし，都市部および郊外において最も環境的に劣悪な土地で暮らしている。彼らは食糧を買わなくて済むよう農作することができず，郊外の，とりわけ貧しい女性たちは，キャパシティ・ビルディングに関する困難を多々抱えている（Alston 2002）。さらに，郊外に住まう人々は，種になりうる粉を食べたり，食事の際には栄養となる動物を売ったりと，後先を考えられない状況を強いられているかもしれない。富や収入におけるあまりに大きな格差や公的財源による福祉資源の減少が，人々のウェルビーイング向上に向け働き，構造的不平等に対応しようとするソーシャルワーカーの試みを，より複雑なものとしてしまうのである。しかしながら，ソーシャルワーカーはこれら課題に立ち向かい，課題解消という目的を共有し社会運動に参加し，地域とともに業務を遂行することができるのである。

　10億人の人が飢餓のために亡くなり，さらに10億人が栄養失調である一方，10億人の人々が消費過多な状況にある。また，増産した食糧のほぼ30％は食されておらず，無駄を生み出している。食糧へのアクセスにおける不均衡は，人々の食糧の乏しい場所から豊富にある場所への移動を促し，争い事を生じさせる。世界の農業システムそして商品の分配システムが，飢餓を解消できていないことは，最早，明らかであり，今や食糧安全がグローバルイシューとなった（Haddad & Godfray 2011）。オーガニックな方法で生産された食物とともに，食糧不足という問題の解決には，遺伝子操作やクローン技術で生まれる食糧，干ばつに強く塩に強い作物に代表される技術も必要との議論がある。こうしたアグリビジネスによる技術の誇張は，かなり議論の余地がある。Shiva（2003）は，食糧生産への関心を高めている多国籍企業が，一度植え，そこから種を収穫し，また植えるというやり方を，商品の購入を促進すべく種や収穫物を買い上げることで，減退させようとしていることを指摘している。そうした動きを，彼女はある意味で生物学的窃盗だとして非難し，インドのような国では生物多様性が減じたと批判している。

　他にも，遺伝子操作から生まれた食糧は，食糧および動物や人間の免疫システムが本来持つレジリエンスを捻じ曲げており，環境や人間の健康によくないと主張するものもある。その中には，そうした食糧の人体に与える影響に関するさらなる研究が必要であり，人間及び物理的環境への安全性が明確に確保されるまで食されるべきではないとする主張まである（Sinesi & Ulph 1998；Ewen & Pusztai 1999）。遺伝子操作で生まれた食糧に関するもう一つの議論は，その倫理についてである。Haddad & Godfray（2011）は，そうした技術の使用におけるモラルや倫理は，無視してもいいのではないかという。だとしたら，倫理要項に基づき業務を行うソーシャルワーカーが，そうした技術を選択する上で当然意識されるべき倫理への配慮を無視できない。倫理的問題は，ソーシャルワーカー自身にとってだけでなく，この領域にも異論が存在するのだから重要なのである。たとえば，インドの Devinder Sharma は，Haddad & Godfray の報告書にある狭い視野とすでに存在する他の生産能力を無視している点を批判している。彼が言うように，「すでに世界は，115億人の人々にとって十分な食糧を生産している。これ（報告書）は，世界中にいる貧しい人々を救ってこなかった政策をカムフラージュするためのものであることは明確である」（Carrington & Vidal 2011：15）。

4　財政危機への対応
──緊縮財政の時代における公的資金による福祉サービスの欠如

　福祉供給からの国家の撤退は，福祉国家を通してサービスにアクセスしてきた人々にとっては，不安材料である。こうしたことが，ギリシャ，アイルランド，フランス，イタリア，イギリスといったヨーロッパ諸国で，政府による失業保険や年金を含む福祉権益への攻撃が起こり，重大な懸念を引き起こした。これらの動きは，経済的文脈の移行がもたらしたものである。具体的には，福祉サービスの民営化がヨーロッパ全土（Hyde at al. 2003）や中国のような勃興しつつある経済圏（Wong 1994）において加速度的に進むにつれ，財政危機の名の下に，各国政府がサービスの欠如というギャップの穴埋めを市民社会組織や民間企業に求める動きが強まったのであった。こうした傾向には，機会と危険の両面が存在する。カナダやアメリカの United Way を通じ提供された資金

で設立されたセルフヘルプグループが，受け取る寄付金額の大幅な下落という事態に直面しているが，北米には厳然と価値ある系譜が存在している。イギリスでは，民営化戦略の新たな方針が「ビッグ・ソサエティ」である。ビッグ・ソサエティという考え方は，2010年の選挙中，当時保守党党首であったデイヴィッド・キャメロンによって唱えられたものである。その年の7月19日に提唱され，デイヴィッド・キャメロンが首相を務めた保守党と自由民主党との連立政権下で政策として採用された。その考え方の中心には，地域が政府による介入に依存することなく，自身のエンパワメント，及び，自分たちによる意思決定をしていくという自己決定があった。そのため，慈善活動をベースとした革新的実践や公的そして社会的セクター双方による起業家的活動に根差した草の根の活動を通した公的なニーズへの対応が求められた（Cameron & Clegg 2010）。そのモデルケースとして取り上げられたのは，リバプール（2011年2月に辞退），カンブリアのイーデン，ロンドン自治区のサットン，バークショアのウィンザーとマイデンヘッドであった。

　ビッグ・ソサエティは，あいまいな考え方である。しかしながら，その根差すところは，イギリスに何世紀にもわたって存在してきたセルフヘルプそしてフィランソロピーによる支援というイデオロギーである。公式の政策となる上で辣腕をふるったのは，市民社会担当大臣としての Nick Hurd とビッグ・ソサエティ担当首相アドバイザーの Lord Wei であった。地方分権法（the Localism Bill）によって下支えされ，社会的企業，コミュニティ集団やボランタリーな事業所によるサービス供給を財政支援するビッグ・ソサエティ銀行が設立された。イギリスの主要銀行も，この銀行に2億ポンドの拠出を約束した。ビッグ・ソサエティ銀行の資金の一部には，イギリスの休眠口座にある資金が活用された。これら資金の中には，貧しい人々のものも含まれていた。たとえば，「雨の日（訳注：仕事ができない時）」に備えてお金を貯めていたが，そうした機会に遭遇することがなかったため使用せず，しかし，そのお金の返還に向けては非常に官僚的なプロセスを経なければならなくなってしまった年金生活者等である。このことからは，人々の銀行口座から，本人に知らせる，あるいは本人の同意なくお金を引き上げてしまう国家権力についての懸念が生じる。それは民主主義社会において非倫理的振る舞いと断定されるものであり，とり

わけ周縁化され権利の剥奪にあった人々を含む一人ひとりの市民に対する，国家によるアカウンタビリティが果たされていないということである。どうして政府は，6桁以上（訳注：100,000ポンド）を稼いでいる人々に対し，「よい活動」に稼ぎの一定の割合を拠出すべきだとする法律を成立させ，地域における活動に対する財政支援をしようとしないのだろうか。一般の人々も社会の階層によって異なる政府の対応に異議を申し立てている。具体的には，2011年にイギリスで起こった暴動に参加した住民たちの中から，銀行家や国会議員たちが自身の目的のために公的資金にアクセスしたことを非難する声が上がった。

　ビッグ・ソサエティ・ネットワークは，以下の方法で，「物言わぬ」納税者を結集させ，また，彼らの政府への影響力を高めることで，デイヴィッド・キャメロンによる政策が持つ狙いを達成すべく設立されたものである。

　　・個人そして地域をエンパワーする
　　・社会的責任の遂行を促進する
　　・実行力があり，説明責任を果たす国家を創造する

　これらの方法により，地方主権と権限委譲を推進するような活動を通して達成されることが目指された。より具体的には，ボランタリズムの促進，地域レベルへの権力の委譲，協同組合，慈善組織，社会的企業の形成促進，政府の活動データを可視化することにより，開かれた，そして透明性のある政府の形成等を通した達成が望まれた。これらの取り組みは，地域における意思決定に影響を及ぼすことができると信じる40％の人々を勇気づけるものであり，称賛に値するし支持されるべきものである。さらに，100万にも及ぶコミュニティグループや23万8,000の社会的企業が，イギリスにおける中央集権体制の打破を大きな目的として，地域の文脈への関与を目指しているのである。しかしながら，失業率は上昇し，地域における雇用状態を好転させようとする政府の意図が実現したことを証明するエビデンスはほとんどない。2011年6月までに，失業者数は249万人に達した。

　また，政府によるビッグ・ソサエティを掲げた活動が，それ自体不十分であるといえる。具体的には，権力や資源の現状という課題に向き合っていない。

草の根レベルでの声は確かに出させているが，それ止まりである。また，大銀行は，小規模ビジネスへ資金を貸し渋ったばかりでなく，貸さない決定に対するアカウンタビリティも果たさず，さらに，公的財政への貢献となる公平な税の納入も行わなかったが，この政策の中で不問とされた。また，政府によるビッグ・ソサエティの枠組みは，すべての地域に存在する異論や多様性の象徴である多様な声や考えを吸い上げることも失敗している。さらに，政府によるアプローチが不適切だったため，コミュニティグループや市民社会組織が，乏しい資源をめぐって競争状態にも陥ったのである。そもそも，この考え方は，資源の不足から本来目指した社会的課題の解決はできなかったし，イギリスに長くて素晴らしい歴史を持つボランタリーワークの存在を無視しているのである。フィランソロピーによる活動あるいは慈善による支援によって提供される資源は，地域に存在するニーズに対応できず，現状国家から拠出されている財源にも見合わないレベルである。

　また，政府は，ボランタリーセクターの国家による財政支援への依存についても認識をしていない。さらに，中央政府は歴史から学ぶこともできていない。ビッグ・ソサエティという考え方の欠点は，ヴィクトリア王朝時代のイギリスにおけるフィランソロピーを中心としたアプローチにあったものを複製している点である。フィランソロピーとはいえそれに隠された主な仮説としては，プロテスタント倫理に基づく宗教的要求，宗教的慈善活動の長い歴史，他者への同情，フィランソロピストたち自身の個人的性質及び富，貧しい人々の自身の思いを満たすための労働への倫理的怠慢や意欲の欠如が，彼らの困窮状態を招いたとする社会の傾向，及び，特定の人々が抱える課題の本質を看過する能力，といったものがあった。人々の抱えるニーズにフィランソロピーが対応できなかったことが，結果として福祉国家の創造をもたらしたのであった（Owen 1982）。こうした結果に終わったアプローチが，なぜ現代において成功するのであろうか。政府は，この質問に答えようとはしてこなかった。

　超富裕層によるフィランソロピーを語ったねじ曲がった活動は，ビル・ゲイツやウォーレン・バフェットによって始められ，その活動は「フィランソロピーな資本主義（philanthro-capitalism）」と命名されるようになったが，実態は企業活動や彼らの関心事を通して溜め込まれた富を用いた「よいワーク」を促

進しようとする個人のフィランソロピストに依存したアプローチであった（Bishop & Green 2008）。ビル・ゲイツやウォーレン・バフェットによって牽引された今日のフィランソロピーな資本主義者たちの問題は，デイヴィッド・キャメロン首相によるビッグ・ソサエティの中にある信念と呼応するものである。しかし，ヴィクトリア朝時代のフィランソロピストたちは，主に自分の裏庭のことに焦点を合わせたが，現代の億万長者たちによる活動の主な舞台は，自身の国というよりむしろ南半球であり，あたかも現代版ノーブレス・オブリージュ（金持ちの義務）のような様相を呈している。ビル・ゲイツとウォーレン・バフェットという世界で最も富める2人は，他の40人の億万長者たちに，2,380億米ドルの寄付をするよう呼びかけたが，実際にそうした寄付がなされたのかどうかは明確ではない。

　こうした動きは，税金の控除を伴ったあるいは名前を変えた公的補助金の民間事業体への資金供与ともいえ，個人的フィランソロピーを企業フィランソロピーに転じさせるものとしてうまく構築されてきた西洋のフィランソロピーの延長線上にあるものと定義づけることは，私にはできない。ビル・ゲイツ財団は現在，HIV/AIDSに関する活動向けに，そして，農業における持続可能な革新を促進するために，335億米ドルの資金を有している。優先順位を置く2つの活動範囲を拡大させるにつれ，ビル・ゲイツ財団にとっての非常に大きな利益が生み出されると思われる。10年後には，ビル・ゲイツ財団が世界の人々の70％が生み出すGDPより大きなGDPを生み出すと予測されている（Bishop & Green 2008）。数人の限られた個人の手に富が集中するこの状況は，倫理にもとるのではないか。なぜ非常に富める人々が，自身の暮らす場所や母国において富に見合う税金を支払わず，さらに，自身の会社が抱える労働者に生活レベルの本質的向上をもたらす賃金の支払いをしていない状況において，なぜ彼らが他の国でなされるべきことの優先順位を決定することが許されるのかといった，モラルに関する議論が存在している。

　フィランソロピーによる支援の脆弱性が，ヴィクトリア朝時代のフェビアン協会の人々を労働者の権利である社会保険給付を通した福祉国家の創設支持へと向かわせた（Webb 1909）。この動きの影響は，後の労働者運動に色濃く反映された。主に，労働組合運動とその結果として政府に対する自らの意見を主

張するべく結成された労働党に色濃く反映された（Webb 1918）。こうした動きの中で獲得されたのは，連帯とリスクの分散によって課題を抱えた人々を支援し，人々の福祉を増進させるということであったが，ビッグ・ソサエティという考え方を推進しようとする力によって減退させられている。具体的には，デイヴィッド・キャメロン首相によるビッグ・ソサエティは，人々のニーズに対応するという断言とは裏腹に，財政支出の削減ならびに公共財に対する財政出動の欠如による影響という形で表出しているのである。

　他にも，ビッグ・ソサエティがその目的を達成する可能性に対する懐疑的な見方をしているのが，労働党のリーダーである Ed Miliband である。彼は，ビッグ・ソサエティを「小さな政府向けのマントだ」と揶揄している。また，ニュー・エコノミック財団の Anna Coote は「より大きな社会ではなく，後退した社会を生み出すだろう」とし，さらに，「キャメロンの壮大な考えは，福祉国家を巨大なスケールで民営化すること」だと述べている。そうした発言に呼応するように，ブレンドン理髪組合のような労働組合は，ビッグ・ソサエティを「沈んだあるいは漂流する社会」へと向かわせるものだとした Mary Riddell に同調し，首相の「理想とする社会」はソマリアであることが，ビッグ・ソサエティによって明らかになったとした。イギリスにおける最大の労働組合の一つである UNISON の David Prentice は，ボランタリズムが適切な公的サービスに対する「値段を切り下げることに対する代替案」を提供してきたことを主張する。また，Steve Bell はガーディアンウィークリーの中で，ビッグ・ソサエティのモットーは，「脆弱性に従った個別性から，強欲さに従った個別性に」であると述べた。

　こうした批判があるにもかかわらず，デイヴィッド・キャメロン首相の考えに肯定的な反応もいくつかあった。たとえば，フィナンシャル・タイムズの中に Ben Rogers は，「住民，市民がそれぞれの役割を果たせば，社会的病理は解決しうる」と報告した。デイリー・テレグラフの Ben Brogan は，ビッグ・ソサエティによって「社会の土台からの再構築」が可能になるという考えを表明した。デイリー・テレグラフの Ed West も，イギリス国民の「社会主義的イデオロギー」が，ビッグ・ソサエティの離陸を妨げる危険性を危惧しつつも肯定的である。つまるところ，ビッグ・ソサエティが，労働者階級と中産階級

の人々との間の連携を取り持つような活動を促進させることが望まれたのである。それは，中産階級の人々の方が，労働者階級の人々よりも，自身から見た地域の明確な関心事のために資源を集めることに長けている一方，労働者階級の声は反映されておらず取り残されているので，そうした連携が望まれたのである（Mott 2004）。だが，階級による不公平は，中産階級のリーダーによる労働者階級の地域におけるトップダウンな権力行使を慎まなければ，かえって広がることとなりうる（Rose 2000）。中産階級の人々が，自分たちの方がより知識があり上であるといった傲慢な話し方をしたり，地域の労働者階級の人々による貢献を矮小化することによって起こる「見せかけの平等という罠」を避けることは，とりわけ重要である。それは特に，地域からの提案が，中産階級の人々からの提案と異なる場合には重要となる（Barker 1986；Dominelli 2006）。地域の構成員及びその資源（足りない場合でも）について知ること，信頼関係を構築すること，そして，小さくてもいいから地域で求められるゴールを目指すための成功体験を早い時期にすることは，地域における集団によるコミュニティアクションを開発する上で重要となる。

　財政支出の大幅な削減は，現代のイギリスにおけるビッグ・ソサエティ展開の実効性に関して大きな疑問を投げかける。なぜなら，地域におけるボランタリー活動に依存しているからである。2011年から2012年にかけての地方行政の予算カットは，ボランタリーセクターを激しく揺さぶり，ボランタリー組織への基金が全体として平均19％下がる結果となった。リーズ，リバプール，マンチェスター，シェフィールドだけをみても，4,390万ポンドという額のボランタリーセクターへの資金援助をカットした。2〜3の協議会はそうした傾向に逆行するところもある。ニューカッスル市協議会（NCC）がその一つである。ボランタリーセクター予算を350万ポンド増額し，7,000人いるマンパワーによる7,000万ポンドの売上を維持しようとした。だが，NCC は他のどこかで4,500万ポンドをカットしているのである（Plummer 2011）。

　集団的な活動に焦点を合わせて，継続して必要な額を政府として支援し，地域のエンパワーメントを目指すことを政府が拒絶したことによって，ビッグ・ソサエティはすでにある資源の不平等を再生産し，貧しい地域における生活の質の改善を妨げる，きわめて保守的なものとなってしまった。私はここでデイヴ

ィッド・キャメロン首相によるビッグ・ソサエティを次のように定義したい。それは，「現状の資源における制約と政治的様相の中で，とりわけ福祉資源に向けた公的財源のカットという文脈の中で，自助を前提に，計画的に生み出された社会的課題に対する革新的な対応法を人々自身の手で生み出し，自らのニーズに対応するための自給自足体制を整えることを求める考え方」である。デイヴィッド・キャメロン首相は中央政府の権限の地方への委譲を望んでいるが，以下のような要素がなければ社会変容を推し進める改革は，地域レベルにおいてもグローバルなレベルにおいてもなしえないので，前述したような定義を私はするのである。

　　・構造的不平等をぶち壊すための資源，意思決定にかかる権力と権威の大
　　　幅な委譲。
　　・市場セクターと超富裕層の稼ぎに見合った納税を行っていない事実に対
　　　するアカウンタビリティの遂行。
　　・大きなそして少数の株主のためではなく社会全体のための業務履行。
　　・経済システムが人々のために奉仕をするためのシステムの再構築。

　それにビッグ・ソサエティという考え方は，今ある物理的環境を所与のものとしてとらえるのである。地域の人々が環境保護を優先し，自身の活動のすべてにおいてそのことを考慮してはじめて，環境保護はされうるものなのだが…。
　ビッグ・ソサエティが持つ保守的な性質は，地域政策担当大臣であったPickles（2011）が，2011年4月に地方に対して出した通達で，さらに明確になった。その内容は，次のようなポイントに集約されるものであった。

　　・財源の不適切なカットを避けること。
　　・財源の一部あるいは完全なカットをする場合には，3カ月前に通達する
　　　こと。
　　・サービスの将来像については，事業体との議論の上に決定すること。
　　・既存サービスの改善あるいはより革新的な代替案模索の議論に，事業体
　　　を巻き込むこと。

　上記のような通達は，緊縮財政にあえぐ地方政府にとってみれば，机上の空論のようなものである。しかし，イギリスの経済状況の悪さに対する責任を，中央政府や市場セクターから，地域に押し付けるために使用されうる通達内容である。

　ビッグ・ソサエティの進行は，国家が何をするべきでなく，何に同調すべきでなく，何からの注目を浴びるべきでないのか，そうしたことに対する教訓に満ちているという点において，示唆的である。周縁化された人々にとっての平等の欠如，社会的および環境的不正義の看過，構造の失敗には何もしないが，その失敗を個人や地域の責任に帰すること，仕事の供給，社会的および物質的安全の確保，さらに環境保護を推進する上での，既存財政機関の無能力，資源配分能力の無さ，そしてシステムとしての機能不全，これらのすべては，人間そして地球にとって危険なことである。デイヴィッド・キャメロン首相は，社会政策を社会的および環境的正義追求のためにいかに変容させることができるのかについて書かれた Bissio（2011）による報告書をしかと読むべきだろう。しかし，政府による介入なしに地域レベルで組織化を図ろうとする考え自体は，良いものである。ソーシャルワーカーやコミュニティワーカーは，これまでとは異なる地域における組織化を図るツールとして，その考えを活用することができる。実践家は，人々および自然環境からの搾取を前提としたこれまでの計画では，地域におけるアクションをうまく導いておらず，ややもすれば地域に存在する集団を分断するような課題には実は共通点がある点を再認識するべきである（Warren 2001）。そうしたことを踏まえた上で，ソーシャルワーカーは，地域におけるサービス供給への住民参加を促し，公的財源の欠如という状況下だが，地域を変えるような対応策を開発しなければならない。多様な関心事を調整し，社会的および環境的正義を主にする枠組みの中で業務を遂行することは，ソーシャルワーカーの専門性にも関わることである（McKinnon 2008）。

5　都市化とスラムクリアランス

　都市化は，地球に住まう人々，植物や動物，さらに，住宅，交通システムやコミュニケーションシステムを含むインフラにとって，鍵となる資源である大

地に圧力をかけ続けてきた。限りある資源である大地は，需要が高まるにつれて，非常に脆弱になる。大地の有限性によって，異なる集団に属する人々のニーズが衝突することになる。とりわけ，住宅，交通，コミュニケーションや他のニーズを満たすため，また，開発業者や他の人々にとっての利益を生み出すための開発が進行するにつれ，都市中心部の地価は上昇する。たとえば，ロマ人の中には，ナポリのダウンタウンに20年居住していた人々がいた。彼らは，マフィアとつながった都市開発業者が彼らの居住地域の土地を自らの利益のために使用しようと決定してから，大混乱の渦へと巻き込まれたのであった。マフィアを支援する人々は，ロマ人が犯罪の温床であると非難しはじめ，地域に暮らすイタリア人の生活を脅かしはじめた。苛烈な争いが勃発し，結果として，ロマ人たちは豪奢な住宅の建設のために強制的に移住させられたのであった（OCSE 2009）。つまり，ムンバイのスラムに居住していた人々が，豪華なアパート建設のために家を追われたのと似た困難に直面したのである。たとえば，『スラムドッグ・ミリオネア』に出演した子どものいる Robina Ali の家でさえ破壊されたのであった。

　そうした状況下では，本来であれば価値のある資産となる土地の所有権を歴史的に有する貧しい人々は，土地をめぐる争いでは負けてしまうと観念してしまうかもしれない。より力を有した集団が，時に権力を用いて彼らを排除しようとするかもしれない。このようなことは歴史的に見ても，イングランドやスコットランドにおける囲い込み運動において起こった事である。そこでは，土地の所有者がより多くの利益を得るため，より大きな機械化された農場を整備しようとして，農夫や小作農を排除したのであった。結果，彼らは衣食にも事欠く状況に追い込まれたのであった。彼らの中には，カナダやオーストラリアといった植民地に移住する者もいた。イギリスに残った者は仕事を求めて都市に出て行ったが，往々にして仕事はなく，土地を持たず，労働力を売って生きながらえる無産階級の一部をなすようになった（Thompson 1963）。彼らは，特定の教区に住むことが条件であった貧民救済制度にアクセスできないこともしばしばで，彼ら自身の手元にある限られた資源の中で精一杯の暮らしをしたのであった。あるいは，仕事の供給先が少なかろうが，賃金がわずかばかりであろうが，貧民はとにかく仕事を探すよう求めるワークハウスを頼りにする者

─ ケーススタディ② ─────────────────────

　サンドラは，持続可能な地域開発に熱心なコミュニティ・ディベロップメントワーカーです。彼女は，結びつきの強い地方の村を2つに分断してしまう4車線からなる高速道路の建設に反対している地域を支援するために，グリーンソーシャルワークの知見を活かそうとしていました。地域住民は，家族や友人との分断の可能性，そして，支援が必要な時に単純に道を渡るだけでは済まなくなることから，高速道路の建設を望んではいませんでした。建設業者は，そうした地域が抱える不安に対する妥協案として道路の上に歩行者用通路を建設することを申し出てはいましたが，地域の声に耳を貸そうとはしませんでした。住民たちは，その妥協案を以下の理由から拒否しました。

　・道路の建設により，景色が「都市化」され破壊される。
　・これまでに比べ道路の横断により多くの時間及びエネルギーを費やさなければならない。
　・彼らが道を横断するためのスクーターの購入等，脆弱な人々に追加の出費を強いることになり，移動の問題が起こる，等。

　そうした移動の問題が指摘された際，建設業者は階段ではなくスロープにすることで，モーター式の乗り物によって問題は解決されると主張しました。しかし，そのコストを誰が持つのかについては触れられませんでした。

　建設業者との交渉における膠着状態を打開しようと，地域住民たちは高速道路の建設によって村が直面するであろう問題と必要なコストをすべて網羅すべく，ホリスティックアプローチを採用することにしました。地域住民にとって高速道路の建設により，横断できる場所は10マイル（16km）も離れた所になり，高速道路の建設から得られるメリットはありませんでした。また，建設中の騒音や灰に耐えなければなりませんでした。さらに，未来永劫続くであろう不都合な変化も予測されました。具体的には，歩道橋を渡らざるを得ないという不便さや，希少種が生息する池や景観の喪失等でした。

　地域住民は，サンドラの支援を受け，すべてのコストを正確にかつ包括的に算出するための実態調査を行いました。通常のコスト-利益という分析枠組みを越えたホリスティックアプローチを行うため，また，生活の質を考慮に入れるため，サンドラは芸術家，経済学者，数量計算に優れた人等の他職種の専門家を招き入れました。その調査では，現状の歩道橋なしで道を横断するのに要する時間と，歩道橋を渡り道の反対側に行くのに要する時間との比較もしました。また，多様なニーズも考慮されました。具体的には，病気の親戚や友人，脆弱な高齢者を頻繁に訪問する人々や，地域の公園に子どもを連れていく女性等，道路の横断により時間を費やさなければならず，道路の建設が重荷になる人々のニーズの事です。芸術家によるス

> ケッチは，道路と歩道橋の建設が景観に与える影響を視覚的にとらえる際に役に立ちました。
>
> 　こうしてなされた実態調査の結果による裏づけによって，建設業者と地域住民との交渉は，方向性が変わりました。最終的には，村はバイパスでつながれ結果として双方が満足し，同時に環境への被害も最小限に収めることができました。

もいた。福祉国家の不在を特徴とする厳しい生活は，同様に福祉国家が不在である今日の南半球の巨大都市でおいて，再び生じているのである。

　福祉国家が存在しない状況では，土地を奪われた人々の運命は，可能な限りの支援を行おうとする，チャリティ，宗教組織，家族といった人々の手に主に委ねられた。このパターンは，宗教と関係のない非政府組織（NGO）や他の市民社会組織（CSO）が支援の輪の中にいる場合を除いて，現在の南半球でも同様にみられる。また，南半球において，支援対象の国以外にその起源をもつNGOやCSOが，悪い意味で影響を与える側面がいくつかあることがわかってきた。これら組織は，地域が持つ習慣や伝統と矛盾するものをしばしば持ち込み，受益者が不適切だと感じ，また憤りも感じるような優先順位のつけ方，仕事のやり方を押し付けるのである（Mohanty 2003）。さらに，海の向こうからやってくるNGOが仕事を供給するのは，ごく限られた人々に対してのみである。そこで供給される仕事による賃金は，地域の労働市場における平均的な賃金より高く，賃金の持つ機能を捻じ曲げてしまっている。さらに，彼らの介入は短期間であり，海の向こうからやってくるNGOがいなくなるたびに，持続可能性という課題が生じている（Shivii 2006）。仮に彼らが搾取的な世界規模の実践を永続させる，そして社会関係性における新しい植民地支配の形を強化する，そうしたことを意図していないのだとしても，地域住民と海を渡ってきたソーシャルワーカーが直視し解決に乗り出さなければならないアンビバレンス，緊張，矛盾が，これまでのNGO等の活動によって生み出されているのである。

　この「ケーススタディ②」は，コミュニティソーシャルワーカーがグリーンソーシャルワークの見方を活用し，地域が彼らより力を有する他の主体との戦いにおいて必要なスキルと専門性へのアクセスを確保することで，彼らの声を吸い上げてもらうことを含む権利を彼らが有していることを主張できるよう，地域をエンパワーできることを指し示している。

結　論

　ソーシャルワーカーは，専門職として自信喪失した状態に陥っている。その要因は，何がソーシャルワークなのかという境界線の設定や，新たな方向性を見出すことの，いずれの場合においても先進的ではないためである。しかしながら，個々の実践家は，目の前の人々が抱えるニーズに対応する力で，日々革新的な実践をしており，また，自身の活動を新たな理論そして新たな実践アプローチの中に統合しようとしているのである。グリーンソーシャルワークは，貧困や都市化の問題に対処しうる革新の機会や，持続可能な開発に向けたホリスティックなアプローチを提供するのである。

　グリーンソーシャルワークから，ホリスティックな実践方法や，多様な領域からなる専門的な強みを活用することで，地域が彼ら自身をエンパワーできうるという示唆が得られるのである。先に挙げたケースをみると，力を有する企業による決定に立ち向かい，地域が高速道路完成後の状況を自ら予測できるよう支援することで，コミュニティ・ディベロップメント活動が新たな方向に進化し，結果として，村人のニーズを踏まえたものに計画が変更された。このことは，他の専門職が有する力を実践に組み入れることにより得られるメリットがあることを意味している。また，地域が自ら解決策を見出し，住民が権利に目覚め，地域をエンパワーしたともいえる。持続可能なコミュニティ・ディベロップメント実践は，人間のニーズを満たしつつ環境保護も可能にする，良い実践なのである。

注
(1)　（訳注）1881年，ヴィクトリア州メルボルンにおいて，ホームレスあるいは育児放棄をされた子どもたちへの支援活動から始まった団体である。現在は，オーストラリア最大の福祉ネットワークである，ユニティング・オーストラリアの一部である。

<table>
<tr><td>第 2 章</td><td>人間にとっての産業化と都市化</td></tr>
</table>

―― 訳者コメント ――

　本章で強調されるソーシャルワーク機能は,「全体性」「開発性」「運動性」の３つです。そして,それらの機能を発揮する上で必要な要素は,関係する人々の「参加」そして「協働」です。これらの機能及び要素の実践での必要性は,常に問われ続けてきました。昨今,ソーシャルワークの「開発性」と「運動性」の減退が指摘されているように感じます。しかし,本章はそれらに加え,個人や地域だけでなく,国レベルさらには世界レベルの文脈にも目配りする,より大きな「全体性」の発揮を強調します。それは言い換えれば,目の前にある課題が生み出された原因をあくことなく追究することともいえます。また,本章では,現代におけるソーシャルワーク機能の発揮を力強く訴えています。

はじめに

　産業化は,ビジネスの世界が利益を生み出す機会を創出し,また雇用機会の増大に目がくらんだ人々によって,中央集権化及び都市環境及びインフラ整備（built-infrastructure）開発が要求されてきた。環境の都市化をベースとした開発は,地方から都市の中心への人口流入を加速させ,人々の物理的,社会的,娯楽的,文化的,政治的,経済的なニーズを満たすために,物理的な都市環境や都市が持つ資源のキャパシティに対する圧力を高めた。国際連合は,そうした都市化の流れにより2015年までに33の巨大都市が,主に南半球で創出されると予測している。それら都市の多くは,災害リスクの高い沿岸部にある都市である（Nicholls et al. 2007）。

　巨大都市やその周辺地域に関するさまざまな数値が,議論の対象となっている。国際連合によれば,巨大都市は800万人以上の人口を抱える都市と定義されている。すでに現在メキシコシティにはその３倍以上の人口が存在する点を鑑みても,この数字は小さく見積もられている。最近の議論には,基準を

1,000万人にすべきだというものもある。数字がどうあれ，都市計画を担う人たちの間では，これらの都市は，ダイナミックでエキサイティングであると同時に，複雑でしかも多くの問題を抱えているという点で見解が一致している。それら都市の成長と絶え間ない変化は，郊外，他の都市あるいは海外からの移住者によってもたらされている。地方から都市への人口流入が顕著なのは中国であり，中国の巨大都市の数は，今やアメリカやロシアのそれより多いのである。中国において，政府からの許可を得ていない地方からの移住者たちには都市での居住権は認められないため，彼らは劣悪な条件下での生活を強いられている。

　サンパウロ，メキシコシティ，デリー，北京といった内陸に位置する都市を除いて，沿岸部に位置する巨大都市は，洪水だけでなく気候変動によるハリケーンのような自然災害に対する脆弱性がますます高まっている（Nicholls et al. 2007）。脆弱な巨大都市の数は，アフリカとアジアにおける人口増加からみて，さらに増加するであろう。また，現在は小さい都市の多くも将来の巨大都市となることも考えられ，その数はさらに増加するであろう。そうした都市で暮らす人々は，貧困という課題にも直面する。なぜなら，ほとんどの巨大都市は人口密度がとても高いスラムを内包するからである。それらスラムは，コミュニケーションシステム，水，施設，そして保健衛生等へのアクセシビリティが低く，劣悪な住宅環境にあり，容易に感染症が広がる状況にもあり，さらに深刻な大気汚染にもさらされる。要するに，限られたスペースにおける都市化の進行と人口増大の結果として，さまざまな形で環境破壊という問題が発生するのである。

　そうした都市化への指向は，貧しい人々のウェルビーイングに多大な影響をもたらしてきた。しかし，貧しい人々が，そうした結果を招くことが予想される開発政策に対して，自分たちの意思を表明することはほとんどないままであった。劣悪な生活環境や低レベルの物理的環境において暮らすのは，彼らなのであるが…。古くはロンドンのようなヴィクトリア朝イングランドの大都市に，地方の人々を送り込み，貧しい生活を送らせた囲い込み運動であれ，南半球の現代における巨大都市で，水辺の町に暮らす村人の場合であれ，最終的な結末は同じであった。短期的にみれば，かつては自立していた彼らの生活の質は低

下し，長期的にみれば，そうした環境下でも働かざるを得ない状況が生み出された。同時に，社会関係はより階層的になり，それまでの関係性とは異なるものとなった。家では男性が支配するようになり，幸運にも有給の仕事にありつけたとしても，職場では，雇用者の意のままにルールが定められた。"資本主義"という社会システムにおいては，貧しいコミュニティは自身の振る舞いや自身が下した決断に見合う富を蓄えることは困難である。この事実が，貧しい人々の生活や彼らの居住するコミュニティに対する否定的な見方を生み出してきた。多国籍企業のオーナーや役員たちによるアカウンタビリティの欠如は，ここ最近の表現で言うところの"新自由主義"が抱える問題を提示している。経済的なグローバリゼーションという文脈の中で，アカウンタビリティを果たさないオーナーたちは，彼らの決定により最も影響を受けやすい人々のこと等には，ほとんど関心がないのかもしれない。

　本章では，ソーシャルワーカーが地域の人々といかに協働し，都市生活の中で，より持続可能でしかも生活の質を向上させうるような形を生み出すことができるのか考察したい。その形とは，関与するすべてのステークホルダーに対し，それぞれの行動に対するアカウンタビリティを求めるというものである。同時に，地域レベルにおける計画が，国家レベルさらには国家間レベルにいかに影響を及ぼしうるか，また集団による活動を通して状況を改善する上で，いかに重要な示唆を提供しうるかを見ていくこととする。事例は北半球と南半球それぞれから抽出している。それらでは，通貨交換を避けるための地域での交換システムの構築を含んだ，マイクロクレジットを行うベンチャー企業体やクレジットユニオン，そして地域におけるネットワークといった，透明性のある財政機構の形成がみられる。また，取り上げる事例の中には，持続可能で相互依存を可能とする世界の開発に向けた，楽観的シナリオといえるものも含まれている。

1　都市化・産業資本主義の決定的特徴

　都市の数の増加は，近年の世界的現象である。国際連合によれば，1800年には都市に住んでいたのは世界の人口のわずか3％であった。アメリカで1990年

に行われた調査では，90％以上が人口100万人以上の都市に居住していること
が明らかになった。さらに，アメリカはニューヨークとロサンゼルスという，
世界に存在する都市の集積体ともいえる都市のうちの２つを有している。西洋
社会はこの150年の間に，農耕社会から前産業化社会，さらには都市化された
産業社会へと変わってきた。イギリスでは，産業革命の当初では43％であった
都市人口比率が今日では65％となっている。2009年版の『国連世界都市化予測
（The UN report World Urbanization Prospects 2009)』報告によれば，1900年にお
いて都市部の人口は地球の人口の13％，数にして2.2億人であったが，2030年
までに60％，数にして49億人へと増加するだろうと指摘し，都市への人口の集
中（都市化）はその後もさらに加速して進行すると予測している。都市化，人
口増大，そして技術開発が，農業分野におけるそれらも含みつつ，現代の都市
を生産してきたのは周知のことである。都市化は，故郷で生計を立てることの
できない地方の農業従事者たちが，都市で仕事とより良い生活を求めることで
起こった。それは，現在私たちが直面している歴史的といえる危機にも直接的
に関係する出来事である。都市では，文化的，社会的，娯楽的，政治的そして
経済的機会が増えたことが，人々をその煌めきによって魅了し，インフラ整備
においては規模経済が働き，より多くの人を飲み込むことを可能にした。しか
し，緑をコンクリートに置き換えることには支払うべき対価が存在し，それが
都市生活を複雑にする。また，人々のニーズと自然環境のニーズとの間のトレ
ードオフにおいて，得られた機会と失われた機会の両方から見た開発にかかる
コストは，いかに計算されるべきかという問題も巻き起こす。

　同時に，都市がすべての人に地方から都会へのスムーズな移動を提供するわ
けではない。住居，雇用，その他の要素が欠如していることもある。あるいは
地方の住民にとってはコストが高すぎるということがあるかもしれない。適切
な保健衛生，居住空間，交通手段，仕事といったインフラが，都市にやってく
る地方労働者の数に見合うものでないのに，大規模な移住が進行することは，
困難をさらに増幅させる。また，学校や医療施設の不足あるいは欠如も，そう
したインフラの中に含まれよう。事実，そうしたインフラの欠如が，人口過密，
失業や結核，ジフテリア，コレラ，腸チフス，ビルハルジア等感染症の蔓延，
さらには犯罪といった言葉に特徴づけられるスラムを形成するのである。歴史

的に，イギリスの都市における労働者階級の人々が直面した社会的困難を鮮明に描き出した書物として Gareth Stedman Jones *"Outcast London"*，Friedrich Engel *"The Origins of the Family, Private Property and the State"* が挙げられる。そして Thomas Chalmers *"Godly Commonwealth"* は，スコットランドにおけるそうした状況の改善の過程をまとめたものである。公衆衛生の実現，都市家庭への浄化された水の供給，そして公営住宅の建築が他の何よりも都市化がもたらす貧困や劣悪な環境に暮らす人々の抱える問題を軽減した。貧困，スラム街での居住，そして病気といったものはヴィクトリア朝時代のロンドン，バーミンガム，マンチェスター，ニューカッスル，グラスゴーといった都市における共通の特徴であったが，今日南半球で急成長を遂げている巨大都市，メキシコシティ，リオデジャネイロ，ジャカルタ，ムンバイ，ダッカといった都市でも見受けられる。

　当局は，さまざまな政策を通して都市地方間の移住をコントロールしようと試みてきた。産業化の進行していたイギリスでは1601年にエリザベス救貧法を制定し，移動してきた貧困な人々からの公的扶助に対する要求を制限しようとした。それは，定められた規定を満たした人々に限られた扶助を行うというものであった。規定の中には居住地についての定めもあり，扶助の申し立ては生まれた場所にある教会からなされる必要があった。この条項は1875年にスピーナムランド制（the Speenhamland system）を通して幾分修正され，貧しい地方住民に生まれた場所の以外で扶助を受ける事を許可したが，それは食料品価格上昇の影響を和らげるためであった。スピーナムランド制は，ミーンズテスト（資産調査）を課した上での賃金の補填であり，それはその時々のパンの値段や主要食品の値段の変化とリンクしていた。受給資格要件は厳しく，制度に要する財源を拠出するよう求められた土地の所有者たちは，貧困な人々が公的扶助に訴えるより，仕事を探したり労役場に行ったりするように仕向けたのであった。そうすることで，土地の所有者たちが制度に拠出する金額は最小化されたのである。おそらくこの政策は，貧しい人々に対して，パンの値段上昇というインパクトを和らげるための支援をすることで，それは給料の一部となり，実質的に彼らの給料を低く留め置くことも助長したといえる。こうした観点からいって，スピーナムランド制は1834年の改正救貧法の流れを汲むものとして，

ほぼ40年もの間ある程度適切なものだとされた。こうした手法は，中国や他の新興国といった国々の経済における貧しい人々の支援のための公的支出抑制と相通ずるものがある。助成金が，低賃金を奨励してしまうのである。

　南半球における巨大都市の成長は，都市化及び中央集権化を加速させた。既存のインフラやサービスでは必要としている人々すべてに対応することは不可能だが，人々の移動はさらに増大する見込みである。世界で最も大きな都市の一つであるメキシコシティは，3,000万人を超えようかという人口流入に直面している。中国では，巨大都市の数は増えると同時に，その規模も大きくなっている。政府は，意図的に天津等の巨大都市を造り上げている。それは，国内における貧困撲滅及びミレニアム開発目標（Millennium Development Goals：MDGs）による義務を果たすべく，規模経済からの恩恵を得ようというものである。Shumpeter（1935）は持続可能な経済変化にかかるコストに対する懸念を表明し，さらに Schumacher（1974）はすでに今から数十年前に，中央集権的都市化が適切なのか疑問を投げ掛けたが，後者のいう“小さなことは美しいことである”という考えは，政策決定者たちには受け入れられなかった。このように，人間，植物，そして動物のために緑を保護する必要性，さらに地球の物理的環境を保護する必要性が，都市化によって侵害されないことを保証する点については，彼らの関心は思ったほど高くはなかった。しかしながら，政府だけが，都市化に興味があると同時に責任があるわけではない。雇用者もしかりである。膨れ上がった都市人口の要請に見合うだけの資源を提供すべきなのに，政府と雇用者それぞれによる失敗が組み合わさり，莫大な数のスラムあるいはファベーラを生み出すという結果に終わったのである。スラムやファベーラは，貧困，売春，薬物の乱用，ギャングによる暴力，失業のリスク，病気，生きるために盗みを働くストリートチルドレン，乏しい教育や他の社会的排除といった形で特徴づけられるようになり，南半球における「巨大都市」の特徴ともなったのである。

　主に西洋国家に存在する産業国家にも巨大都市は存在する。都市化の原型ともいえるイギリスのロンドンはじめ，アメリカのニューヨークや日本の東京がそれにあたる。西洋社会の貧困層は南半球の貧困層と比べ相対的にみて暮らし向きはいいが，すべての人々のニーズに対応できている訳ではない。ここでの

基準は世界人権宣言（the Universal Declaration of Human Rights）の第22～27条で求められている各国政府の義務であり，その内容は必要に応じた人々の食糧，衣服，住居，教育，健康等のサービスと所得サポートが含まれる。ソーシャルワーカーは貧しい都市の住民たちが自分たちでは手に負えない問題と向き合うことが求められ，彼らに適切な雇用，教育，住居，健康等に関する資源を供与することが求められる。

　老朽化しつつあるインフラ，特に交通や下水システムが問題を引き起こしている。それは民間企業の投資意欲の減退によるところも大きい。イギリスにおける水道，電気，ガスの民営化は，インフラ投資に対する費用対効果が得られないばかりか，消費者が望む値下がりはなかった（Newbery 1997；TW 2011）。それゆえ，ヴィクトリア朝時代に構築されたインフラは，現代における消費者のライフスタイルが要請する，より大きな需要を満たすべくギシギシ音をたてながら動いている状態である。カナダのモントリオールでは，幹線高速道路への投資の欠如により，多くの市民が不安を表明していた通りに，2011年の夏に橋と道路の崩壊を招き，現在市民は事態に対する連邦政府の資金投入を要求している。Levesque & Mathieu（2011）は，人口の80％が集中しているすべてのカナダの都市に影響があると指摘している。Brox（2008）は，モントリオールにおける交通インフラの再構築にかかるコストを，2,000億カナダドルと試算している。必要な新規事業に720億カナダドルかかり，既存施設の修復に1,230億カナダドルかかるとしている。また，この計画を実行しない場合，生産性が下がり，同時に生産コストが上昇し，カナダは貿易国家としての競争力を失うであろうとも指摘した。彼の議論は，社会的ニーズについてではなく，すべて経済的な事柄についてのものである。人々や自然環境に資する経済が，果たして特定分野の興味だけに引きずられて，投資された巨額の資金をうまく活用することはできるのであろうか。この問いは，ソーシャルワーカーと政策決定者が自問自答すべきである。

　都市における仕事や住居，他の資源における奪い合いは過酷であり，しばしばある集団の利益のために他の集団のそれがなおざりにされることがある。たとえば，開発者はスラムの住民たちを都市の中心部での不動産建設のために立ち退かせたりする。そうしたことはムンバイやナポリなど多様な都市で起こっ

ている。2008年，ナポリのポンティチェッリ地区に住むロマ民族（the Roma）は，数十年住んできた都市中心部のコミュニティから暴力的に排除された。その理由は，都市を牛耳るエリートたちがその土地にビルを建て，自分たちが利用することを目的としていたからであり，そうするにはロマ民族は邪魔であったのである（OCSE 2009）。

　ムンバイでは，映画『スラムドッグ・ミリオネア』で世界的な若きスターとなった Robina Ali にしても，彼女の家のある地域が，豪奢な住宅開発のために立ち退きを迫られたのである。ムンバイのような都市の土地価格は，マンハッタンのそれよりも今や高くなっている（Jeong 2011）。現在，ムンバイでは，ドービーカースト出身の人々が洗濯業を営むドービー・ガート（屋外洗濯場）が，開発者によって脅威にさらされている。この場所は小さいが，ムンバイの財政の中心地にあり，その価値は２億米ドルといわれる。ここはドービーカースト出身者たちが1958年以来居住しており，都市の所有権について行政と集団契約を交わした地域である。同時に，インド中からの移住者がドービーカースト出身者たちに加わり，衣服の洗濯，乾燥，そしてアイロンがけを行うようになったことで，以前から低いレベルながらも何とか維持してきたインフラ，とりわけ水と電力の供給が危険な状況に陥っている。また，日に10米ドルから20米ドルを稼ぐ人々の住居不足にも拍車がかかっている状態である（Jeong 2011）。

　立ち退きに際しては通常裕福な人々が決定を下すわけだが，その決定は概して貧困層の人々の生活に悪影響をもたらす。彼らは，時にそうした動きに反対はするが，結果としてこれまで家を提供してくれた地域に留まるという目的は達成されない。場所と空間が，産業化されかつさらに産業化する社会において，葛藤の場所となるのである。なぜなら，場所を供与することでお金という利益は得られる。しかし，そこには，先祖とのつながりとともに，地域に居を構えることによって他人から承認され，また彼らの他人に対する承認が存在する。さらに，過去の個人的そして集団的アイデンティティや所属といった人々の感覚に深くつながりがある。所属と継続性というものは，力と権利の感情を供与する。なぜなら，それらの言葉は，コミュニティにおいて誰が受け入れられていて，あるいは拒絶されているかという状況に対して，彼ら自身が声を上げる

ことを可能にするからである。地域におけるそうしたリアリティは，より大き
な社会において，力を削がれたり，周縁化された感情とは大きなコントラスト
をなす。しかしながら，現在の政治力学では，土地を持たない人々が他の場所
で落ち着くためのオプションをほとんど与えずに，彼らを地域の中に内包しつ
つも，場所を持たない人々にしてしまう。そうした地域内での場所の剥奪は，
ムンバイのケースがそうであるように，都市の中で起こりうるものである。フ
ランスやイタリアといった国々から，彼らのルーツであるルーマニアへ向け出
港したヨーロッパにおけるロマ民族たちのケースも（ERRC 2007），またイギ
リスはデールファームで起こった10年住んだ家を剥奪されたロマ民族の場合も
同様である（Townsend 2011）。イタリアでは，政府高官やメディアが，ヨー
ロッパ法やイタリア法でも権利の平等性がうたわれているにもかかわらず，ロ
マ民族に対する怒りを民衆に喚起した（ERRC 2007）。そうした地域では，組
織化された犯罪組織による搾取が横行し，スラムの住民に違法な売買，臓器提
供等をさせた上で搾取する。フィリピンのマニラ沿岸部にあるバセコ
（Baseco）という貧しい街のほとんどの人は，腎臓の一つをたった481米ドルで
売っていた（Padilla 2008）。人間はこうした絶望的状況に追い込まれるべきで
はないが，これらの事例は長い間知られてきたはずの，そうした貧困に対する
無関心が存在することを明示している。臓器提供においては，"ドナー"にな
ることを強要するという暴力が時に用いられるが，いかに不誠実な個人そして
犯罪組織が，私利私欲のために地域を貪り食うかという，そのありさまは，
『スラムドッグ・ミリオネア』で鮮明に描き出されている。グローバルな世界
において，貧しい住民たちは，臓器売買や違法な人身売買を通して豊かになる，
というプロセスに飲み込まれている（Nagle 2008）。人間の体がそうした犯罪
組織にとっての利益を生み出す場所とされ，一握りの特権階級がそこから利益
をむさぼる場所とされている。

　都市は，土地を建物，道路，さらに他の目的に使用することで，自然を破壊
する。これにより，生物多様性や自然環境に重大な結果をもたらし得る。無論，
イギリスの牛やうさぎ，北アメリカの鹿，熊，コヨーテ等は，これら新しい条
件にもかなりよく適応してはいるが…。しかし，都市において，全体として限
られた空間の中で，人間と他の動物との間の深刻な奪い合いが存在する。生活

圏域の道をコンクリートで覆うことで，これまで自然の灌漑機能を担ってきた地下地層と地表を遮断してしまうため，洪水のリスクが高まる。また，既存インフラでは，局所的台風を含む，極端な降水への対応力がないことは証明済みである。たとえば，ムンバイで起こった2005年の洪水による損害は，20億米ドルである。最近起こった数々の洪水は，ミティ川（river Mithi）とその支流を含む，ムンバイの灌漑能力を上回るものであった（Hallegatte et al. 2010）。

ミティ川の土手沿いにスラムが形成されるという形での都市化，家庭ごみ及び産業ごみが，川や自然の沈泥に投棄されること，そうしたことが指し示すのは，大規模な浄化に向けた努力がなされねばならないことであり，その目的は川の能力を上げ，将来の洪水による災害リスクを低減し，そこから発生する悪臭を除去することである。ソーシャルワーカーは，地域とともにごみ処理の代替法を見つけうるし，地域のグループに寄り添い，政府や民間起業家たちに対して，ミティ川の浄化に向けたアドボカシー機能を担いうる。Hallegatte et al. (2010) によると，川の浄化に向けた支援を取り付けるためには，OECD 報告で推奨されていることに依拠することが望ましい。同じようなことが，そこかしこで起きているのである。イギリスでは，先例のない雨による2007年の洪水が，国の主要都市に襲い掛かった。ピット報告（the Pitt Report）によると（Pitt 2007），既存の洪水緩和に関する計画の限界は越えており，都市の不適切な灌漑システムが，さらに事態を悪化させたということである。

イギリスのソーシャルワーカーは，避難シェルターにいる人々のニーズへの対応を行い，短期的な住居を見つける等しつつ，この災害による長期的影響として考えられる問題を指摘した。道路を含めたインフラの危機に，レジリエンスをもたらすのは，内閣府の行政官の責任である。ソーシャルワーカーは，生命や財産への被害を提言するための，高度な計画づくりと早期警戒システムの構築をうたったピット報告に従った作業が進捗していない場合，コミュニティがその進捗をモニタリングし，不満の声を上げられるよう支援できる。ソーシャルワーカーはまた，保険会社が氾濫原であること等を理由に保険適用外とし，それがゆえに，その土地の上に建物を建てることを推奨しない場所を，特定する上での支援もできる。そうすることにより，人々が安全に暮らせ，また脆弱な生態系を保護するのに適した場所を特定でき，住宅の建設における示唆も得

ることができる。ソーシャルワーカーは，さらに洪水時救助に向けた国の資源登録制度（Flood Rescue National Assets Register）にも精通しているべきであり，その内容を知っていれば，洪水発生時に利用可能な資源とニーズとのマッチングが可能となる。そして最近組織された国家災害チーム（National Hazards Teams；以下，NHT）のメンバーともつながりを持ち，それぞれの地域において最適な予防指針の策定を確実に推し進めるべきである。ソーシャルワーカーは，特定のホットスポットにおける混乱の最小化に向け，緊急時対応サービスの一部を担うという重要な役割も有している。

　NHT はすでに，災害時に情報，緊急サービス，エネルギー，財政，食糧，ガバナンス，健康，交通，水といったものが，欠如する可能性がある地域を特定している。ソーシャルワーカーは，痛ましい災害の発生に備え，それら地域の場所を把握した上で，地域の住民たちのレジリエンスならびに生き抜く力を高めるべく，予防そして減災に向けた活動を喚起し，支援する責任を有している。また，ソーシャルワーカーは，悲惨な“自然”災害に対する脆弱性低減のために，政府が策定したセクター・レジリエンス・プラン（the Sector Resilience Plans）の実行における支援も担うことができる。政府担当局とインフラ関連の会社は，2007年に氾濫したグローチェスターショアーのマイス水管理事業（the Mythe Water Treatment Works）で防波堤を作る等の大掛かりものに焦点を合わせがちである。一方で，ソーシャルワーカーは，ミクロレベルで中心的役割を担うことができる。たとえば，洪水警戒サービスにインターネットから登録をするための支援や，さまざまな関係者の活動を調整し，洪水キットのような災害時用キットやしっかりとした計画が，当局により準備されるように支援することがある。こうすることで，環境局，地域行政，そして物理学者といったさまざまな立場を巻き込むことが可能になり，彼らが有する地域インフラの状態についての知識と，地域住民の伝統的な知識及び日常生活における経験とを結びつけることが可能になるだろう。ソーシャルワークを学ぶ学生，とりわけコミュニティディベロップメントに関心のある学生なら，実習やあるいは学位論文に向けた研究の一部を通して，これら作業に関与できよう。また，地理学やエンジニアリングといった他専攻の学生との協働も可能であろう。なぜなら，彼らは，一見すると異なるが，災害低減に関して関係のある情報を有

しているからである。また，彼らは洪水発生時には，ピット報告進捗管理グループ（the Pitt Review Monitoring Task Groups），政策進捗管理委員会（Scrutiny Committees）や，地域行政により立ち上げられる地域レジリエンスフォーラム（the Local Resilience Forum-LRF；以下，LRF）等の地域のフォーラムに貢献しうる。LRF は，州レジリエンスチーム（the Regional Resilience Team-RRT；以下，RRT）と協調関係にある。イギリスには LRF が43あり，RRT が 9 つある。ハンプシャーでは警察指令室内に，部局横断型の災害時対策チーム（an adverse weather multi-agency response team）を設置しており，いくつかの行政ではそうしたものが設置されている。警察と消防が，災害時に真っ先に現場に駆けつけることとなっている。2004年制定の民間緊急事態法（Civil Contingencies Act）によれば，被災者のニーズに応える責務を，主にそして 1 番目に担うのは，地域行政とされている。ソーシャルワーカーは，避難が安全になされた後に，通常その責務は回ってくる。しかし，災害前の計画づくりや防災指針策定を支援することにより，災害前そして災害が起きてからのリスクが低減でき，また災害後の地域再構築に貢献できる。

　さらに，都市周辺部が，都市生活者のニーズへの対応において，負担を強いられているのが通常である。イギリスでは，都市人口に見合う食糧生産のために農耕地を拡張すべく，生け垣や鳥の生息地がなくなるという結果を招いた。

　1961年と2005年における農耕地の面積を見ると，1961年ではほぼ2,000万ヘクタールであったものが，2005年には約1,700万 ha にまで減少している（Rounsevell & Reay 2009）。イギリス国土の約76％は農耕生産目的で使用され，その多くは農業関係者によってコントロールされている。しかし，1990年以降，毎年およそ 1 万5,000 ha の土地が，農業以外の目的のために開発されてきた。そこには，人口規模そのものの拡大を含む人口移動と，食糧を育て，家を建て，家から職場に通勤する人を送り届けるための土地として使用されたのである。緑地破壊を減速させるために，イギリス政府はもともと住宅向けとしてすでに造成されている場所への住宅建設を模索しており，2016年までに必要とされる4,400万軒の家の75％を建設が可能だとしている。

　イギリス国内の通勤者の割合はヨーロッパの中で最も高く，2,500万人といわれている。彼らは，毎日通勤に430万時間を費やす。その距離は，1993年か

ら2003年の間に17％上昇し，所要時間も2006年までは毎年上昇し，その後下が
り始めた。労働組合会議（the Trade Union Congress；TUC）は，通勤所要時間
の減少と在宅勤務との関連を調査し，通勤において3億3,900万ポンドのコス
トが発生していると推計している（Khan 2008）。ソーシャルワーカーは，在宅
勤務の利点等を踏まえ，この働き方の変化が理にかなっていることを指摘する
とともに，通勤が環境や人々の健康にもたらすコストについても声を上げるべ
きである。公共交通計画は，大都市中央部に存在する都市のニーズに呼応する
形で立てられ，生態系や環境システムに負荷をかけ続けながら，その輸送可能
量を拡大させている（Khan 2008）。それは同時に，家族と過ごす時間や，休息
の時間が少なくなるといった形で払う人々のコストが高くなることを意味して
いる。彼らにとっては，長い通勤も仕事のうちであるけれど，それに対する対
価は支払われていない。イギリスでは，長時間通勤は珍しいことではない。賃
金労働等の仕事をこなす時間と家族と過ごす時間との調和をワークライフバラ
ンスというが，ほとんどの場合，雇用者の意に沿った形で働かされており，そ
ういった意味ではワークライフバランスは実現できていない。さらに，通勤労
働者が住む場所は単なる「ベッドタウン」と化し，仕事に関連する社会的関係
が優先されているので，地域における関係性もとても弱体化している。

　生活の一部である通勤は，それ自体高度にエネルギー消費を伴うものであり，
産業構造とサービスを兼ね備えた都市の中心地と結びつくとともに，中央集権
的な経済活動とも歩調を合わせるものである。脱中央集権化の難しさは，これ
までに証明されてきた。イギリスでは幾代もの政府が，主な公的機関のロンド
ン以外の都市への移転を約束してきたし，またロンドンから郊外に移転する民
間企業には，奨励金も出すことを約束してきた。しかしながら，短期的にこう
した方針を受け入れる動きはあったが，ほとんどの経済的活動，雇用者はロン
ドンに留まったままである。都市空間は，複雑にネットワークやつながりがか
らみあった状態である。それは，構築されたインフラ内での情報のやりとりか
ら輸送，さらには社会的関係性及び人間同士の相互作用，はたまた取り巻く動
植物との関係性にまで，空間的な幅の広がりを持つからである。この複雑性を
前に，すべての人を貧困から救い，またこれまで排除され，周縁化されてきた
人々の生活水準向上に向けた方策として，都市化が本当に正しいのか，多くの

人が疑問を投げかけてきた。産業化という資本主義モデルに依拠した都市化は，持続可能ではないのである（Brahic 2007）。600万人という人口の小さな島国で，18世紀に起こった産業革命を牽引したのは労働者であるが，その多くが産業革命からの恩恵を受けることができなかったことから考えても（Thompson 1963），何十億人という人間のニーズを満たそうとする，産業化をベースとした資本主義モデルの限界と不確実性は，自明の理ともいえる。

　現代の生活は，家庭用及び家事をこなすための洗濯機や食器洗浄機等に莫大な量の水を消費している。滅多に使わないハイテク玩具に電気が使用されることで，その使用料は年々増加し，化石燃料は人々を職場に送り届けるために使用され，緑地は宅地造成でコンクリートとなり，その上には住宅，駐車場，サービスの建物等が過密状態となって林立している。家庭用エネルギー需要の結果排出される温室効果ガスは，現在排出されている全体量の約40％に相当する（Löscher 2009）。商品，サービス，そして人々の輸送は，エネルギー消費におけるもう一つの大きな問題である。飲み水不足解消のため，いくつかの都市では，海水を淡水化するようになった。これは，沿岸部の泥状地に暮らす動植物からみれば，海水の塩分濃度を高め，環境的なコスト（悪影響）をもたらす取り組みである。これら都市生活の要素すべてが，エネルギー消費を増加させ，また温室効果ガスの排出を促進している。

　都市では周辺地域に比べて，気温も湿度も高くなる気象現象が確認されており，大気中の動植物にも影響が出るかもしれない。しかしながら，都市には機会と資源が集中しているがゆえに，受け入れ可能人数まで人が増えることとなる。タワーマンションに多くの人々を集中的に居住させることによって空間を有効活用し，電気をはじめとした生活の基盤設備をそれぞれの家庭に供与するコストが低減できる。都市はまた，芸術，音楽その他の芸術表現にかかる創作活動の集積地でもある。さらに，階級闘争の場所でもあり，今でもそれは継続しており，労働者階級の人々が労働組合，職人組合，協同組合，共済組合を組織し，生活の質向上を求めて，職場環境，法制度，政策の修正を要求したり，行き過ぎた資本主義の是正を訴えた（Thompson 1963；Tholfsen 1976）。

　西洋社会において福祉国家は，失業したり，市民権を剥奪されたり，排除されたりしている個人に想定されるリスクを低減するのに寄与してきた。多くの

人をカバーするための「リスクの共有」と「社会保障」の活用という文言は，福祉国家創造において，使いやすい標語であった（Webb 1918）。「リスクの共有」という中に含まれる連帯意識は，最近の財政危機により脅かされている。といっても，こうした労働者階級の生活に対する攻撃を支える考え方は，イギリスではサッチャー政権，アメリカではレーガン政権下の1980年代における新保守主義台頭以来，そこかしこに存在はしていた（Cloward & Piven 1979）。南半球には通常福祉国家でいうセーフティネットは存在せず，大規模家族や貧しい家族でも，能力があってもなくても，自助を求められている。福祉国家体制の存在してきた国，特に教育や保健衛生が補助金の形で行われてきた国でさえ，ジンバブエの例にもある通り，支援の前提条件として，世界通貨基金（IMF）や世界銀行により要求された，構造改革プログラム（SAPs, the Structual Adjustment Programmes）によって，人々への支援（these）は破壊されたのである（Kaseke 1996）。

2　環境の脱都市化

　社会的にも政治的にも，都市化の進行をコントロールし，都市化による悪影響を減じようとする試みは，かなり長い期間なされてきた。そうした動きのいくつかは，現在のグリーン・ムーブメント以前に始まり，専門職エリートたちを魅了してきた。たとえば，イギリスではガーデンシティムーブメントが提唱された。その運動は，自分たちでまかなえる緑地と活気のある都市を創造しようとするもので，労働者が息抜きできる場所を提供しようとした（Howard 1902）。他には，土地を持たない都市労働者に，家庭菜園用に土地を分割して貸与しようというものもあった（Crouch & Ward 1997）。都市農場＆コミュニティガーデン連盟（the Federation of City Farms and Community Gardens）は，都市における農園の創出を目的に設立された。それは，動物たちが食料を供給してくれていること，たとえば牛が牛乳を生み出してくれていることを，都市の労働者階級の子どもたちが，必ず知ることができるように組織されたものであった。

　これらの動きが抱える課題の一つは，一定の人々に対して解決策を創造した

という意味では価値があったが，結局，局地的な取り組みの域を越えられず，イギリス社会全体に移植できたり，あるいはそれぞれが差異性をはらんだ都市空間の不利な部分を，解消できるようなモデルの提示までには至らなかった点である。たとえば，ガーデンシティムーブメントの流れに乗って具現化されたのは，レッチワースとウェルウィンのガーデンシティのみであった。その後も，都市化の周辺部への拡大を抑制するために，都市の周りにグリーンベルトを創り出すといった運動もなされたが，結果として，わずかな成功例しか生まれなかった。そうした動きの中で造成されたグリーンベルトと称される土地は，2010年段階でイギリス国土の13％を占めていた。その保護は，地域行政を担う政党が，そうした土地を本来あるべき姿に保つことにコミットするかどうかにかかっていた。保守党の政治家にはコミットしない傾向があったが，一方で，労働党の政治家はより積極的にコミットする傾向があった。中央政府が開発目的でグリーンベルトを部分的に除去する政策を数多く実施していたにもかかわらず，シェフィールド市議会は市周辺のグリーンベルト保持に何とか成功した。

　南半球において，西洋で良いとされるモデルを移植しようとしても，それは無理があった。都市化という文脈において持続可能な開発について意見交換することは，独自の視点で世界を見ているさまざまな関係機関によるお互いの視点に関するコミュニケーションが活性化するので，有益ではある。開発途上国において，西洋の開発モデルを強制しようとした多くの試みは不適切なものであり，良い影響よりもむしろ悪い影響をもたらしてきた。ここでキーとなるのは，構造調整プログラム（the structural adjustment programmes；SAPs）である。これは，1980年代，特にアフリカやラテンアメリカの低所得の国々に向けた融資条件として，世界通貨基金（IMF）と世界銀行が強いたものである。これら国際機関は，西洋の資金供出国政府から基金を含めた援助を取り付けた。このことによって，国連が社会開発の舞台において，資金提供の一部としての政策を推進することにつながったのである。構造調整プログラムは，人々の自立そして民間セクター成長促進を目的に，福祉や教育サービスにおける国家による助成金の打ち切りを要求した。セーフティネットの除去は，ジンバブエの例にもある通り，貧困レベルを押し上げ，そして社会不安をあおった（Kaseke 1996）。同時に，構造調整プログラムは，これらの国々をグローバル経済，資

本主義をベースとした開発プロセス，そして新自由主義的イデオロギーの中に
巻き込んだのである。Seabrook（2007）は，労働者階級の人々の尊厳を保持し，
彼らに生活に適した住環境を保障するために，公共住居を地域レベルで建設す
る必要性を指摘した。Seabrook はまた，極端すぎたりコントロールが利いて
いない都市化は，イギリスの都市における現代の産業開発の鍵となる形態であ
り，それは至る所に輸出されてきたと批判した。

　そうした資本主義支配に呼応することを強いられた訳だが，構造調整プログ
ラムの悪い部分をいくらかでも低減し，良い賃金の仕事を一人でも多くの人に
与えうるような活動を地域の人々が始めるための基金を，南半球の非政府組織
（NGO）を含む市民組織が立ち上げた例はごくわずかである。これら NGO の
多くは，財源が消え去ると同時に，どこかへ行ってしまった（Doh & Teegen
2003）。残された人々は，プロジェクトも資源もなく，さらに雇用機会もない
状態で放置されることとなった。これら NGO は，ニーズが顕在化した時にた
だそこに存在しているだけで，地域の抱える問題解決の代替策の開発をも妨げ
たかもしれない。そういった組織のソーシャルワーカーたちは，地域が有する
知見に投資を実行したり，それらを高めたりすることにはあまり取り組まず，
西洋式の考え方及び行動様式を身に付ける訓練をされてしまったのである
（Shiva 2003）。また，ソーシャルワーカーが，海外の NGO により雇用される
ことも多々あった。彼らが西洋の開発モデルに依拠した場合，地域住民は，彼
らを地域の開発計画実行に際して存在する課題の一部としてとらえることもし
ばしばあった（Mohanty 2003）。雇用者が反対の方向を志向していたとしても，
ソーシャルワーカーはじめ実践者たちが業務遂行上の枠組みとして，地域に根
差した文化的にもつながりのあるプロジェクトの開発を支援していたら，結果
はより適切で成功裏に終わることが多かったのである（Edwards et al. 1999）。

　西洋の福祉国家は，労働者たちを，資本主義をベースとした行き過ぎた都市
化がもたらす諸問題から，いくらかは保護してきた。しかし，南半球ではそう
した状況は生まれなかった。福祉国家は，多くの国における労働者階級の人々
の長きに渡る闘いと創意工夫が生み出したものだったのである。イギリスでは
賃金労働者たちが困難に直面した時に，宗教組織あるいはフィランソロピーに
基づいた篤志家に依存するのではなく，権利として保護やケアを主張する方向

へと行動を変化させ，労働組合，同業者組合，共済組合，あるいは協同組合を結成し，福祉的利益を追求，組合員に向けてのセーフティネット形成を模索したのである（Thompson 1963）。今日の南半球において，国家による本質的な支援が無い中で，国際NGO，市民組織，カリスマ的個人あるいは宗教組織が，排除されている人々のニーズを満たすためのシステム構築を模索している。しかし，しばしば支援の受け手からは，ニーズに合致していないとか，文化的に不適切との辛辣な批判もされている（Mohanty 2003）。こうした批判は，困難時におけるケアや支援の伝統的なやり方をベースに考えた時に生じたものである。これら伝統的な存在論そして認識論をベースに支援を考えることで，その地域にふさわしい介入モデルや新しい知見の開発が促進できる。以下，そのいくつかの例を検証したい。

3　中央集権型都市化の中で代替策を開発すること

カナダ協議会（the Conference Board of Canada）による豊かなカナダの都市と題された報告書（Brender et al. 2007）は，達成可能なミッション（今後の繁栄を考える上で適切な市行政のガバナンス構造，財政面での強靭さ，自律性をベースとした持続可能な都市の開発）についてまとめている。著者たちは，都市化がもたらす悪い部分に打ち勝つものとして次の要素を提示した。

・外部からの投資を促すための強靭な知識経済
・才能があり熟練した労働者たち
・効率的かつ効果的に人やものの移動を可能にする強固なインフラと交通システム
・堅実な計画とそれに基づく生態系に配慮した産業界のルールの下での，環境的に持続可能な成長
・手が出る価格でしかも魅力的な住宅，地域の消費者に向けた低炭素技術へのアクセス，低い犯罪率，包摂された移住者コミュニティ，レベルの高い文化的そしてエンターテイメント的アメニティ，等の要素を含む社会的統合（socially cohesive society）

・強靭な社会的セーフティネット

　これらの提案は，示唆に富むものである。また，公的財源による福祉国家の促進，及び資本主義の“過剰”の軽減，そして，移動の機動性を含むすべての機動性を高めることを意図した他の実践例のさらなる促進と歩を一にしている。しかしながら，まだ，市場に支配された社会関係や経済成長という既存モデルに闘いを挑むレベルには達していない。

　私のこれら提案に関する考察は，次の通りである。これらの開発は，産業界が今ある資源から最大限の利益を得ようとする取り組みに何ら手を加えず，代替的なアプローチを取っていない。そうせずに，産業ニーズの高まりの中で，いかに社会的及び生態学的なダメージを低減するかということを意図しているのである。トロントのようなカナダの都市は，前述の提案に従うことを意図しているが，トロントには他の都市と同様に，見捨てられた地域や不利益を被っている人々があまりに多いのである。Florida（2004）によれば，知識と起業家としての才覚を持つ創造的でかつ多様な労働力こそが，経済競争力における強みを維持し，不安定な時代における問題を都市や国の中で解決でき，都市や国が持つ力の境界線というものを作り直し押し広げていく存在である。そしてFlorida は，そうした労働力を確保するためにも，都市の住民一人ひとりの生活の質の高さを保つことは不可欠であると述べて，Brender たちの議論に賛意を示している。Florida がアメリカについて行った分析では，アメリカの労働力の約3分の1はクリエイティブなカテゴリーに属しており，そこには芸術家だけでなく科学者や技術者たちも含まれることが提示されている。さらに，彼は，そうしたクリエイティブカテゴリーに属する人たちが，高みにいて自分のことをするだけよりも，チームを組み共に公共財を生み出すことに携わる時の方が，もたらされるインパクトがより大きくなることもありうると考えていると分析している。減税そしてサービスの削減等だけに目を向けがちな政治家よりも，より大きな枠で物事を考えようとする政治家との協働は，現在はびこっている都市型思考に対する代替案を生み出す可能性があることも，彼は指摘している。ソーシャルワーカーは，環境正義の立場に立った平等主義という枠組みを踏まえ，生活の質の改善に向け，新自由主義に基づいて示される案によっ

てではなく，より人間的で環境にも優しい代替案を模索するための議論やロビー活動に地域が参加できるように支援した上で生活の質の改善に向けた案を検討するための場づくりにおいて重要な役割を担いうる。

（1）マイクロファイナンスとマイクロエンタープライズ

　ムハマド・ユヌスは，グラミン（村）銀行として現在では有名になった組織を用い，世界で最も貧しい人々，とりわけ女性の多くを助けるために，マイクロファイナンスという考え方を生み出した（Bornstein 1996）。1976年，バングラデシュのチッタゴン大学教授であり，農村経済プログラムのトップであったユヌスは，自身の考えをグラミン銀行というコンセプトにまとめた。グラミン銀行の活動を支えるキーとなる考えは，個人が今後の借り入れのために，貨幣資源を蓄えるというものである。グラミン銀行は独立した銀行であり，その資本の90％は借り手である人々のお金である。そのモットーは，「団結，勇気，そしてハードな仕事…（中略）…私たちの生活のすべてにおいて」である。グラミン銀行は，大きな財政機関が，その貸し倒れリスクがあまりに高いという理由から，貧しい人々に対し貸し渋りを行う中で，人々が現金を手に入れる力を最大化しようとしている。2007年までにグラミン銀行は，63億8,000万米ドルを740万人の借り手に貸し出した。

　そうした形によって，ビジネスを始めるに足る少額の借り入れが可能となり，また借りた本人及びその家族が生き延びることを可能にした。そういった意味において，グラミン銀行は，貧困の緩和において大きな貢献を果たしていると見られたわけである。借り手の多くは女性で，所得を生み出すために伝統的に持っているスキルを活用した。彼女たちは，少人数グループによる共同借入，共同責任に基づいた自助指針を受け入れることで，財政資源にアクセスすることが可能になる，つまりグラミン銀行からの借入金（額面の94％）を受け取ることができるのである。彼女たちの借入金に課される利子は，一般的な銀行のそれよりも低く，またもちろん高利貸しにより設定される法外な利子よりもずっと低いものである。しかしながら，利子率が22％となる場合もある。このような問題もあり，マイクロクレジットの枠組みは，社会的な問題に対する市場ベースのアプローチと比べ，ほとんど変わらないのである。したがって，新自

由主義グローバル世界のやり方と同じようなものなのである（Burkett 2007）。

　ユヌスの考えは，バングラデシュから世界中に流布した。ビジネススクールは，マイクロファイナンスの推進を掲げ，その理論化を図ろうとしている。この発明によりユヌスは2006年ノーベル平和賞を受賞し，億万長者となった。ソーシャルワーカーは女性たちのグループ形成支援，及び彼女たちの脆弱さが何なのかを評価する際に関与した。Burkett（2007）のようなソーシャルワーク研究者たちは，マイクロファイナンスプロジェクトを調査し，その運営における基本的な失敗を明らかにした。失敗の中でも致命的なのは，ジェンダーに関するものである。マイクロファイナンスのメインユーザーである女性たちは，自分たちの地位向上に関しては若干の成果を得たが，貧困から脱することができないでいる。もう一つ重要なことは，貧しい女性たちの債務が，借りた人以外の女性の肩にものしかかることである。

　ある一人が返済を滞らせた場合，その人が属するグループには共同責任が生じる。つまり，最終的には貧しい女性たちに，一人の女性による失敗の責任を負わせることとなる。グループが全体として一人ひとりの債務の返済を保証する訳だから，マイクロファイナンスにおけるリスクシェアの方法では，もし誰かがどんな理由であれ返済できなくなれば，グループで最初にお金を借りられる女性が有利になる形態になっているのである。また，そうして回収リスクを回避することで，マイクロファイナンスの推進に向けた知識や資源を有する人たちのマージンは保護されるわけである。

　一方で，異なる方法によって貧困に対応し，女性たちが所得を得る機会を創出しようとする試みもなされている。たとえば，インドの女性コミュニティワーカーたちは，1972年以来自営女性協会（the Self-Employed Women's Association；以下，SEWA）と呼ばれる組織を結成し，貧しい女性たちの支援を行っている。この組織は，貧しい自営（内職）の女性たちをセルフヘルプ活動を行う組合に招き入れ，資源を蓄えさせ貧困からの脱出に狙いを定め活動する劣悪な扱いに対する闘いのための集団である。SEWA は，剰余金が生まれた場合には，それがどんな活動から生まれたものであれ，グループとして女性に資する活動，事業に再投資していく。グジャラート，ラジャスタン，ビハール，ウッタルプラデシの各州にメンバーはおり，メンバーの総数は130万人に

上る。また，SEWA は，スリランカやアフガニスタンの女性たちの支援も行っている。こうした SEWA の活動は，グラミン銀行によるより個人主義的なアプローチとは異なり，貧困の軽減に向けた集団的アプローチといえる。所得を生み出す活動は幅広く，それらへの外部からの援助も募っている。SEWA はまた，温室効果ガス削減に向けたエネルギー節約プロジェクトも促進している。たとえば，その活動により，女性たちがエネルギー効率のよい調理用ストーブや太陽光を使用したランプを入手できるように支援している。ソーシャルワークの教育者たちは，自身の生徒を実習や研究目的で送りこむことで，SEWA を支援している。

（2）信用組合

　信用組合は，地域の労働者階級により民主主義的に運営される金融機関で，組合員への資金供与を行ってきた。その歴史は長く，産業化に向かうイギリスにおいて，担保が十分でないことを理由に銀行から借り入れを拒否された労働者階級に，資金の貸付を行う目的で設立された。信用組合は，組合員となる個人そして彼らによる預金が拠り所として，住宅のような大きな買い物のためのお金も貸し出すことが可能となる。信用組合が生み出す利益は，通常組合員に向けたサービス向上を目的として，組織に還元される。信用組合は現在，世界97カ国に存在している。しかしながら，イギリスでは以前ほどの存在感はない。サウサンプトンやダラム等のいくつかの地域のコミュニティワーカーたちは，信用組合を地域に再生しようと試みている。その理由は，信用組合があることで，住民が組合員となり，セルフヘルプ活動に参加し，また，妥当な利子による貸付を受けられるからである。

（3）ソーシャルエンタープライズ（社会的企業）

　また別の方法は，ソーシャルエンタープライズと協同組合運動によって提示されている。ソーシャルエンタープライズは，リスクを自身でとるため利益は限られた数人の懐に収まらない。むしろ，利益は多くの人によって共有され，環境に対する社会的な課題とそれへの対応が，経済の開発計画の中に組み込まれることを目指す。Shragge & Fontane（2000）でも述べられている通り，コ

─ ケーススタディ ─

　ペドロは，南半球の人口およそ2,000人の地方にある村に住む障害を抱える若い男性でした。村の学校では良い成績を収め，新しい情報技術について知識を深めたいと強く思っていました。村のすべての人が彼のことを知っていて，コンピューターに関する問題が起きた時の彼の対応は，高い評価を受けていました。幼少期にポリオに罹患した影響で，彼は子どもたちと走ったり遊んだりすることができなかったために，若い子どもを中心とした人の中には，彼をからかいの対象にする人もいました。ある年，実習のために，アントニオという名のソーシャルワークを学ぶ学生が村にやってきました。そして，彼はコンピュータースキルのさらなる向上及び英語習得を目的として，ペドロが通信教育コースに入学できるよう手配しました。このコースでも，ペドロは好成績を収めました。7年後，ペドロが19歳の時，およそ50km離れた町をベースとした会社で働ける人を探すために，大きな多国籍企業の代表者が村にやってきました。

　ペドロは，家族，近隣住民，そして友人を助けることによる無報酬労働しかできない村から離れて働きたいと常々思っていました。だから，彼の友人の一人が，コンピューターの専門家を雇用したいと考えている男性が町にいることを伝え，その男性の名刺をペドロに渡した時には，すぐさまメールにてコンタクトを取ったのでした。そこでペドロは修めたコースの詳細や経験について話し，仕事に就く意思を見せました。彼は面接のために町に来るよう指示を受けましたが，町にたどり着くこと自体が彼にとって挑戦でした。なぜなら，道は砂利道でバスも通っていなかったからです。幸い，市場に野菜を運ぶ農夫が彼のカートで送ることを申し出てくれました。ペドロはうれしく思い，面接のための唯一のスーツを汚さないように気をつけました。農夫は面接終了後，再びペドロを村まで連れ帰ることを約束してくれました。

　会社の真新しい本社に入った時にペドロは人々からの軽蔑のまなざしを向けられたので，良い心地はしませんでした。これは，彼が面接の順番が来るのを，他の候補者と待つために入った部屋でも同じことでした。彼は，それまで一途に辛抱し，そして今回合格することを信じたおかげで，彼は合格したのでした。しかし，驚くべきことに，彼が配属されたのは主に海外の英語を話す顧客からの電話に応対するコールセンターでした。にもかかわらず，彼はそれを受け入れ，村から町への引っ越し準備を始めました。彼は，雇用者が住宅の手配や引越先での諸々の手配等に関して，支援してくれるものと思っていましたが，そうした支援はありませんでした。彼の収入では，町のいい場所で部屋を借りることはできず，実際に彼が見つけた部屋は，オフィスから1時間かかり，バスを数回乗り換えることが必要で，その間に2回，長い距離を歩かなければならない場所でした。アパートは荒れ果てていて，

シャワーとトイレは20人で共同使用というものでした。部屋はカビの匂いがし，ペドロはたった一つの窓を開けっぱなしにしていましたが，カビそのものを除去することは，彼にはできないままでした。ほどなくして，数少ない彼の衣類からカビの匂いがするようになり，会社の同僚たちが，その匂いに関して不満を言い始めました。アパートでは他の住人たちが彼の動きがあまりに遅いと，階段で彼を押したり，横によけたりしていました。ペドロは寂しさと孤独感を感じる間もなく，絶望感にとらわれるようになりました。食も細り，あまり寝ることもできなくなっていきました。

　ある日，彼が家の近くの安いカフェでコーヒーを飲んでいると，ある人が隣に座りました。その人は，現在はNGOで働きながら住民の生活改善を支援すべく，町に送られてきたアントニオでした。ペドロは笑い始め，しばらく笑うことを止めることができませんでしたが，なんとか笑いを収めました。ペドロはアントニオに，「生活の改善をするなんて，冗談だろ？」と聞きました。「こんなところで何ができるっていうんだ？　きちんとした家に住むのに十分な収入を得られる仕事を見つけてくれるのか？　足がおかしいからといってあだ名を呼び続けられたり，ぶつかってくる人々をやめさせることができるのか？」そうした問いに対し，驚くことにアントニオの答えは"できるよ"というものでした。

　次の日，アントニオはペドロのアパートを訪れ，住人全員に話しを始めました。彼は，住人たちの不満や建物の修理の必要性等すべてのことを，ノートに取っていきました。アパートは，何のことはないペドロが働いている多国籍企業の支店が所有するものでした。アントニオは住民会議を招集し，そのおかげで住民たちは何をしたいか，またその中での優先順位を決めることができました。建物の改修と改築，トイレとシャワーの増設，家賃の値下げ，が彼らの優先順位の上位3つでした。その次に，彼らは，より良いそしてより安い交通機関が必要であることを訴えました。それから彼らは自身が何をすべきか，そして誰がそれをすべきかについて議論しました。そのプロセスを経て，長時間の議論の最後にわかったことは，ほとんどの住民の職場が徒歩10分圏内にあり，近いということでした。アントニオの介入により，彼らは現在，それぞれがバス代として払っているお金を貯めれば，通勤のためのバスをチャーターする資金を用意することができ，そうすることで時間も約20分短縮でき，さらに温室効果ガスの削減にもつながることに気づいたのでした。住民たちは，全会一致でバスをチャーターすることを決めました。アントニオはまた，ペドロの機動性を高め，自信にもつながるであろう補装具の購入を支援しました。それはまた，彼が会議で発言をしたり，住民同士で決めた活動を実行に移す中で役割を果たすことにもつながりました。

　アントニオは，住民たちが自治組織を形成すること，所有者との交渉に向けた無料法律相談，不満のとりまとめ及び要求の提示等を支援しました。改修の進捗は遅

かったのですが，そのいくつかは開始され，住民たちは所有者に圧力をかけ続けました。さらに，ペドロによって提示された方針に従い，彼らはあまりにごみがたまった場所を，菜園や地域に特有な両生類や魚の生息する池のある庭に変えたのでした。ペドロは住民会議の議長に選出されて仰天しましたが，しかし役割を担う嬉しさを感じ，そしてついに他人から価値を見出されたことについて，この上ない喜びを感じました。都市での生活という悪夢に晴れ間がのぞきはじめました。さらに，アントニオの支援により，彼は新しいスキルを身に付け，自身の能力に関する自信を獲得したのでした。社会的及び物理的な環境改善への彼の関心は，所有者がアパートにエネルギー効率のよい設備を設置し，水を節約するトイレの設置を確約させるまでに広がりを見せたのでした。そして仕事では，昇進が告げられました。

ミュニティワーカーやソーシャルワーク研究者たちは，地域レベルにおけるソーシャルエンタープライズの必要性を強く訴えてきた。彼らの取り上げる成功例は，デジャルダンによるものである。それは，リスクの大きさから一般的な資金の提供者たちなら無視するであろう，地域開発プロジェクトに資金を提供してきた。このソーシャルエンタープライズは，100年前にケベックの信用組合の一つとして地域に根差した形でスタートし，財政資本に挑戦し，成功を収めた。今やカナダで5番目の規模を持つ金融機関となっている。デジャルダンは，協同組合のネットワークとして運営され，生活の質を向上させようとする地域の集団や，地域において力を付けようとする小規模企業や社会的起業家に資金の貸付を行う。デジャルダンは，一般的な銀行組織に挑戦し成功を収め，金融機関に取ってかわりうるものととらえられる。しかしながら，地域の開発は行ってきた一方で，資本主義をベースとした社会関係や市場主導型メカニズムを他の何かに変えるまでには至っていない。

　地域ニーズにアプローチするもう一つの方策は，コミュニティ・エナジー・スコットランド（Community Energy Scotland；以下，CES）によって指し示されている。CES は，スコットランドの慈善団体で，持続可能なエネルギー開発に焦点を合わせることで，地域の富，レジリエンス，自信を拡大しようと設立されたものである。CES にとって，持続可能な開発が意味するのは，"無駄でしかも非効率なエネルギーを排除するようにデザインされ，再生可能な方法によるエネルギーの生成を行うべくデザインされたプロジェクト"の創造をスコットランド全土で行うことである。それは草の根運動の一部であるが，運動

の目的は，再生可能エネルギーを活用することによって地域における雇用を創出し，より効率的なエネルギーの使用を行い，また，温室効果ガス低減に貢献しうる代替エネルギー資源を地域レベルで開発することである。

ペドロのストーリー（75〜77頁「ケーススタディ」参照）は，周縁部に追いやられた人々の日常生活に対するソーシャルワーカーの小さな介入が，個人や集団さらに彼らを取り巻く地域の環境や個人及び集団を変化させるのに，いかに効果があるかと指し示している。また，グリーンソーシャルワークはホリスティックでなければならず，助け助けられるという人権を推し進めるための教育を提供しなければならない。また，そうした教育は，環境を保護しながら，現在大きな焦点となっている，災害時介入に関して考えるとすれば，次のようなことも視野に入れなければならない。それは，要援護者の迅速な救助，実習演習含むスタッフ教育の改善，より良いコミュニケーションシステム，地域行政や保健局の予算拡大等である（Kirkpatrick & Bryan 2007）。

結　　論

都市化は，今後も進展する世界的現象である。しかしながら，現在の新自由主義アプローチは，人々や動植物を含む地球の物理的環境に多大なコストを課している。都市化がもたらす，輸送や，土地や水，化石燃料あるいは時間といった資源に向けられた要求を前に，まず精密な事前調査が必要であり，物的資源及び生態系の多くを失いつつある中で，急激に人口増大を続けている世界との関係性が，まず問われなければならない。ソーシャルワーカーが担うべき役割は，重大なものである。その役割とは，地球資源の平等な分配に関し，疑問を呈すること，地域の力を高めつつ，持続可能な開発に従事すること，地域特有の関係性や文化に根差した戦略が，暮らす人や人間と資源を分かち合う生物を尊重する形で実行されているかを確認すること，そして，人々と地球のニーズを満たすための，繊細で，ホリスティックで，そして持続可能なアプローチを開発することである。

<table>
<tr><td>第3章</td><td>産業公害と環境悪化，そして人々の
レジリエンス</td></tr>
</table>

── 訳者コメント ──

　現代社会において，私たちは科学研究の成果を享受して生活しています。しかし人間がその管理を怠り，その使用を誤った時に大きな産業災害が発生します。アメリカのスリーマイル島，ウクライナのチェルノブイリ，福島第一原子力発電所事故，インドのボパールで起きた化学工場事故等を例にみても，産業災害が人々の生活に計り知れない衝撃を与え，長期にわたり，人々に苦難を与えることは明らかです。日常生活を脅かす思いがけない大事故への対応には，逆境に負けないレジリエンスが必要です。レジリエンスは外的な衝撃に負けず，立ち直ることができる柔軟性のある強さを意味します。災害時，また復興過程において，コミュニティ自身が自ら力をつけ，さらに前向きに活動しようとする動機づけができるよう，ソーシャルワーカーは人々のレジリエンスを引き出し，環境を改善させることへの貢献が期待されます。

はじめに

　科学者たちが発明してきた生産物に対して，人間がその管理を誤った時に，重大で深刻な事故が起きてきた。世界の各地で発生したダイオキシンや放射性物質の漏出はその典型的な例であり，その被害はインドからイタリアやアメリカにまで及んだ。災害は次々に発生しており，人々の健康を深刻に蝕み幸福を破壊している。ここでいう健康や幸福とは，地球の恵みを安全に享受する権利，人々が技術と才能を最大限に開発する権利として定義されたものであり，これらは世界人権宣言第22条から第27条に明確に規定されている。産業化は特別な形態の公害を作り出し，人々の健康に害をもたらした。多くの国で，ぜんそくのようなさまざまな呼吸器系疾患が増えているが，障害の範囲は工業過程において大気や海や土壌に排出される汚染物質の管理不足にまで遡のぼることができる。自動車に使われるガソリンに含まれる特定の成分や殺虫剤に含まれる

DDT⁽¹⁾の使用禁止は，有毒な化学薬品の影響から自分たちの健康を守ろうとする要求に対する成果としてよく知られている。その成功は，自分たちの日常生活での小さな行動を変えることがいかに，他の人たちにも有益な結果をもたらしうるかを示している。

　本章では，産業災害が人々の生活に与える衝撃を考察し，アメリカのスリーマイル島やウクライナのチェルノブイリ，インドのボパールで起きた事故のように，日常生活を脅かす思いがけない出来事への対応力として表現される，レジリエンスを引き出す人々の能力について考察したい。ここで紹介する産業災害において，ソーシャルワーカーが支援した被災者たちの中には，がんや先天性障害の発生率が上昇することで健康を害し，病気となり，これまでの生活を失い，社会的に孤立した状態になり，スティグマの対象となった人たちもいた。私の議論は特に社会資源の存在，責任のネットワーク，法的手段の重要性に焦点を合わせるが，それは事故を起こした加害者の行動に対して責任を追及できるからであり，その間に，産業災害から立ち直るための活動を引き出すためのソーシャルワーカーの役割を切り開くことができるからである。この作業は地域においてはもちろん，国，広域，国際的にも行動を伴っている。ソーシャルワーカーにはコミュニティワーカーとしての活動する人も含まれており，これらすべてのレベルにおいて，知識，資源，そして協力者を獲得しなければならない。彼らが持ち合わせている知識として重要なのは，脆弱性とレジリエンス，リスク評価とリスク削減，衝撃に関する評価，リスク緩和，適応力と処理能力といった概念であり，そしてそれらに精通していることである。また，ストレングス・アプローチは脆弱性を低減し，レジリエンスを高めるために不可欠である。

1　レジリエンスの再概念化

　災難を克服し，生活を前に進めようと決断をした人々の力は，人間，社会，環境開発概念の中心にあり，それらは短期的に，中期的に，長期的に持続可能で逆境をはね返すものである。産業事故または自然災害への対応は，日常の反応を超越したレジリエンスの形態，つまり屈強なレジリエンスを要求する。レ

ジリエンスとは，悲惨な出来事への個人やコミュニティの反応を動員する際に，ソーシャルワーカーが使用する概念である。概念としてのレジリエンスは物理学で使用されるようになり，物理学ではストレスに対して物質が反応する力として定義された。その概念は次第に，社会科学，芸術，人文科学でも使われるようになり，これらの分野では，危機を管理抑制するためのシステム管理ツールという概念となった（Manyena 2006）。管理主義的で一次元的な手法では，レジリエンスは持続性を促進する力を失う。変化への恐怖が続くという状況のもとで，人々やコミュニティ，制度や組織が生き残り，成功するために逆境に立ち向かう一歩を踏み出せなくしてしまうのである。

　管理的な手法への批判は，内因的及び外因的な衝撃に直面した時に，自然，人間またはそれらが混在したものかどうかにかかわらず，システムの能力を引き出すという積極的な概念として，レジリエンスに再度，焦点を当てた。さらに，レジリエンスは，システムにおいて直線的ではなく，慣用無視といった特徴と緊急性を持つものとして再概念化された。システムはある局面で立ち直ることができても，また別の局面ではできないかも知れず，時間とともに立ち直りの構造を失うかもしれない。この点から表現すると，レジリエンスはバランスを取り戻す可能性を持った新たな財産となるので，システムへの衝撃を管理するという考え方に焦点を合わせてとらえ直すと，災害時や被災後においても，逆境に強いレジリエンスの開発を優先することができる。逆境に強いレジリエンスは，ごく日常的な生活でのレジリエンスとは異なり，これは予防手段，危機への対応，長期的な再建を含んでおり，構造的不平等の問題に取り組む上では不可欠である（Dominelli 2012）。

　特定の活動の方向性を選ぶ前に，ソーシャルワーカーが，直線的ではない方法で，レジリエンスの定義を提案することは，きわめて重要である。それは，ソーシャルワーカーは，システムの中で，いくつものリスク現象を同時にかつ直観的に評価する仲介者として，人々の行動を支援するからである。ソーシャルワーカーは無反応から始まる一連の動きの中で，レジリエンスに影響を与えることを想定する。この取り組みはシステムの失敗につながることもあるし，またはいくつかのケースではレジリエンスのある状態を生み出すことにもつながる。レジリエンスのある状態とは，適応しながら，協調しながら，状況に合

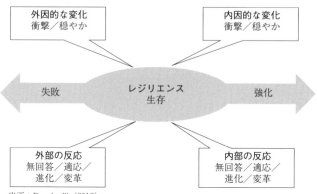

図3-1 レジリエンスの現象

出所：Dominelli（2012）.

わせながら生き残ることである。そして，ソーシャルワーカーが想定したこと
は刷新的で変革の力のある成功の反応につながる。レジリエンスの反応はシス
テム内の構造変化を起こし，何か新たな異なるものを展開する状況が創出する
革新的な発想を生み出しうるのである。この複雑なニュアンスを図3-1に示
してみた。

　Klein et al.（2004）は，レジリエンスという概念には合意された定義がない
とし，実践に効果的に影響を与えるためにレジリエンスの概念を使用できる専
門職の不足が，レジリエンスという概念を使用し，リスクを削減する介入を行
う際の主な弱点であると主張している。ソーシャルワーカーはレジリエンスを
重要なレベルになるまで使用せずに，抽象的に言及しているグループの中にい
る。Klein et al. が提案するように，レジリエンスを適応能力を高める多くの要
因の一つとして見れば，思考の際に生じる曖昧さを減少できる。適応能力とは，
自己組織化し，同じ状態に留まりながら混乱を和らげるシステムを可能にする
特質として，Klein et al. が明らかにしているものである。これは，Klein et al.
（2004：15）が議論するように，専門職が「災害復興から離れて，危険要因の
予測，防災，備えといったものに移る」際に求められる能力である。さらに，
この議論は逆境に強いレジリエンスの展開をも支援する。

　レジリエンスは受動的でもあり，進取的でもある（Dovers & Handmer 1992）。
レジリエンスの受動的な形態では，人々は生存することを最優先事項とし，事

態に適応する体勢に焦点を合わせる。人々は変化を拒み，現状を維持するために，システムが持つ能力を強化することで，将来に向けた計画を立てる。しかし，システムにとっての思いがけない結果やさらなる衝撃が，この目標とその結果を共に変えてしまうかもしれない。順応的なシステムは，政治的な責務に対して神経質になりがちで，融通がきかない。順応的なアプローチは，他のことよりも安定性を再優先にすることで，システムの将来の実現性を危うくする可能性がある。この弊害は，公害を引き起こす企業との交渉に積極的でない政治家が，法的な規制を強化する過程の中で解決を遅らせることや足を引っ張るという形で見られることが多い。進取的なレジリエンスが備わっていれば，人々は変化は避けられないと考え，新しい要求と状況に適応できるシステムを開発しようとする。さらに柔軟で進取的な反応は，作業上の前提と制度的な取り決めの迅速な変更に適応できる。その結果，脆弱性を低減させ，将来の生存能力を高めることができる。

　Gubbins（2010：8）は，上記のような課題をお互いに議論するコミュニティが行うコレクティブ・レスポンス（collective response）を検討し，この対応の基盤となる概念をコミュニティ・レジリエンスとして，次のように定義している。

　　　「コミュニティは，つながりと開発に影響を与える有害因子を処理できる信頼，能力，資源，知識，そして技術を持つ。有害因子の要因には，異常気象，エネルギーコストの高騰，停電と不安定なエネルギー供給，国家財政の危機等の劇的な出来事と同様に過疎化，燃料の欠乏，高齢化社会，都市の貧困と失業等のさらなる慢性的な課題が含まれている」

　この定義はレジリエンスが生活のすべての局面に密接な関わりを持っており，ソーシャルワーカーが同意しうる考え方であることを示している。また，レジリエンスのある対応は不確実な状態においても確実性を感じさせ，衝撃を和らげることもできる。さらに，ソーシャルワーカーはレジリエンスを優先にすることで，レジリエンスと脆弱性のつながりをも理解しうる。

2 脆弱性の定義

脆弱性はレジリエンスを考える上で，コインの裏面といえる。気候変動の議論で，国連（2006）は気候変動に関する政府間パネル[(2)]により明瞭に表現された脆弱性の定義を用いており，それは次の通りである。

　「脆弱性とは，気候変動性や極端な現象を含む気候変動の悪影響によるシステムの影響の受けやすさ，または対処できない度合いのことである。また，脆弱性は，システムがさらされる気候変化及び変動の特徴・大きさ・速度と，システムの感度，適応能力の関数でもある[(3)]」（国連〔IPCC の引用〕2006：11）

また国連は，国際連合国際防災戦略[(4)]による脆弱性の定義を同様に用いており，それは次の通りである。

　「脆弱性とは，身体的，社会的，経済的，環境的要因やプロセスによって決まる状態であり，脆弱性によってコミュニティは偶然に発生する危険（ハザード）からの影響を受けやすくなる」（国連〔国際連合国際防災戦略の引用〕2006：11）

脆弱性は，内生的（内部の）あるいは外生的（外部の）要因の結果として経験されうる。脆弱性の程度は，危険要因に対するシステムの影響の受けやすさ，危険要因に対する抵抗力，そして危険要因に対処するレジリエンスに依存している。身体的，社会的，経済的，環境的要因と認識されている脆弱性の原因を理解することは，そのような状況に介入する専門職がリスクを軽減し，起こりそうなリスクを予測する上で，何をすべきか提案することを可能にする。人々が遭遇するかもしれない危険要因に立ち向かう能力を高める活動において，リスク削減は専門職が関わらざるを得ない要因となっている。災害時には，土壌，空気，水質の汚染を含む環境悪化，生物多様性の減少，人々の移動が，脆弱性

の存在を増加させうる。これらの要因はレジリエンスを高めるために削減されなければならない。この作業に対する学際的なアプローチこそ，レジリエンスを高めようとする試みの助けになりうる。災害時にこの目標を達成するために，ソーシャルワーカーを含めた緊急対応チームは，システムをホリスティックにとらえていくことで気持ちを合わせようとする。

　レジリエンスを築くために，住民は次のような人々と関わるだろう。

・給水・送電網・公衆衛生システム・通信と輸送システムを含む基本インフラを診断する技術者。
・人種・ジェンダー・年齢・能力により社会的に分断された社会階層システムが資源配分に及ぼす影響を調査する社会学者。
・資源の利用可能性と復興や回復のための経済的基盤を考える経済学者。
・医療やソーシャルケアサービスを行う医療・福祉実践者。
・コミュニティの決定において，積極的な関わりを促すような基本能力を開発しようとする教育専門家。
・ガバナンスシステム，人権の保障，社会的正義に焦点を合わせるコミュニティワーカー。
・人々が持つニードを評価し，それらが満たされることを保証し，そして文化的価値と伝統を維持するために，地域に密着した援助を提供する組織を奨励するソーシャルワーカー。

　このことは，住民と協働して行う課題解決への取り組みを促進するだろう。住民と協働して行う課題解決とは，学際的な洞察力を住民の知識と結びつけ，コミュニティレベルでのコレクティブ・アクションと強固なレジリエンスの構築を導くものである。さらに，この方法によりコミュニティを巻き込むことは，住民の問題解決能力を高めることを促す。

　ソーシャルワーカーはリスク評価を行うために脆弱性とリスクを計算し，住民にどのような影響を与えるか評価する。ソーシャルワークに関する文献は内生的な脆弱性を強調する傾向がある。このアプローチは個人（人的あるいはシステム）の特徴に焦点を合わせ，人々が脆弱性を責められたり，適応できなか

ったことへの釈明責任を強要される状況を作り出す可能性がある。脆弱性をできるだけ弱めることは，リスクを避け，減らすために重要である（Swift & Callahan 2009）。不確かな文脈で脆弱性を評価するのは困難である（Adger & Vincent 2005）。グリーンソーシャルワークの視点から，コミュニティ内に効果的にレジリエンスを開発するために，ソーシャルワーカーは地球とその恵みを目標達成の手段として使用することはできない。地球の財産は地球全体で評価されなければならず，同様のことが人間にもいえる。

　環境保護の科学者のグループがレジリエンス協会（Resilience Alliance）を組織化し，レジリエンスと持続可能な開発の調査を行い，2002年にヨハネスブルクで開催された「持続可能な開発に関する世界サミット」（World Summit on Sustainable Development）に向けた論文を用意した（Folke et al. 2002）。ここで明らかになったのは，システム機能を開発し，学びの組織として活動することに焦点を合わせたレジリエンスのある都市は，危険な事故に対する準備ができており，その惨事をより効果的に乗り切ることができた，ということであった（Klein et al. 2004）。

---　ケーススタディ①　--------------------------

　ジャッキーはコミュニティ・ディベロップメントワーカーで，豪華なアパート開発に反対する活動をしている洪水被害を受けた平地の近くの住民を支援していました。その場所は川を見下ろす位置にあり，その土手の上にはパブ（英国の居酒屋）がありました。コミュニティの人たちは地域の住宅不足を認識していましたが，洪水被害を受けて茶色になった土地に代えて，その地域に住む若い人たちが購入できるアパートができることを望んでいました。住民たちは川辺の低湿地を保存したいと思い，土手の上のパブは地域住民にも地域外からの訪問者にも人気があったので，そのパブは地域にとって十分に発展していると感じていました。

　複合施設によるアパート建設を提案した企業は，海外に拠点を持つ企業で，地元の代表責任者はまったく権限を持っていませんでした。コミュニティは開発の中止を決めました。コミュニティはジャッキーの支援を受けて，その洪水被害跡地，その地のフローラとファウナ（その地に生育する植物や生息する動物の全体の状況），建設時から将来にわたる贅沢な開発のコストについて，全体的な分析を要求しました。彼らはまた計画の実施に伴い失われるレクリエーション施設を含め，コミュニティが実際に必要とする住宅を供給しうる金額をそのコストに含めました。ジャッ

キーは外部から幅広い分野の専門家を集め，コミュニティはその人たちの協力を得て，長文の調査書類を準備し，彼らの別の計画を議論するために企業の責任者に面会を求めました。住民たちは，川を見下ろす洪水後の茶色の敷地に，ソーシャル・ハウジング（貧困層向けの社会的な住宅）と高級マンションの両方を建設することを提案しました。住宅，道路，通信，公共施設のようなインフラは人々がすでに使用している点を踏まえ，引き続き活用されるべきだからです。

　この「ケーススタディ①」は少数の富裕者の利害を優先させるだけでなく，すべてのステークホルダーのニードを考慮するというホリスティックなアプローチの重要性を示している。また，そこに住む人々に提供されるべき住宅やサービスのようなインフラ開発に関して，現在だけでなく将来のニーズを考慮している。値札がついた商品としてではなく，生きているものとして環境をとらえている。そして，さまざまな専門職と地域の人々が互いに知識を交換し，その課題に対してより良い環境保護的な解決法を生み出している。

3　産業公害と事故

　産業の過程では，特定の商品の生産後に不要な副産物を生み出される。これらの副産物は通常，大気，地球上の河川，湖，海または工場周辺の土壌に放出されるが，近辺に生息するフローラとファウナ，人々に対して有害な場合が多い。それらは人間や動植物に有害な影響を与える物質であるため，汚染物と呼ばれる。汚染物は人々の健康状態を損なう身体的な病気，たとえば，ぜんそくや広い意味での呼吸器系疾患の原因となる。化学汚染物は，じん肺症につながるアスベスト・ファイバー，先天的なものを含む身体的奇形の要因となる物質，偏頭痛を起こすネオン照明を含む工業製品，そして「シックビル症候群（sick building syndrome）」（Murphy 2006）という表現で網羅される広範囲の病気をもたらすものを含んでいる。河川系に化学物質が漏出することで，たとえば，テムズ川の鮭等の魚や水中に住む生物を失うことになった（TRRT 2011）。以前から西洋諸国で常に利用されており，マラリアを引き起こす蚊やペストを撲滅するために日常的に使用され続けている化学薬品，たとえばDDTは，呼吸

困難を引き起こし，敏感な身体器官に炎症を起こした（Carson 1962）。

（1）現在，DDT は西側諸国では使用禁止となっている

　その一方で，食品の生産性を上げるために用いられるリン酸塩肥料からの化学物質は帯水層（地下水を含む砂岩等の岩からなる層）に浸み込み，水を人が飲めないものにしてしまいうるのである。肥料や他の製品に含まれる化学物質によって起きる河川や湖の汚染は，富栄養化として知られる（Connett 2003）。同様に，その生産物から生まれる廃棄物は大気中にも流されており，土壌，動植物を含む生態系に損傷を与え，「フッ素中毒」と呼ばれる。

　産業事故は，人的ミスや技術の機能不全により発生しうる。理由は何であれ，人々を苦しませ，動植物や自然環境に損傷を与えるという点では深刻である。場合によっては，改善は可能である。また改善ができない場合もあり，十分な期間にわたる接触制限を伴い，厳重に保管されなければならない場合もある。ここでいくつかのよく知られた事故を検証する。これらの事故は過去のものであるが，いまだに激しい論争が続いている。その事故は誰が起こしたのか，要因は何かについて議論されており，がん，先天性奇形，呼吸器系疾患を含めた特定の健康問題は，その特別な事故によるものといえるのかどうか，その事故によって発生した損害賠償金を誰が補償するのか，管理を変更するのにどれだけの費用がかかるのか，生産品の製造が続くのであれば，将来に向けてどのような予防手段を講じるべきなのか，が論争となる（www.lenntech.com/environmental-disasters.htm 参照）。

（2）ボパールのガス爆発での悲劇

　インドのボパールでの事故は世界最悪の化学災害の一つであった。事故は1984年，殺虫剤セヴィン（Sevin）を生産するユニオン・カーバイド・インド社（Union Carbide India Limited；UCIL）の工場からイソシアン酸メチルガス（methyl isocyanate gas）が漏れ出した時に起こった。ユニオン・カーバイド・インド社はアメリカの多国籍企業であるユニオン・カーバイド社（Union Carbide Corporation；UCC）の子会社であり，2001年にダウ・ケミカル社（Dow Chemical Company）に買収された（Jackson 1993）[5]。連続爆発は危険な化

学物質を大量に放出し，何千人もの人々と動物を死傷させ，その地域の植生を破壊した。流出したガスは大気を汚染し，貯蔵プールの中の化学物質は地下水と河川を汚染し，何百万もの魚や水中に住む生物が消滅した。多くの人たちが亡くなり，健康を損なったにもかかわらず，実際の数は明らかではない。生存する被災者たちの中には，和解は成立していないと主張している人もいるが，組織幹部への被害賠償請求が受け入れられる可能性はきわめて低い。

　いくつかの民事，刑事上の案件がアメリカ，インド両国において未解決のままであり，災害の生存者とその子孫は，被害の認定と損害賠償を求めて闘っている。その一方で，ユニオン・カーバイド・インド社の職員はボパールの裁判所により過失が有罪とされ，ようやく2011年に2年の刑期を言い渡された。ボパール災害に巻き込まれた人々に対する訴訟と問題解決のための交渉は，事故後に行われたインドにある子会社の売却やアメリカに本拠地がある親会社の本部によって複雑になってしまった。

　ボパールでの証言の中には，災害以前の問題として，人員配置基準の切り下げ，安全な手順による運営の軽視，コミュニケーション上の異文化の障壁，レベルの低いマネジメント，不適切な施設メンテナンスがあった，という主張があった。さらに災害以降も工場とその周辺に対して，レベルの低いマネジメント，放置，そして不適切なメンテナンスが継続的に続き，そのことが災害被害をますます悪化させたという主張もあった。スラムのある人口密集地域で事故が発生するということは，より多くの人々に影響を与えることを意味していた。事故により生じた高いレベルのニードに対して，アカウンタビリティの欠如，不十分な防災計画，不適当な医療とソーシャルケアサービスは災害により生じたコミュニティと物理的環境に関係して地域住民が直面した困難な状況をこじれさせた（Gottschalk 1993）。

　ボパールの災害から学んだ教訓の結果，化学産業界は「レスポンシブル・ケア[6]」と呼ばれる自発的な活動を始めた。この活動の目的は，化学製品の生産者が主たる工場があるすべての地域で，健康，安全，環境パフォーマンスを向上させることである。「レスポンシブル・ケア」の活動は，世界の化学製品の90％を生産する52カ国で展開されている。また，その活動により地域コミュニティや政府との対話は増えている。このように「レスポンシブル・ケア」の活

動は，ソーシャルワーカーがコミュニティのグループとともに安全基準を高める活動に使える手段を提供した。ソーシャルワーカーは災害発生の直後から，心理社会的サポートの提供や，医療処置や医療品，物品等の資源を提供するための支援を通じて，ボパールの人々を支援してきた。生活，生計，家を失ったことによるトラウマに向き合わざるを得ない人々への支援，企業の幹部やさまざまなレベルの政治家から回答が得られない人々への支援，継続する訴訟に対応する人々への支援は，災害を通じて，また災害を超えて，すべて重要なものである。

　多国籍企業は企業の決定を説明すべきであり，企業に対し自ら立地する環境や雇用する職員への義務を果たさせるという地域の人々の要求を支援する際に，ソーシャルワーカーは大きな役割を果たしうる。これらの努力は，予防薬にもなりうるし，地域にある化学薬品生産工場で生じた事故においては，健康へのリスクから身を守る権利を有することを住民自身に気づかせ，できるだけ早く避難する方法に気づかせるための意識向上にもつながる。ソーシャルワーカーは強大な多国籍企業やその幹部に対してアカウンタビリティを積極的に要求しようとする時に，留意すべき点がある。それは，ソーシャルワーカーの行為が雇用者と共に，そこに勤める被雇用者の立場を危うくし，もっと強力な力がその行いを訴えた場合，雇用がリスクにさらされうるという点である。

4　化学汚染物と放射性ガスの流出

（1）有毒化学汚染物と廃棄物

　ダイオキシンは健康な人々に障害を負わせ，先天的な奇形を増やし，動植物の健康を害する有毒性物質である。たとえば，1990年代にイギリスのチェスターフィールドの近くを流れるドゥ・リー川沿いにあるコアリート社が生み出したダイオキシンと化学薬品が漏出し，化学薬品の有毒性，人間の健康や動物への影響が焦点となり，精製した牛乳も人が飲めないものとなった（Jones & Duarte-Davidson 1997）。コアリート社は破産し，従業員への年金の支払いが不能となった。現在では，ウィンガーワース地区のコーキングワークス通りの敷地は使われていない。また，2011年において，地域住民は Michael Holdaway

氏のように，放出されたガスが家族の健康に影響したことを訴え続けていた（www.transitionchesterfield.org.uk/content/smell-avenue-works）。

　1976年，イタリアのセベソでは，ダイオキシンが大気中に放出されて，その地域に住む人々の健康に被害を与えた。2,3,7-8テトラクロロジベンゾジオキシン-p-ダイオキシン（tetrachlorodibenzo-p-dioxin；TCDD）はベトナム戦争の初期に使われたオレンジ剤の成分であるが，これが町に漏出した。このダイオキシンはメーダの近くにある工場により放出されたが，この工場の起源は親会社のロッチェグループであり，その子会社が所有していたものであった。このダイオキシンの漏出で，人々は最も影響を受けた地域から避難を余儀なくされた。そして人間，植物，動物に影響する土壌汚染を引き起こした。しかしながら，人々は自分たちの身の回りに，このダイオキシンが存在することに気づいていなかった。いったん，その危険性が知らされると，人々の不安は避難を含む緊急計画の開始を遅らせることとなった。除染の費用は1,200億リラである。除染作業はうまく組織化されず進まなかったので，不安要因となった（Bertazzi 1991）。この事故への抗議がきっかけとなり，欧州連合がガイドラインを作成することになった。それはセベソ指令II（Seveso II Directive）という名称で，工業地の安全性を向上させるために1996年に採択された。

　ソーシャルワーカーは避難をしながら，健康被害に不安を感じている人々を慰め，心理社会的なカウンセリングを提供した。ソーシャルワーカーは，さらに次の点で大きな役割を果たせたはずである。人々に潜在的な危険性があることをあらかじめ気づかせること，影響を受けた人々の早期避難を支援すること，安全性の基準を引き上げ強化するためのロビー活動を行うこと，である。またアドボカシーの役割もあり，ソーシャルワーカーはアドボカシー活動を行ったMichael Holdaway 氏のように，チェスターフィールドの住民を支援することが可能なのである。

（2）アメリカのスリーマイル島

　1979年に，アメリカのスリーマイル島にある原子炉の深刻な問題は，放射能漏れを引き起こした。事故が起こりうるという早期の警告にもかかわらず，補修の処置はとられなかった。人的エラーと機械の故障の組み合わせで起きた第

2ユニットの破損は，放射性ガスとヨウ素131を大気に放出する要因となった。その時，第2ユニットは冷却剤を失い，部分的にメルトダウンが発生したが，これは国際原子力事象評価尺度（International Nuclear Event Scale；INES）の7段階のうちのレベル5に相当していた。混乱が「複雑なシステムにおける複合的な損傷の予期できない相互作用」によって起きたのは確実で，このことが避難計画を遅らせた。原子力規制委員会（Nuclear Regulatory Commission；NRC）は，サスカハナ川へ相当な量の放射性廃棄物が漏出したと認定し，それにより企業とその企業が行う危機管理の信頼は失われることとなった。災害直後に，10億米ドルの費用をかけた事故処理が行われ，その処理は1993年まで続いた。

　ペンシルベニア州でも同様に，原子力災害への対策が不十分であった。というのも，甲状腺の放射性ヨードの影響を減らすために人々が摂取しなければならないカリウムヨウ化物を州は備蓄していなかった。ケメニー委員会（Kemeny Commission）はこの事故による悪影響について何も報告しなかったが，J. Samuel Walker氏が作成した報告（2004）でこの点に異議が唱えられた。スリーマイル島の事故によって強調されたのは，事故防止のための安全装置の不具合，放射性降下物の管理や放射能の一部として放出されるアイソトープの消滅や半減期についての大規模な研究の必要性，結果として発症するがんの治療法の発見であった。この事故により，原子力プラント内にある管理室オペレーターの訓練が向上し，半径10マイル内の緊急計画圏における緊急避難計画が改善され，実際の災害に備えた予行演習が行われるようになった。この事故により，いくつかの原子力プラントの稼働は停止されたが，スリーマイル島の第1ユニットは1985年に稼働再開が認められた。施設周辺の住民たちが投票により廃棄を求めたにもかかわらず，2009年には2034年までの稼働の継続が認められた。この対応は，住民投票による民主的な決定に対する政治家の怠慢を示している。ソーシャルワーカーは住民投票結果の実現を求める人々の行動を支援し，住民の考えを支持するのに必要な証拠を集め，権限を持つエリートに対して情報を示すことができたはずである。

（3）ウクライナのチェルノブイリ

　1986年にウクライナ（旧ソ連の一部）のチェルノブイリで起きた原子力の大

規模災害では，原子炉4号機で爆発火災が発生した。それは，作業員が停電発生時の安全手順を試そうとしていた時であった。避難は遅れ，災害についての情報がなかなか発表されなかった。旧ソ連は180億ルーブルの損害を受けた。この数字には議論の余地があるが，この事故で作業員47人が放射能にさらされて即死し，その後のがんの発生が増加したことは確かである。この事故はレベル7と評価され，放射性物質を西ヨーロッパとユーラシア大陸の他地域の大気中に放出した。そのプラントの周辺区域では，まだ人が住むことはできない。他の原子力災害と同様に，被害の程度と地域内で安全が確保できる場所に関する報道は制限されたので，人々にとってその影響をやわらげるためにとるべき手段を決めることは困難であった。この事故により，信頼できるエネルギー源としての原子力の人気は低下した（Englund 2011）。ソーシャルワーカーにとって，原子力発電所の影で生活している人々を支援することとは，地域の人々がその動きに関する情報を入手し，将来起こりうる災害に向けたレジリエンスを構築できるよう，地域の人々を支援することである。

（4）カナダのチョーク川で発生した原子力事故

　カナダのチョーク川にある原子力施設は，医学的な目的で放射性アイソトープを生産する数少ない会社の一つである。この施設は1952年から2009年の間に数多くの放射能漏れを起こしてきた。その施設は老朽化しており，修理に10億カナダドルがかかるとされた。連邦政府は2008年に2基の原子炉を取り換える計画を延期した。連邦政府は官民パートナーシップ[8]という選択肢を続けているが，修理資金を直接提供することを躊躇している。2016年までの寿命とされるプラントの稼働は2021年まで延長された。親会社のカナダ原子力エネルギー会社（Atomic Energy of Canada Limited；AECL）は存続及び再建のための明確な計画を示さず，チョーク川にある原子力施設で雇用された科学者のコミュニティと地域住民にとって不確実な状況を放置してきた。仮にここで働く科学者が他で職を探すことになれば，専門的，知的，生産的能力が失われ，それは取り返しがつかないことにもなりうる（Paperny 2011）。

　原子力事故の後始末は，長期的な被害をもたらしうる。チョーク川の施設で，1950年代に事故処理に関わっていたカナダ人の古参の職員たちは深刻な病気に

かかり，その多くはがんであった。被害者の中にはこのことを事実として立証し，政府からの補償を手に入れようとしている人もいる。カナダ核責任連盟（Canadian Coalition for Nuclear Responsibility；CCNR）は，原子力災害の事故処理をした Paulson 氏のような古参の職員たちを支援している。彼は，アルファ型放射能に対する補償を求めている。それは，カナダ空軍が彼をチョーク川で起きた１つの事故から出された廃棄物処理の援助に派遣したことが，がんの発生につながったと主張するためである。彼に与えられた安全装置はガンマ型放射能に対してのみ機能し，アルファ型放射能には機能をしなかったと，彼は主張している（www.ccnr.org/paulson_legacy.html）。Paulson 氏の補償の申請は却下された。彼は瓦礫を片づけ，施設を安全にするために派遣された600人の兵士の一人であったが，チョーク川にいたという記録がないと知らされた時に彼は絶望した。ソーシャルワーカーには，この苦難の間に彼を支援し，補償を獲得するための彼の努力を支援できる可能性がある。

（5）日本の福島第一原子力発電所事故

　2011年に日本で原子力発電所の爆発が起きた。この事故は複合的な危険要因が引き起こした事故であり，リヒタースケールでマグニチュード9という大地震の発生，それに引き続いて発生した防波堤を飲み込んだ津波，その津波が福島第一原発に流れ込みプラントの電力網の接続が破壊され，原子炉を冷却するための装置が損傷したことで発生した。この原子力発電所の所有者は管理に失敗し，放射能の漏出を防げなかった。世界銀行は，この事故による損害を2,350億米ドルと算定した。3基の原子炉が完全に融解し，第4号機が火事により損傷を受け，第5号機と第6号機は部分的に破損した。人々は最終的に周囲地域に留まることを禁止され，その地域で生産された食物は販売禁止となった。

　巨大災害の把握に失敗し，迅速に適切な対応ができなかったとして，政府の対応は不適切とみなされた。菅直人首相（当時）はこの事故の取り扱いをめぐり辞任した[(9)]。この事故は初期段階では，国際原子力事象評価尺度におけるレベル5と評価されていたが，国際的な専門家たちは別の見方をしていた。現在では，この指標の中で最も高いレベル7となっており，これはチェルノブイリ原

発事故と同じレベルである。施設を所有する民間企業の東京電力は人々が身を守るための行動に必要な情報を公表しなかった。原子炉の火災を抑えようとした職員たちは，自分の健康が損われると思った。東京電力は国際原子力委員会（International Atomic Energy Agency；IAEA）の専門家等，日本の国内外の専門家らが提起したプラントの安全性についての懸念にも対応しなかった（Fackler 2011）。敷地全体が安全な時に廃棄されるべきであり，国内の19の原子炉が安全上の理由から停止した[10]（McCurry 2011）。

　また，東京電力の反応は判断の影響を受ける地域に住む人たちに対する民間企業のアカウンタビリティが論点となった。ソーシャルワーカーは関連の情報入手のための援助をしながら，アカウンタビリティを要求する行動を起こすことができたはずである。

　日本の災害で生じた放射性降下物は広範囲に拡散した。原子力エネルギーの安全性に懸念を持っていた多くの人々がその恐怖を確認し，このエネルギー源の拡大への反対運動は強まった。ドイツのように，政府が原子力エネルギーの拡大を凍結し，早期に現存する施設を適切かつ安全に閉鎖することを決めた国もある。ドイツは，その代わりに再生可能エネルギーの供給（Dempsey & Ewing 2011）に焦点を合わせて，将来に向けた原子炉のさらなる建設を放棄した。ソーシャルワーカーはこれらの意見を支持して，エネルギー災害を防止するためのデモに参加した。物理学者らとともに人と環境に優しい解決策を見出すことも災害分野のソーシャルワークに不可欠な部分である。

5　災害時に援助者をケアすること

　2011年に日本で起きた災害では，地域のソーシャルワーカー，教育者や学生たちは，複合的な危険要因によって生じた膨大な被害で生じた現地の要請のレベルと範囲に圧倒された。事業の再建もそうであるように，心理社会的介入は一定期間続くであろう。放射能に対する恐怖がこれからも続けば，その場から避難した人たちは，どこか他所での永住を求めるだろう。ソーシャルワーカーはこれらの問題に対処し，人々を支援しようとしている。聞いたところによると，チリ，日本，アオテアロア（ニュージーランド）の経験では，ソーシャル

ワーカーたちはストレスでバーンアウトしてしまい，助けとなる統率がなく，自己管理がうまくできなければ対処できなくなる可能性がある。Cronin ら（2007）は，災害時において援助者のバーンアウトの予防は不十分であることを強く訴え，援助者の精神的な健康への配慮が不可欠であるとする。後述するバーチャルなヘルプラインは実践者や他の生存者から，彼らの情報を引き出すのに役立つ。

6　援助者と生存者に対するバーチャル支援

　アオテアロア（ニュージーランド）のクライストチャーチと住民は，2つの地震によって被災した。1つの地震は2010年の終わりに，もう1つは2011年の初めに発生した。人々は初めの被災から十分に立ち直っていなかったために，2度目の地震は地域の状況を悪化させた。国内の他地域や海外の多くの人々による援助があったものの，大規模な破壊は地域の緊急サービスにも大きな困難をもたらした。聞いたところによると，地域の救急対応職員が，この中にはソーシャルワーカーも含まれるが，特に生存者が災害によるトラウマを抱えている状況下で，終日休みなく働くことは困難であったようである。国際ソーシャルワーク学校連盟（International Association of Schools of Social Work；IASSW）の災害介入委員会（Disaster Intervention Committee）の議長は，過剰労働のソーシャルワーカーの救済の要請を受け，その対応は順調に進んだ。資源は限られており，要求に応えるための多くのボランティアやソーシャルワーカーは現場から離れていたので，クライストチャーチ・バーチャル・ヘルプラインが援助手段として設置されることとなった。自分たちの経験を話したい生存者に対しては，会話のための電話，eメール，スカイプという選択肢が提供された。この対応は現代の科学技術を用いて，何マイルも超えて，住民や無理な働き方を強いられている専門職を含む生存者の援助をするものであり，ソーシャルワーク専門職のレジリエンスを強めるものであった。それは，海外からの援助者のさらなる要求で，インフラや資源が圧迫されないようにした。これらの活動は，災害介入委員会の支援の下で行われたので，対応した有資格で経験のあるソーシャルワーカーは次に示すガイドラインを使用するように決められた。

**7　災害時におけるバーチャル・ヘルプライン支援ネットワークの
　　 ガイドライン──クライストチャーチの事例**

　災害時には倫理的に行動することが不可欠である。ソーシャルワーカー
として，私たちはそれぞれが拠り所にする，それぞれの国ごとの規則を持
っている。国際ソーシャルワーク学校連盟─国際ソーシャルワーカー連盟
(International Federation of Social Workers；IFSW) 倫理文書[11]，災害・紛争
等緊急時における精神保健・社会心理的支援に関する組織間常設委員会ガ
イドライン[12]，そして電話ヘルプライン協会によるガイドライン[13]は同様にこ
の作業をする上で有益である。私たちの主な役割は，人々に耳を傾け，彼
らが自分のことを誰かに話すことを可能にすることである。その誰かとは，
彼らの弱みにつけ込む人ではなく，もし，さらなる支援を必要としていれ
ば，相談者を誰につなげれば良いかを知っている人である。下記に示すよ
うな原則を守ることが，災害時において倫理的に行動する上で不可欠であ
る。

オンラインまたは電話支援を行う上での原則
・相談者を傷つけない。
・支えとなる傾聴。
　人が話さなければならないことを聞くこと，その経験に寄り添うこと。
・文化的に妥当で適切な回答。
　電話で話そうとする人の文化を理解する，アオテアロア（ニュージーラ
　ンド）には，多様な文化があることを知っていること。有用なホームペ
　ージは次の通り（www.newzealand.com/travel/about-nz/culture/culture-
　home.cfm）。
・他の情報源を示す。
（www.msd.govt.nz/emergency/index.html, http:canterburyearthquake.org.nz）

異なった文化である可能性が高いので，呼びかけ人に彼らの特別な文化的
ニーズについて確実に尋ねて，適切に対応すること。

・課題——安全でないと感じること，不確実さを扱うこと。

　不確実さと困難の中で人々がすでに持っている確実性を見つけることで，彼らの安心感につながることを考えるよう促すことが，ここでは援助となるだろう。

・課題——守秘性。

　秘密を守ることは重要である。秘密厳守の限界については最初に明確にされるべきである。このことは「不測の守秘性」をもたらす。あなたは損害の脅威を自分や他の人へ報告し，必要が生じた場合，そのような個人に言及する考えを誰に言うべきかについて考えておく必要がある（www.police.govt. nz/ http: //canterbury. webhealth. co. nz/provider/service/view/2035035/www.lifelinechch.org.nz/pes.html）。

・生存者であり犠牲者ではない。

　人々を，犠牲者ではなく，生存者であると考えること。そしてあなたはスカイプ，電話，ｅメールでの話し合いの後に，彼らの強みを探し，どうすれば彼らが彼ら自身のために地域資源を使えるかを探すことで支援すること。とるに足らない経験と詳細の繰り返しに凝り固まりがちで，ある点では，回復プロセスに役に立たなくなることに注意すること。初めから話し合いに時間制限を設け，その一方で別の都合の良い時に，さらなる会話の可能性を残しておくことは有効かもしれない。

・自分を守ること。

　あなたの地域で，もしくはヘルプラインの他のメンバーを通して，あなた自身を「報告」する必要があるかもしれない。あなたが災害の生存者と話し合いを始める前に，これらの状況を調整しておくようにすること。

　　　　援助者は常に倫理的に行動をすることが不可欠である。

注意事項

１．あなたの国とアオテアロア（ニュージーランド）の時差に注意すること。

２．救援活動に対するあなたの貢献の一部として，電話代の支払いを申し

出ること。これはアオテアロア（ニュージーランド）からのコレクトコールも含む。あなたが支払いを望まない場合は，eメールとスカイプのみで会話を受け入れることを災害介入委員会代表に知らせること。この情報はデータベースに加わる。

3．あなたが関わる必要のあるケースにおいて，電話の内容や議論についてメモをとるべきであり，そしてもし必要であればヘルプラインの他のメンバーとこれらを共有する準備を行う必要がある。確実に，あなたは相談者の実践を明確にすること，そして電話の初めにそうすることについての同意を得ること。

4．もし参加を望む友人があれば，彼らが災害介入委員会代表と連絡を取るようにすること。

8　産業公害と環境悪化問題におけるソーシャルワーカーの関与

　Zapf（2009）は，ソーシャルワーカーは環境保護の課題に従事する上で好位置にいるとし，特に彼らは実践の基本的な理念を持つ「環境の中の人」（person-in-the-environment）であり，「環境保護国家」（environmental state）の形成において重要な役割を演じるだろうとしている。これを行うために，Zapf（2005；2009）は実践者に対して，すべきことを示した展望ではなく，プロセスとしての環境保護事象に焦点を合わせることで，環境保護の視点で考え，行動するよう，呼び掛けた。Dominelli（2002）はプロセス，権力関係，物理的環境を含む文脈を，人権と社会正義を含む反抑圧的原則に従ったホリスティックな実践の重要な側面として強調している。ソーシャルワークの実践者と研究者は，産業公害と環境悪化に取り組む際にさまざまな方法で関わることができる。

　ソーシャルワーカーの責任は，これらの問題そのものの背後にある科学技術ではない。しかし，もし実践者が災害の背景にある基本的な科学を理解していれば，それは役立つはずである。人口からみた環境，物理的環境，社会環境，経済環境，文化的環境，精神的環境の中で人々は暮らしており，個人やコミュニティのグループがこれらの補償を求め，対処しようとすることを，ソーシャルワーカーは支援する。また，彼らの活動は，次の活動により生存者を支援す

ることを含んでいる。その活動とは緊急支援（たとえば水，食糧，シェルター，医療）を入手し，体調不良に対して対処法を見出し，破壊された家やコミュニティを再建し，産業活動あるいは物理的環境災害の結果，もたらされるトラウマに対処し，物理的環境を浄化・除染するための取り組みを支援し，将来に起こりうる大惨事を防ぐための計画を立案し，それらを実施するための行動計画を開発し，将来の災害に備えて個人とコミュニティのレジリエンスを高めることである。

　また，ソーシャルワーカーは行動計画に社会的・環境的正義を統合させた，新たな開発パラダイムを展開できるよう住民を支援することができる。グリーンソーシャルワーカーが行うホリスティック・アプローチによって環境的に実践が行われる場合に，ソーシャルワーカーがすべきことに言及した文献は限られている。以下の「ケーススタディ②」は，彼らの実践の理解を異なるアプローチでつくっていくという点で，ソーシャルワーカーの仕事を模索しているといえる。悪化した環境と情緒的，環境的ウェルビーイングにおける影響の中で扱っているものである。

── ケーススタディ② ──

　ジェイソンはティーンエージャーで，イギリスの白人の中では恵まれない労働者層が住むコミュニティに住んでいましたが，そこに住む人々は生活保護給付の対象者か失業者でした。この地域に住むほとんどの家族は，数世代にわたって，給料が良い終身雇用を経験したことがありませんでした。彼らが住んでいる地域では，路上での暴力や強盗，薬物乱用が日常的で荒廃していました。政府はティーンエージャーの妊娠を減らそうと努力しているにもかかわらず，その割合は国内で最も高い状態にありました。既存の住宅は質が低く，建築基盤も同様に質が低い状態でした。公共交通も不十分で，料金が高いものでした。そのコミュニティは，魅力的な居住場所と思われるような都市環境ではありませんでした。コミュニティ内部にも，状況を良くしよう，変えていこうという動きはありませんでした。

　そこの住民たちは政府から無視され，社会から疎外され，社会のより広いネットワークから隔離されていると感じていました。住民たちにとって，その現実を変えるための機会はほとんどありませんでした。しかし，住民たちは，家族，当事者グループ，近隣づきあいの中で，可能な時はいつでもお互いに支え合い，貧困を克服するために助け合っていました。コミュニティに対し思い切って何かをしようとするようなよそ者（アウトサイダー）は，まずいませんでした。コミュニティに対す

る忠誠を示し，そのために何かをしようとしないよそ者は歓迎されませんでした。アルバートは，この障壁を打ち崩した1人のよそ者でした。

　アルバートは30代初めの頃，コミュニティワーカーの仕事をしていましたが，当時，彼は荒廃した通りにある一人暮らしの未亡人のおばあさんの家に間借りをしていました。その通りは雑草が生い茂り，その家の庭は草木が伸び放題で荒れた状態で，ガラクタが高く積まれていました。彼はこの地域の近隣地区で，雇用の問題に取り組んでいました。アルバートは国内でも裕福な地域に育ちましたが，彼の母親は庭が好きで，いつも庭を気にかけ，草花を育てており，その庭はいつも美しい草花であふれていました。アルバートは自分の母親から，環境に対する愛情を受け継いでいたので，彼の新居の通りを歩く時はいつも残念に感じていました。ある長期休暇中の週末，彼は自分が住んでいる家の庭と敷地内をきれいにしようと決心しました。その週末の間，彼はにこやかにガラクタを手押し車に載せて，大きな容器に積み上げ，そしてセカンドハンド・ショップで購入した芝刈り機で，腰の高さにまで伸びた雑草を刈りとり奮闘しました。その内，近隣の一人の人が彼を気の毒に思い，仕事がしやすくなるようにと大きな草刈り鎌を貸すことを申し出てくれました。

　アルバートはこの道具の使い方を知らなかったのですが，今の作業が終わったら，同じようにその隣人の庭もきれいにしてもらうという条件で，その隣人はアルバートを手伝うことに決めました。

　アルバートは週末の終わりまでに，庭と敷地内を「見苦しくないように」することに同意しました。彼はさらに数カ月にわたり，彼の余暇を使って庭仕事を行い，草花や低木を植え，必要な草刈りを行いました。この庭の持ち主である女家主は彼がしていることに全く興味を示しませんでしたが，彼女は「彼のプロジェクト」と呼びながら，彼がこの作業を続けることを望んでいました。アルバートは約束を守り，その隣人の庭をきれいにすることも手伝いました。彼が女家主の庭に植えるための草花を多く買いすぎた時には，彼はその草花を隣人にあげました。アルバートはこれを「好ましいご近所つながり」と感じたものの，初めのうちはそれほど深く考えていませんでした。しかし，この2つの庭がきれいに生まれ変わったことは，この地区の話題となっていきました。

　数人の人々がアルバートの所にやってきて，自分たちの庭もきれいにしてくれないかと尋ねました。ジェイソンはその中の一人でした。アルバートは皆の質問を踏まえ，人々が自分たちの庭をきれいにし，自分たちのコミュニティの物理的環境に誇りを持つことができるようにする機会にできると考え，プロジェクトのルールを決めました。そして，彼はこのプロジェクトに参加する家の住民（ただし乳幼児と虚弱高齢者は除く）はこの作業を一緒に行うという条件に合意し，5世帯が同意しました。アルバートは約束を守り，ある家庭がこの約束に従って行動しなかった時，アルバートは彼らをプロジェクトの対象外とし，その庭の掃除は完了させずに放置

しました。それはジェイソンの家でした。ジェイソンはこのような仕打ちを受けて，きまりの悪い思いをしました。すべてがきれいになった隣人たちの庭を通り過ぎる時に，特にそのような思いを持ちました。しばらくして，ジェイソンはアルバートに会いに行き，もし彼が自分の庭をきれいにするのを手伝ってくれるなら，このプロジェクトにさらに2世帯を連れて来ると申し出ました。アルバートはこれに同意し，住人が楽しめる庭を持つ家が増えることになりました。天気が良く暖かい時には，子どもたちが庭で遊んでいる間に，住民たちは外に出て互いに会話するようになりました。このような会話の中で，彼らは自分たちの地区のことを話し始め，地域がもっと良くなるように，アルバートに手伝ってもらえるかどうかと思うようになりました。家主たちが既存の住宅を改善させ，より一般的な住環境となるようにきれいにするべきと考える人々もいました。この地区には特に，汚染された土壌に囲まれた廃屋や使用されていない工場がありました。これらの課題への取り組みは，このコミュニティに雇用の機会をもたらしました。アルバートはコミュニティの住人に地域の改善と雇用創出に向けた希望の芽を与えました。ジェイソンがアルバートに引き続き手伝ってもらえるように頼んだ時，彼はすでに作業の延長に同意していました。

アルバートの行動は，1つの場所を他の人と連帯し，他の人を気遣い，他の人に助けられるための場にできるよう，住民に元気を与えた。彼らの活動は，援助を受けるためには，それぞれの人が何かをしなければならないとする，相互援助のやりとりであった（この義務が撤回されない限り）。アルバートはコミュニティの一員として受け入れられてからは，このコミュニティにおいて触発者（何かを引き起こす人）を演じていた。彼はコミュニティとコミュニティの思いを体現する人となった。ささやかな方法で住民たちの物理的な環境の質を向上させようとした彼の試みは疑いなく「成功」であり，彼の支援を得ることで取り組みを始めることができた，より広い環境問題について，人々に考える動機を与えたのである。

自分たちを取り巻く環境について何かをしたいという希望を持つことは，コミュニティが自信を持ち，力をつけることを実感する上で不可欠である。その意味で，アルバートは何が必要かという彼の考えをコミュニティに押し付けようとはせずに，グリーンソーシャルワークを実践した。彼はロールモデルを演じ，その結果，その地区には多くの問題が山積していたけれども，人々はその課題に直接取り組むことができた。人々は幅広い視野で物事を考えられるよう

になり，自分たちが力を持つことは，コミュニティの持続可能な発展にとって
重要な要素と考えるようになった。自分たちの力が高まっているという実感は，
個人的かつ集合的に人々のレジリエンスに可能性を生み出し，構造的不平等に
立ち向かうために日常のレジリエンスを逆境に強いレジリエンスに変えうるの
である。

　この「ケーススタディ②」は劣悪な環境に住むことが，いかに心理的に好ま
しくない影響を及ぼすかを示している。劣悪な環境は人々の動機を低下させ，
また自分たちの周りにあるものを楽しめないようにしてしまう。また劣悪な環
境は，コミュニティからの援助は得られないという感覚を人々に与え，人々を
阻害，孤立といったサイクルの中に閉じ込めてしまおうとする。ジェイソンは
この苦境の中にいたが，自分の立場の改善に向けて決意をした。アルバートの
仕事は示唆に富んでいる。つまり，人々が直接的に心理カウンセリングを受け
る必要がなく，精神的な関わりを持つ課題に対処できることを彼の仕事は示し
ている。それはまた，物理的環境の環境は人々の感じ方に直接影響することも
示している。

結　論

　産業公害と環境の悪化は，どのようなコミュニティの発展にとっても有害と
なる。企業が撤退すると雇用が失われ，事故が起きた時に環境浄化に失敗する
と環境が悪化することになり，その被害を受けたコミュニティに住む人々の生
活に長期にわたり影響を与える。コミュニティが，独自の工夫をしたとしても
これらの影響に常に対処できるとはかぎらない。日常的なレジリエンスは逆境
に強いレジリエンスとなり，構造的不平等，権力や資源の不均衡の是正に取り
組まなくてはならない。ボパールの例は，多国籍企業が，産業事故による長期
的な影響に対する責任の遂行を要求する道筋を示している。しかしながら，逆
境に強いレジリエンスが，権力や資源の再配分に成功するという保証はない。
原子力災害についての情報不足は，企業が元の場所に残るか撤退するかにかか
わらず，逆境に強いレジリエンスの形成を妨げている。企業はより高い透明性
を持ち，復興を進めるために政府と一般市民に関係することへの説明責任を果

たさなければならない。

　ソーシャルワーカーは，企業や政府から詳細な情報，より大きな責任とより高い透明性を要求することで，これらのプロセスでの支援が可能となる。災害が起きた時，ソーシャルワーカーは人々を支援し，補償の権利を守ることができる。そしてソーシャルワーカーは，ささやかな方法での環境改善を可能とするロールモデルとして活動することができる。そのささやかな方法とは，コミュニティに対して，コミュニティ自身が力をつけて，さらに活動しようとする動機づけをすることである。

注

(1)　(訳注) Dichloro-diphenyl-trichloroethane (ジクロロ・ジフェニル・トリクロロエタン) の略で，日本でもかつて有機塩素系の殺虫剤や農薬に使われていたが，1971年5月に農薬登録が失効し，使用禁止となった。

(2)　(訳注) IPCC (Intergovernmental Panel on Climate Change；気候変動に関する政府間パネル)。国際的な専門家で組織される，地球温暖化についての科学的な研究の収集，整理のための政府間機構。

(3)　(訳注) この引用の翻訳は，気候変動に関する政府間パネル第2作業部会報告書政策決定者向け要約 (Summary of Policymakers) についての環境省 (日本) による翻訳を使用。

(4)　(訳注) ISDR (International Strategy for Disaster Reduction；国際連合国際防災戦略) は2000年に設立された国際連合事務局の組織である。

(5)　(訳注) 引用は原著の通り。

(6)　(訳注)「レスポンシブル・ケア」は，1992年の UNCED (国連環境開発会議) で採択された「アジェンダ21」(行動計画) の一つとして奨励されている。日本では，日本化学工業協会が日本レスポンシブル・ケア協議会を1995年に設立している。

(7)　(訳注) 枯れ葉剤の一種。

(8)　(訳注) 日本では PPP と呼ばれることもある。小さな政府を志向し，「民間にできることは民間に委ねる」という方針で，民間資金等を活用して社会資本を整備し，公共サービスの充実を進めていく手法。

(9)　(訳注) 菅直人首相 (当時) の辞任理由は原発事故の取り扱いをめぐるものだけでなく，消費税引き上げの姿勢を示したことによる政権支持率の低下，参議院選挙で民主党 (当時) が多くの議席を失ったことなど，複数の要因が考えられる。

(10)　(訳注)「19の原子炉」の場所は不明である。福島第一原発事故後，同原発は廃炉となり，その他の原発も2012年5月までにすべてが運転を停止 (定期検査入り) し

た。その後，川内，伊方，高浜原発の一部は再稼働している。

⑾　The IASSW-IFSW Ethics Document（www.iassw-aiets.org）

⑿　（訳注）IASC Guideline for Psychosocial Interventions（www.who.int/mental_health/emergencies/guidelines_iasc_mental_health_psychosocial_june_2007. pdf）
機関間常設委員会（Inter-Agency Standing Committee；IASC）は，人道支援の連携・調整強化を求める国連総会決議46/182を受けて1992年に設立された。この決議では，複合的な災害・紛争等や自然災害に対する関係機関間の意思決定を円滑にするための主要な機構として IASC を定めている。IASC は国連や国連以外のさまざまな人道支援組織のトップにより構成されている。

⒀　（訳注）Telephone Helpline Association（www.ncvo-vol. org. uk/sites/default/files/document/GoodTelephonyGuide.pdf）

<table>
<tr><td>第4章</td><td>気候変動・再生可能エネルギーと
社会的課題の解決</td></tr>
</table>

───── 訳者コメント ─────

　本章では，日本でも「地球温暖化」と象徴的に語られる気候変動にいかに対処していくのか，世界的な議論を中心に論が展開されています。その中でソーシャルワーカーが特に果たすべき役割は，「専門職の組織化」だと主張されています。と同時に，課題がある現場においては，「多様な主体間の連携」の必要性が説かれています。今後も気候変動によって，さまざまな異常気象や災害が発生することが予想されています。そのことを「前提として認識」した上で，何が地域にとっての持続可能な開発で，どうすれば気候変動が孕むリスクを地域で軽減できるのか，ソーシャルワークの「予防的機能」を，より大きな視座に立ち発揮することが求められます。

はじめに

　気候変動によって，ある国の行為が他の場所における開発に対して，重大な結果をもたらすという世界規模の相互依存性が具現化されている。そうした意味において，気候変動は最近の環境危機をわかりやすく映し出している。西洋社会が産業化プロセスの中で手にしてきた利益の結果として，産業化の影響をあまり受けていない生活を送っている，とりわけ南半球の，しかも地方に住む貧しい人々の生活に対して悪影響を及ぼす温室効果ガスの増大が表面化してきた。気温上昇を2度以下に抑えるためには，環境を改善し再生可能エネルギーを開発しなければならず，それにかかる財源を「汚染者が負担すべきだ」という声をもたらすこととなった。居住地や収入の多寡にかかわらず，外部からの現実的な支援や政府の介入あるいは営利企業の慈善による援助なしに生活の質を維持したり高めることを可能にする技術は，高価すぎるものである。複雑な現実は，ソーシャルワーカーが貧困層の人々の生活の質を高めるために，何を支援することが可能か，また，新しいグリーンテクノロジーへの関心をいかに

呼びさますのか，そういったことへの示唆に富んでいる。さらに，そうした現実は，再生可能エネルギー市場から排除されることの多い貧困層の人々に気候変動がもたらす影響についての議論への参加をいかに促すか，ということも焦点として浮かび上がらせる。

　イギリスでは，貧しい人々が，彼らの抱える経済的制約を乗り越え，再生可能エネルギーにアクセスしやすくするために，政府は"feed-in"tariffs（料金固定買い取り制度：買い取り価格の総額を固定する方式）を採用してきた。その制度は，政府が再生可能エネルギーへの転換に関して，個人及び企業を経済的に支援するものである（Gubbins 2010）。料金固定買い取り制度の導入によって，地球に負荷をかけることなしに，企業が貧しい個々人そして地域と双方にとってメリットのある形で協働し，再生可能エネルギー技術へのアクセシビリティを高める原動力となる。ビッグ・ソサエティの考え方は地域への介入を強調するが，もし以下に例示される限界を超えることができれば，そうした活動を促進しうるであろう。Gubbins（2010）はビッグ・ソサエティの考え方におけるエネルギー政策を促進するにあたっての，いくつかの障害を以下のように提示している。

　　　・料金固定買い取り制度（FiT）のような，初期投資にかかる資金援助や買電という形から，連立政権による包括的財政支出動向（Comprehensive Spending Review）の中で発表された，再生可能エネルギーの開発を目指す中で，そのエネルギー源からの熱に対してインセンティブを与える枠組み（Renewable Heat Incentive）へと，形を変えること。
　　　・ボランタリー集団への補助の削減あるいは削除

　再生可能エネルギーに関わるグループは，地域の集団や小さな企業が再生可能エネルギーを供給する側にまわる機会を提供したこともあり，料金固定買い取り制度（FiT）の周知に成功した。たとえば，5メガワット以下のエネルギーを生産する発電機を買うことのできたグループは，料金固定買い取り制度の枠組みを活用できたが，よりまとまった資金を必要とする再生可能エネルギー証書（Renewable Obligation Certificate）の枠組みを活用するまでには至らなか

った。ここで，料金固定買い取り制度の問題の一つは，小さな集団や企業にま
ず初期投資のための資本が必要になるということであった。厳しい財政環境の
中で，彼らがそうした財源を確保することは困難である。

　小規模な再生可能エネルギー技術の開発を通して，燃料の貧困そして失業と
いった問題に取り組もうとする小さなパイロットプロジェクトがある。こうし
た活動によって，化石燃料の消費を抑え，エネルギーを自給自足する地域の開
発に寄与するのである。コミュニティソーシャルワーカーが，イギリスのジャ
イルズゲイト，アルゼンチンのミサルミ等のように（Dominelli 2010a；2011），
北半球と南半球双方でこうした動きに関与してきたので，本章にて考察を試み
たい。

　専門職集団としてのソーシャルワーカーは，最近まで京都議定書はじめ，国
連主導で始められた気候変動政策に関する議論において，能動的な役割を果た
してこなかった。国際ソーシャルワーク学校連盟（IASSW），国際社会福祉協
議会（ICSW），国際ソーシャルワーカー連盟（IFSW）は，こうした状況を変
えるべく，2009年12月にコペンハーゲンで開かれた気候変動会議（the Climate
Change Conference）会期中にプレゼンテーションを行った。締結国会議（the
Conference of the parties；COP）と呼ばれる組織により始められた議論には，
ソーシャルワーカーが関与し続けている。ソーシャルワーカーたちは，2009年
12月のコペンハーゲンでのCOP15，2010年12月のメキシコのカンクンでの
COP16，2011年12月の南アフリカのダーバンでのCOP17に出席してきた。本
章では，そうした関与の進展の中で何がなされてきたのかを検証し，その上で，
ソーシャルワーカーが牽引力を発揮する領域拡大と，気候変動により突然発生
したり頻度も増している洪水，干ばつや他の「自然」災害に見舞われている
人々を助ける機会があるということを示したい。

　また，ソーシャルワーカーのなすべきことも議論したい。それは，気候変動
の科学的背景，その背景に関する議論への参加，さまざまなステークホルダー
との協働，自然科学者によりもたらされた知見をも活用すること，地域特有の
知見を科学者に伝える文化の通訳として活動すること，科学的な知見を地域住
民にわかりやすく伝える翻訳者の役割を担うこと，地域住民がエネルギーの問
題に敏感な消費者となり，また，そうなることで地域に新しいチャンスをもた

らすかもしれない，そうした取り組みを，地域が行えるよう誘導すること，そして社会的及び政治的に優先される事柄について順位を入れ替え，気候変動に関する政策決定をも変えることに寄与すること等である。

1 気候変動

　気候変動という言葉は，現代社会が直面している課題の中でも，キーとなるものの一つを描写する用語である。それは，人類の産業化そして都市化の中で，化石燃料を燃やし，温室効果ガスを排出してきた結果として，世界の気候がいかに変化しているかを浮き彫りにするとらえ方でもある。温室効果ガスには，水蒸気，二酸化炭素（CO_2），メタンガス（CH_4），亜酸化窒素（N_2O）やフロンガス（CFCs）が含まれる。地球環境の中で自然発生する赤外線の波を大気中に閉じ込めることにより，これらのガスは大気温度の上昇を引き起こす。化石燃料消費，森林伐採，農業及び産業プロセスを通して，これらのガスの排出量は大幅に上昇し，また，その濃度を高めている。こうした変化により，大気温度，降水量，海洋の酸性濃度，海抜高度，氷河の溶解量に変化が起こっている。
　気候変動に関する政府間パネル（The Intergovernmental Panel on Climate Change；IPCC）は，自然界での現象が気候変動に影響を及ぼしているのは，たった5％であると推計している（IPCC 2007）。パーツ・パー・ミリオン（ppm，濃度を表す単位）でいくと，温室効果ガスの濃度は，産業革命前には280 ppm であったものが，2005年までに430 ppm にまで上昇し，さらに上昇を続けている（IPCC 2007）。各国は頻繁に極端な天候に見舞われるといったようなさまざまな影響を受けるであろう。これらにより，かなりの数の気候変動難民を生み出すであろうし（Guzmán et al. 2009），それは世界のどこででも起こりうるであろう（Besthorn & Meyer 2010）。海抜レベルの上昇によって，より湿った天候となる（場所によってはより寒くもなる）非常に貧しい国々の人々は，洪水の高まる危険性にさらされることとなるであろう。また，逆により暖かくそしてより乾燥した天候となる場所においては，干ばつの危険性にさらされることとなるであろう（UNDP 2008；2009）。これらの災害により生活が脅かされ，生態系の喪失，絶滅する種の増大など取り返しのつかない，甚大な環境被

害がもたらされるだろう。したがって，産業化のプロセスにおいて，カーボン
ニュートラル（植物や植物を原料とするバイオエタノール等を燃やして出る二酸化
炭素は，植物が生長過程に吸収した二酸化炭素と同量で温室効果ガスを増やすこと
にはならず，環境破壊にはつながらないという考え方）を推し進めることが，
人々，地球そして植物及び動物の健康にとって不可欠なのである。

　地球全体を通して，生活水準をより高いレベルにしたいとの欲求が高まり，
また，化石燃料の使用によって実現される産業化及び経済のプロセスへの依存
が高まることで，現在から2030年に向けてエネルギー需要が60％増加すると予
測されている（Löscher 2009）。IPCC の科学者は，気温上昇を2度あるいはそ
れ以下に抑えられたとしても，大気圏で排出される炭素を吸収できる能力は，
限界に到達しつつあると指摘している。大気圏による吸収の限界が20兆 t から
20.5兆 t であり，炭素排出量はすでに14兆 t に達しているというのである。彼
らの計算によれば，過去200年の間で炭素排出量は40％増加しており，今後，
排出量の削減がなされない場合，2035年までに温室効果ガスの濃度は550 ppm
に達すると予測している（Stern 2006）。さらに，シベリアやカナダ北部の永久
凍土に含まれるメタンガスが，近年の石油掘削の影響により急速に排出されれ
ば，環境にかかる負荷は，より甚大なものとなるであろう。メタンガスは，二
酸化炭素と比べ単位あたりの大気加熱量が大きいのである（Löscher 2009）。

2　汚染者-被害者という二元論

　京都議定書は，汚染者-被害者という二元論をベースに，気候変動にかかる
議論を展開した。その中で，化石燃料の消費に基礎をおいた産業化がもたらし
た結果としての気候変動という危機に対し，その責任を負うのは西洋社会であ
るとされている。その残りの人々は，そうした汚染者に対置される被害者とし
て位置づけられている。こうしたとらえ方には大きな利点がある。1865年とい
う早い時期に，イギリスの John Tyndall は，水蒸気や二酸化炭素のようなガ
スが熱を保持することを指摘した。スウェーデンでは Svante Arrhenious が
1896年に，二酸化炭素の排出が地球温暖化につながるであろうことを警告した。
しかし，政策立案者も産業化を擁護する人たちも，そうした警告を真摯には受

け止めず，気候懐疑論者たちもいまだにそうである（Giddens 2009）。さらに，西洋諸国は，京都議定書で求められた温室効果ガスの削減目標に到達していない（World Bank 2010）。

　汚染者と被害者というシンプルな区別は，南半球の国々において産業化のプロセスが進行するにしたがい，その境界線はぼやけたものになってしまった。その結果，化石燃料の消費バランスは，変動をみせつつある。これは，南半球における産業化のプロセスもまた，化石燃料の使用をベースとしていることに起因する。再生可能エネルギーの使用にベースを置いた技術へのアクセスが，仮により安く実現されれば，その限りではない。2005年段階でみると，エネルギーの最大消費者を示すリストには，すでに産業化を果たした国々とともに，急速に産業化している国々が含まれていた。排出量の順位は，アメリカ20.5%，中国15%，ロシア5.7%，インドネシア4.7%，日本3%，ドイツ2.4%，フランス2.4%，カナダ2.4%，イギリス2%，韓国1.9%，の通りである。2006年には，中国がアメリカを追い抜きトップに立ち，この2カ国で世界全体の排出量の40%をも占めているのが現状である。2008年には，ますます膨れ上がる巨大経済を抱える中国は，61億 t の二酸化炭素を排出した。2億5,000万人を貧困から救うとする中国の目標を達成するということは，その排出量は2020年までに100億 t にまで上昇するということを意味する（Löscher 2009：29）。二酸化炭素排出量の問題は，エネルギーを利用することによって，どれだけ効率的に利便性を生み出しているかということがあるので，より複雑な議論となる。たとえば，中国は，GDP を1人当たり単位でみると，世界平均の3.5倍ものエネルギーを消費しているのである（Löscher 2009）。

　急速な人口増加は増え続けるニーズを満たすために，すべての資源へのプレッシャーを与え続け，その結果，気候変動にも大きな影響を与える。今，人口の増大は，南半球で最も顕著である（UNDP 2009）。中国政府が，男女の人数の不均衡を解消しようと，一人っ子政策（主に都市部ではあるが）の終結を決めれば，中国における人口増加は，さらにその速度を増すであろう（Guzmán et al. 2009）。それに似た課題が，男子新生児の数が女子新生児の数を上回るインドでも起こっている。インドと中国で西洋型ライフスタイルを志向する中産階級が増加することで，地球上の資源へのプレッシャーは，さらに増すことに

なるのである。彼らがよりよい生活水準を求めることは合理的ではあるが，西洋諸国がより小さな人口に向け開発した産業化モデルを，移植すればいいかというとそうではない。燃料需給バランスを取るためには，気候変動がより悪い状況に向かわないよう，再生可能エネルギー資源へのかなりの投資が必要となる。しかし，現在の燃料使用法は全く逆の方向を志向したものであり，とりわけ新興国においては，その流れが顕著である。それはなぜかというと，西洋諸国よりずっと大きな人口規模を持つ新興国にあって，中産階級の人々が西洋型ライフスタイルを志向することで，結果として，一人あたりで見ても，国レベルで見ても，西洋諸国のエネルギー消費量を凌駕してしまうからである。

　インドと中国の人口を合わせた時，その数は地球の全人口の1/3を占める。もし平等性及び生活のディーセントな質の担保が，あらゆる地域や国レベルで，あるいはあらゆる社会的な属性においても，地球の住人すべてにとってなされるべきものであれば，これら2カ国だけでなく世界中の国々にとって，より持続可能で，環境により優しい，社会そして経済を開発することは，責務なのである。これらの複雑な課題は，増大し続けている，社会経済的，政治的，環境的問題があるので，各国間の協働が求められる。その中で，ソーシャルワーカーの果たすべき役割は，これらの課題理解の促進，環境的に合理性があり，生態系に優しい形での社会経済開発に焦点を合わせることの重要性を人々に説くこと，問題解決に向けた持続可能な解決法を地域の人々とともに探ること，グリーンエネルギー技術の共有の促進，そして現状の社会-産業化を推し進めている政策方針の変更を迫るために，ロビー活動を行うこと，である。

3　気候変動とそれへの対応

（1）気候変動に対する人々の反応

　気候変動に関する大衆の議論は，人間が気候に影響を及ぼしているという考えを支持するものとその考え方に懐疑的なものという，大きく2つに分かれる（Giddens 2009）。これはさまざまな考え方を，ごく単純に分類したものである。イギリスにおける環境，食糧，地域課題担当部局（the Department for the Environment, Food, and Rural Affairs；DEFRA）による調査により，イギリス国

民が気候変動に関して持つ，立場の多様性が明らかになったが，そこでの分類は以下のとおりである。

・ポジティブグリーン（Positive greens）
18％の人が，環境に対し自身が及ぼす影響を低減するために，最大限の努力をすると回答。
・無駄の監視者（Waste-watchers）
12％の人が，自身のつつましいライフスタイルは，リサイクルをかなり行うものだと回答。
・関心をもった消費者（Concerned consumers）
14％の人が，すでに多くのことをしており，さらに何かはしないと回答。
・サイドラインサポーター（Sideline supporters）
14％の人が，気候変動に関する問題認識はあるものの，現状のライフスタイルを堅持すると回答。
・立ち往生するスターター（Stalled starters）
気候変動に関する情報をほとんど持たず，豊かなライフスタイルを送るための経済的余裕はないが，そうしたライフスタイルに魅力は感じると回答したグループ。
・まったくの無関心者（Honestly engaged）
気候変動にはまったく関心がなく，自身の生活には無関係であると考えていると回答したグループ。

わずか23％のイギリス国民しか，世界の社会的な課題の中で，気候変動が最も重要な課題であると答えていないが，58％の人が対処すべき重要課題の一つととらえていると回答した（Giddens 2009）。

（2）国連主導による気候変動に対する動き

共に生きる世界に存在する国際的な課題の解決に向けて，さまざまな国や地域を結びつける組織である国連は，気候変動に関する議論を促進させる上で重要な役割を担ってきた。温室効果ガス排出削減を国々に促すための国際的枠組

みとして，1994年に気候変動に関する国際連合枠組条約（以下，UNFCCC）を創設した。それは，国際的な政府間協議に焦点を合わせている。その協議は，国連気候変動枠組条約締結国会議（以下，COP）を通して主に進められている。その中で各国政府は，企業や個人が目標とされる数値の達成に向け動くことを，確かなものにするよう求められている。さらに，参画している政府は，すべての国がグリーンテクノロジーにアクセスできるよう支援することにも合意している。COP は1995年に最初の会合を行い，それ以来，この取り組みを前進させるべく毎年会議を行っている。2006年までに COP 締結国は189カ国にのぼった。2011年の会議，つまり COP17 は，南アフリカのダーバンにて行われたが，2010年にメキシコのカンクンで開催された COP16 での合意事項を前に進めることを目的としていた。南半球の小さな国々や，コペンハーゲンで2009年に開催された COP15 以後，世界中の市民社会組織が危惧しているのは，法的拘束力を持つ条約が目指している到達点からは，いまだ距離があるということである。

　そうした中，UNFCCC は COP 締結国が作業をうまく推進できるよう，秘書的に動き，また，財政面での調整を行うことを目的に，科学的及び技術的支援のための下部組織（the Subsidiary Body for Scientific and Technological Advice；SBSTA）と，実行のための下部組織（the Subsidiary Body for Implementation；SBI）を創設した。その後，SBSTA の組織は2000年に強化された。2001年には，マラケシュ合意の中で，これら組織の開発が国際的にも賞賛され，作業の推進がより重要度の高いものであることが確認された。COP10 の際に，作業の推進プロセスが大きく2つ設定され，その際に UNFCCC の構造も再編成された。そのプロセスの一つは，5年にわたる作業プログラムに焦点化するもので，具体的には，気候変動に対する脆弱性及び適応性を，科学的，技術的，社会経済的といった各次元において検証するものであった。もう1つは，気候変動への適応に向けた活動，技術移管，そして各国が有すべき能力の構築について考察したものであった。これらのプロセスは，適応と対応指針（Adaptation and Response Measures）に関するブエノスアイレス作業計画（the Buenos Aires Programme of Work）の中でもしっかりと掲げられ，炭素の排出低減に対する無関心から，大きく舵をきるものとなった。そこに，48の後発開発途上国

（Least Developing Countries；LDGs）の抱えるニーズが付け加えられ，気候変動への対応に関する活動に向けた資金へのアクセスを可能にする，国別対応行動計画（National Adaptation Programme of Action；NAPA）の策定義務が課された。オックスフォード貧窮者救済機関（Oxford Committee for Famine Relief；OCFR）は，気候変動への対応をうまく行うためには，毎年5,000万米ドルが必要となるであると見積もっている。2006年には，ブエノスアイレス計画は，気候変動の影響，脆弱性及びそれへの対応に関するナイロビ行動計画（the Nairobi Work Programme on Impacts, Vulnerability and Adaption to Climate Change）に改称された。3回目の日本の京都で行われたCOP会議で京都議定書が締結され，COPの議論を深めることが確認された。しかし同時に，すべての国に対して，法的拘束力を有する排出目標や，行動を規定するタイムテーブルを策定することはできず，その後も法的拘束力を有する新たな合意は成立していない。

（3）京都とその後

　温室効果ガスの排出削減に関する国連主導の動きのベースとなるのは，1997年に日本の京都にて184カ国により署名され，2005年に発効した京都議定書である。そこには，気候変動の影響を緩和することを目的とした対応策に資金を拠出することも含まれ，Annex 1（訳注：京都議定書の添付文書）記載の国あるいは37の最も裕福な国々に，2008年から2012年の間に，二酸化炭素排出量を1990年におけるレベルよりも5％削減することを求めている。京都議定書に至る構想は，1992年にブラジルはリオデジャネイロで開かれた地球サミットで持ち上がった。そこでは，参加国政府により気候変動に関する国際連合枠組条約（1994年発効）が締結された。リオ合意の下，各国政府は地球の気温上昇を2度以下に抑えることに合意した。西洋社会が気候変動に至った過去の過ちを認めたのは，この合意をさらに際立たせるものである。このことは，Annex 1に記載された国々が，責任を果たすべき"歴史的債務"を有していると，広く知らしめることとなった。京都議定書の中ではさらに，裕福な産業化を遂げた国は，温室効果ガス排出量の低減に関し責任を負い，同時に，産業化に向かいつつある国々に対して，財政面での支援，あるいは技術移転を通した支援を行うことに対する責任を負うことが明記された。

　京都議定書の遂行は，その開始から問題をはらんでいた。裕福な国のうち数カ国が京都議定書に批准できなかったのである。アメリカ上院は否決し，ジョージ・ブッシュ大統領（当時）は2001年議定書からアメリカを脱退させたのである。オーストラリア国会もその年同様の動きを見せた。さらに，批准した国の中でも数カ国が，課せられた義務の遂行に失敗した。たとえば，1990年レベルから6％低減させる義務を負っていたカナダは，アルバータの油田開発の影響で排出量を25％上昇させてしまったのであった。

　京都議定書において，新興国は貧しい人々の生活レベル向上を目的として産業化戦略を推進するにあたって，排出量を低く維持する義務をなんら負わなかった。産業化しつつある国々は，クリーン開発メカニズム（the Clean Development Mechanism；CDM）に参加することにより，排出量を自発的に低減することを求められた。CDMの財源は，その枠組みの中で行われるプロジェクトにかかるコストの2％が拠出され，それが気候変動への対応基金となり賄われている。将来に向け産業化しようとする新興国とその国民たちに義務を課さなかったこと，たとえば産業化の過程の中で，排出量をコントロールするであるとか，彼らの目的を到達するために再生可能エネルギーを使用する等といったことが欠如したことで，京都議定書の枠組みの中に，汚染者–被害者といった二元論を生み出すこととなった。排出量低減を可能にするような手法をどうするかについてのコンセンサスをとることが，困難であったのであろう。というのは，その時点で議論になっていた温室効果ガスのほとんどに対する責任を有する産業化された国々は，京都議定書で設定された目標に向け，すばやく環境を浄化するか，あるいは他の国々に再生可能エネルギー技術を移転するか，いずれかに資金を投入しなければならなかった。技術を移転すれば，化石燃料をベースとした産業化の過程に特有の温室効果ガスの排出を大幅に増加させることなく他国の産業化が可能になるが，一方で，富める自国の環境は浄化されないままとなる，という葛藤が存在したのである。

　産業化された国々を「汚染者」としてラベリングし，産業化しつつある国々を「被害者」とすることは，排出を低減しなければいけない国とそうでない国との間に緊張をもたらした。さらに，世界は分かち合うたった1つのものとしての地球に負荷をかけずに，すべての住民にとって適切な生活水準に到達する

ために，互いにすべての国が助け合う義務を負っているのだが，そうしたより包摂的で，より前向きな政策を推し進めることは後回しにされた。産業化しつつある国の中には，この歴史的な債務の支払いの一端を担うという，前向きな意志を示した国もあったが，それ以外の国々は，自国の排出量を低減するために，何か動きを起こすことには消極的であり，無視を決め込む国もあった。これらの緊張は，以後の会議において，方向性を定めるための議論をする際のハードルとなった。

コンサルティング会社であるマッキンゼーによる最近の調査では，国連によるCDMの運営の拙さ，京都議定書やそこに記された期限に沿ったモニタリングがなされていないことが厳しく批判された。結果として，京都議定書に批准したいくつかの産業化された国々だけでなく，中国，インド，ブラジル，メキシコ，韓国のような国においては，温室効果ガスの排出量はかなりの増加を見せた。

国連は，モニタリングの仕組みを構築する際にも失敗した。京都議定書の内容進捗をいかにモニタリングするか，その方法論に関するマラケシュ合意は，2001年まで合意に達しなかった。各国の国家適応行動計画は，マラケシュ合意の支柱を形成した。国家適応行動計画は，人口増大の規模そして気候変動が，以下に挙げる事柄にどのような影響を及ぼすかについて，アセスメントし対応するために活用されうる。

・食物の安全性／危険性。
・自然資源の枯渇。
・環境汚染。
・水不足。
・人々の悪い健康状態。
・移民の動向。
・それぞれの国の中における郊外の都市化等。

国家適応行動計画の策定には，ソーシャルワーカーが関与する機会が存在する。なぜなら，政府は温室効果ガスの排出を低減するための活動に関して，地

域と話し合うことが求められ，その中でソーシャルワーカーは目的達成に向け
た支援ができるからである。国家適応行動計画はまた，気候変動に対応する上
でのキーとなる戦略として，その変動への適応を強調する。気候変動に関する
政府間パネル（IPCC 2007）によれば，気候変動への適応策とは，「実際のある
いは予測される気候の変化と，その変化による影響への応答として，自然ある
いは人類のシステムを調整することであり，被害を緩和し，望ましい状況に持
っていこうとする」ことである。

　2012年に失効する京都議定書に続くものを策定するためのタイムテーブルの
形成及びそれへの合意には，2003年のバリ会議まで時間を要した。2008年のポ
ズナン気候会議では，京都議定書の次を決めるという難局を前に，政治家たち
がアメリカ大統領選挙の結果待ちという姿勢であったことにより，その動きは
文字通り立ち止まった。バラク・オバマの勝利が決まり，彼なら気候変動に立
ち向かい，そして2009年12月の気候変動に関するコペンハーゲンサミットで，
新しい議定書に合意するのではないかとする希望的観測が高まった。しかしな
がら，コペンハーゲンでは京都議定書に代わる合意について，具体化されなか
った。オバマ大統領は，中国による温室効果ガス排出の低減を保証したが
（Averchenkova 2010），彼が仲介した「コペンハーゲン合意」は，法的効力を
有するものとはならなかった。さらに，国家間協働によるアクションさえ提示
されなかった。かわりに，各国に2010年メキシコのカンクンで開催される
COP16での議論に向け，それぞれが自身にリミットを設定するよう促し，そ
のリミットに向けた計画作成を求めた（Cryderman 2009）。しかしながら，カ
ンクンとそれに続くダーバンにおいても，法的効力を持つ国際合意には至らな
かった。

　他にも，国際合意を順守しているかどうかをチェックするメカニズムにも問
題が出た。アメリカで開発された炭素クレジットは，温室効果ガスの排出を減
らし，汚染の危険性を低減している民間企業にインセンティブを与えようとい
うものであった。これは，その目的を達成できなかった。その理由は，排出量
取引制度（a carbon trading scheme；CTS）において炭素クレジットの売買がで
きので，温室効果ガスを出していてもお金で解決ができ，同時に，売る方の企
業家は，数百万ドルを稼ぐことができるからである。つまり，排出量取引制度

は，温室効果ガスを排出している会社は，そのガスを「売る」ことによって，環境破壊し続けることを可能にするという市場を生み出したのである（Friends of the Earth 2008）。排出量取引制度は，温室効果ガスを排出する企業に報いてしまう，非効果的なものである。また，それは全体としての温室効果ガスの排出量を減らすことなしに，炭素クレジットを売ることによって利益を上げる集団を生み出し，対策が何も講じられない場合に，その対価を支払う人々，たとえば海に潜る小さな島の住民のような人々を無視することになるし，詐欺師が利益をむさぼることを可能にするようなものなのである。欧州連合域内排出量取引制度（the European Trading Scheme；以下，ETS）も，温室効果ガスの排出量を減らそうともしない西洋の企業に，炭素クレジットを販売していた東ヨーロッパの企業を評価するものであった。詐欺師たちは，欧州連合域内排出量取引制度にある「抜け道」を利用した。彼らは，付加価値税のやり取りの中で，年間およそ900億ユーロを手に入れた。さらに，2011年にはサイバー攻撃によって，温室効果ガス許容量（carbon allowances）2,800万ポンド分が奪われる事態が発生し，ETS は終焉を迎えざるを得なかった（Macalister & Webb 2011）。

　民間企業は公的な補助金を得ることで，温室効果ガスの排出レベルを下げるために大したこともせずに，さらに財政的に豊かになることができた。この具体例として，パシフィックカーボントラスト創設のための「シード」マネーとして1,400万カナダドル，さらに同トラストが排出すると予測された３万4,370ｔの温室効果ガスを相殺するために，86万9,000カナダドルを投入したカナダのブリティッシュコロンビア州政府の例が挙げられる。この計画は，クリーンで環境にやさしい技術を活用する企業に，温室効果ガスを１ｔ減らすごとに補助金を出すというものである。ただし，補助金額は公にはされなかった。また，この計画の財源確保のために，公的セクター，とりわけ学校や病院には，より環境にやさしい技術を購入するための資金がなかったのだが，それでも温室効果ガスを１ｔ排出するたびに，25カナダドルを「罰金」として，支払わなければならなかった。そうして集められた「罰金」は，民間企業に渡り，彼らの利益となったのである（Bader 2009）。Bader は，ブリティッシュコロンビア州の公社は，温室効果ガス排出量１ｔあたり0.14米ドルを課すシカゴ気候交換制

度（the Chicago Climate Exchange Scheme）に則れば，出ていくお金を節約でき
たと指摘している。この制度の方が，州政府の制度よりはるかに安いのであ
る！　14セントは排出量を減らすにはわずかすぎるインセンティブかもしれな
いが，莫大な総量に対して計算をしてみると，非常に大きなものである。これ
ら市場ベースの施策の失敗があったにもかかわらず，国連気候変動枠組条約事
務局長であったイヴォ・デ・ボーア氏は，コペンハーゲンで行われた COP15
の席上，温室効果ガスの排出量低減においては，国家より市場の方が効率的で
あると主張し，排出量低減のために課税や規制の強化よりも，市場主導のメカ
ニズムの方を支持した。環境破壊を続けるエクソンモービルのような大企業は，
その考えを支持した。

　地球規模で排出量をカットするためのコストがいくらかかり，その支払いを
誰がするのか，この点に関する合意のための議論も巻き起こっている。2006年
のスターン報告は富める国に対し，気候変動に対処するために必要な額は世界
の GDP の 1 ％以下だと諭した。同時に，もし重要な決定を先送りした場合に
は，この数字は20％にまで上昇するとも指摘した。富める国による動きの欠如
に直面し，COP15 に参加する192カ国のうち132カ国が加盟している G77（貧
しいが産業化しつつある国々と中国）の交渉担当であるスーダンの Lamumba
Stanislaus Di-Aping 氏は，IMF（世界通貨基金）と世界銀行が，提案されてい
る「気候ファンド」を運営すべきではない，さらに，コペンハーゲンにおける
COP15 で合意に達しなかったことは，アフリカにとって‘ある種の死’を意
味すると強く主張した。Di-Aping 氏は，ゴードンブラウン氏が提案した産業
化しつつある国々での気候変動への対応に向け，年間100億米ドルを予算組み
することは馬鹿げていると考え，また，温室効果ガスの排出量が減らなければ，
「貧しい住民に棺」を買い与えはしない，つまり何の意味もなさないだろうと
付け加えた（Daily Telegraph 2009年12月 9 日：14）。

　EU は，温室効果ガスの排出量低減において大きく前進するためには，2020
年までに毎年1,000億ユーロが必要であると示した。その中では，各国の GDP
の大きさ及び温室効果ガス排出量のレベルをベースに計算された各国の負担額
が，ヨーロッパからは300億米ドル，アメリカからは250億米ドル，残る額をそ
れ以外の産業化された世界からといった具合に示された（The Week 2009年12

月7-13日：28)。EU は，これらの金額は富める国々の年間歳入の0.3％以下であり，負担可能だと結論づけた。これに激しく異議を唱えたのが，COP15 のホスト国デンマークの首相であるラース・ロッケ（当時）であり，「1つの合意，2つのステップ」を提案した。彼の提案の下，COP15 ではコペンハーゲンで条約のアウトライン形成が目指され，その詳細はメキシコでの COP16 で詰められた。この戦略は，進捗がないことで最も影響を受けていた国々が，法的拘束力のある合意を強く求め，その甲斐あって2週間の熱い議論の末に，ほぼ合意に達していた。しかし，アメリカ，中国，インド，ブラジル，南アフリカが間に入ってきて，瓦解した。そして，海抜レベルの上昇による冠水の影響で消滅の危機に瀕しているツバルのような小さな島国が，署名することを拒絶した。反発は強く90カ国が合意文書への署名を拒絶したが，それらの国々は，アメリカによるボリビア向けの支援としての300万米ドルやエクアドル向けの200万米ドルの引き上げの示唆等，気候変動への対応にかかる資金援助を駆け引きの材料とされ，脅されたのであった（Vidal 2010）。南アフリカはコペンハーゲン合意締結に向け尽力したが，自国内の反対派から「ホープレス（希望のない）ハーゲン失敗作（Hopelessshagen Flop）」と揶揄された。「環境保全家」たちは，京都議定書締結の際に抱いた野望を具現化していないとして，コペンハーゲンでの議論を批判した。地球における温室効果ガスの排出量は，1990年に比べ25％高い。条約附属書1に記載された国々の占める割合は，世界の排出量の25％であるが，これは，2001年に条約附属書1から脱退した主要排出国であるアメリカを除いた上での数字であり，額面通り受け取ってはいけない。

　ここまで見てきたように，本質的に温室効果ガスを低減する事と開発された技術を共有しようとする点に関する政治的意志が欠如しているのである。ホリスティックな介入スキルを持ったソーシャルワーカーは，地域レベルあるいは政策レベルでコンフリクトを抱えたグループの間を取り持つことで，実際の対応方法についての議論を，国内的にもそして国際的にも促進できる。IASSW，ICSW，IFSW は国連においてはコンサルタント的立場にあり，COP15 で表面化した行き詰まりを乗り越える議論を促進させる代わりとなりうる政策を提案できる（Averchenkova 2010）。彼らは，2012年スウェーデンのストックホルムで開かれる世界会議で，気候変動を含む事柄に関し議論を交わすこととなって

おり，自身のグローバルアジェンダに関して熟議する予定である（当時）。このグローバルアジェンダは，2012年のソーシャルワークデイ期間中に，国連にも示されることとなっている（当時）。

　全体としては悲観的な見え方だが，コペンハーゲン2009において政治家と環境保全家たちが，進行している問題の本質に合意をしていること，さらにその進行を物理的に押しとどめることの重要性に関して合意していることを，白日の下にさらした。しかしながら，その問題をいかに解決していくかということに関しては，ほとんど合意していない。政治家は国家規制による解決策よりも，むしろ炭素排出量取引制度（CTSs）と関連した市場ベースの解決策を志向している。しかし，市場は，この点に関して当てにならないことが実証されてきている。また市民社会組織は，2050年時点の平均気温が現在に比べ2度以上，上昇させないためのアクションを，市場が起こすとは思っていない。

　2009年12月にアメリカの環境保全局が，炭酸ガスが人体に有害であると規定した時には，成功に向けたかすかな光が少しだけ差した。その結果，京都議定書を否決した上院も，オバマ大統領が署名する，いかなる炭素排出量取引制度も承認する必要はなくなったのである（Mason 2009）。しかし，その後数年間，法的効力を有する合意の中で，アメリカが何かにコミットするような進展は，ほとんど起こっていない。このような状況だが，国の政策決定者たちが現実的には達成困難な目標を設定してしまうような，楽観視した対応をする地域も出てきている。たとえば，イギリスの住民は，2010年中に温室効果ガスの排出量を10％削減しようという，10-10キャンペーンを行った。この考えに賛同する人なら誰でも，個人，企業，さらには地域行政までもが，この運動に参加することができた。100を超える地域行政機関が，キャンペーン立ち上げ後すぐに参加した。ソーシャルワーカーは，地域それぞれの状況を見ながら，人々により広い視野での世界的な課題に対する理解を高め，化石燃料の消費を低減するための取り組みが必要で，そのためには地域で行動を起こす必要があるという認識を高める活動を展開することができよう。次頁の「ケーススタディ①」は，その一例である。

　このケースから，人々が自身の生活の質の改善や，地球の空気，水，土壌に染み入っていく温室効果ガスの量の制限のために，環境保全技術をベースとし

── ケーススタディ① ──

　イギリスの恵まれない地域には，燃料に関して，大変著しい不平等が存在します。イギリスのジャイルズゲイトにおける小さなプロジェクトは，より安価なエネルギー供給源の構築と地域住民の雇用機会増大を狙いとし，地域で再生可能エネルギーを開発することによって，この問題に対処しようとしたものです。コミュニティソーシャルワーカーは，地域住民，地域の大学からの研究者や学生からなる学際的なチーム，ソーシャルワーカーを含む専門職，政策立案者，住宅供給業者といったさまざまな分野の実践家たち，さらには再生可能マイクロエネルギー資源に投資している民間企業といった多様な人々をつなぐことで，地域が目的を達成できるよう支援しました。彼らは，燃料不足と燃料の不平等な分配に焦点を合わせ，再生可能エネルギーへのアクセスを促進し，カーボンフットプリントを削減し，持続可能な雇用機会を創出し，さらには集団による活動を通して知識を共有・開発したのです。

　そうした協働の中で，パブリックミーティングや展示会が開かれ，住民が再生可能技術を体感し，エネルギー生産とその消費に関し，彼ら自身の取りうる選択肢を考えました。彼らは自身の家におけるエネルギー消費を点検し，そして地域がエネルギー問題に関心を持つこと，環境保全エネルギーの開発に従事すること，さらには家や地域の建物におけるエネルギー消費をモニタリングすること，そういったことに対して，政府がどのような補助金や助成金の制度を設けているのかを学んだのでした。

　住民の中には自身の家で対応策を講じる人も出てきて，燃料費を低く抑えるためにエネルギー消費を抑えるべきだと，既存の公的施設を説得する人もいました。また彼らは，民間企業が地域において，環境保全エネルギーや再生可能エネルギーに関する商品を製造し，仕事を創出し，エネルギーを節約することを求めようともしました。彼らが抱いた長期的な目標は，エネルギーの自給率を高めること，国内送電網に電力を供給すること，より広い社会に向け環境保全商品を生産すること，そしてカーボンフットプリントを削減することです。

　コミュニティソーシャルワーカーは，地域の能力を開発し，結束型，橋渡し型，あるいはリンク型といわれるソーシャル・キャピタルを醸成する上で，中心的な役割を果たしました。そのために異なるステークホルダーたちをつなぎ，調整し，ミーティングや展示会を企画，運営し，さまざまなアクターからモニタリング目的でデータを集め，情報を集積することを促進しました。これらのことが，つながりのベースとなり，そのつながりによって人々は，地域におけるウェルビーイングを高め，自身，子どもたち，そして孫にとっての環境に配慮し，'違いを生み出す' という共通の目的が認識されたのでした。

た公正な解決策を見出すことが可能である，ということがわかる。環境保全技術は仕事を創出し，そのことにより貧困を低減し，人権，社会正義ならびに環境正義の具現化に貢献するのである。2010年，ボンにおける気候変動に関する議論では，ボリビアがこのアプローチを提起し，その立場を擁護する人々の中には，ソーシャルワーカーも含まれていた（TWN 2010）。

4　環境正義

　産業化による汚染は，環境正義に関する重大な問題を提起する。それが何を意味し，またそこから誰が利益を享受するかが，特に議論される点である。Bullard（1990）は，環境における人種主義の存在と，それに至るプロセスを明確に指摘した。黒人そして他の公民権を奪われたマイノリティが属する地域は，環境汚染の影響を特に受けやすい地域である。有害な産業廃棄物の垂れ流しは，人種そして階級を選び，その影響を及ぼす。他の研究者が彼の足跡を追いその考えを広めた。たとえば，南半球の環境保全家は，美しい森，ジャングル，そして熱帯雨林が，とりわけ資源の掘削，そして他の何かを地球から取り出す産業によって受けた被害を明らかにした（Liebenthal 2005）。これらの活動は，地域住民に仕事を提供することは時折あったが，それを隠れ蓑に，往々にして富裕で堕落した政治家のポケットを潤すものであった（Denton 1986）。
　環境正義の定義は多数ある。アメリカの環境保全局（the Environmental Protection Agency；EPA）は，次のように環境正義を定義づけている。

　　「すべての人が，人種，肌の色，出生地，所得等とは関係なく，環境保護にかかる法律，規制，政策の決定において公平に扱われかつ意味のある形で関与すること。EPAは，そうした目的を，アメリカ全土のすべての地域と人に向け，達成しようとする。すべての人が，環境及び健康に関する脆弱性から同じように守られ，生活し，学び，そして働くことのできる，健康的な環境を手に入れるための意思決定プロセスへの平等な関与がなされた時，その目的は達成されるであろう（www.epa.gov/environmental justice）」。

その平等主義的な主張は歓迎されるものだが，構造的に存在する不平等に着目しながら，環境へのケアを行う重要性は認識をしていない。環境活動家に向けた文章において，Schlosberg（2007）は，環境正義において，重要な要素が以下の4つであることを主張している。

　　・環境に関する，リスクと利益の公平かつ平等な分配。
　　・地域住民自身の環境に関する決定への完全な参加。
　　・地域が文化として有する，特有の伝統，知識，生活様式の認識。
　　・地域とそこにいる個人が，自身にとって効果があるような選択をし，さらにその社会の中でうまく暮らしていく能力の認識。

　これら要素は，人間が相互に関わる領域において，非常に価値があるものである。しかし，それらが目指していることは，既存の産業における生産モデルによって生み出された「構造的」不平等を無視しているので限定的なものだといえる。環境保全家たちは，少数民族の権利や貧しく周縁化された人々の声の欠如に焦点を合わせるが，これら周縁化された集団は，環境保全運動を以下の理由から批判した。

　　・主に中産階級の活動家から構成されており，周縁化された人を排除していること。排除されている人の中には，環境保護に対する視点が，本質的に他とは異なる先住民が含まれる。
　　・イデオロギー的に保守的であり，現状志向であること。
　　・それらの活動の社会-経済的・政治的に与える影響が，社会的に逆行していること（Escobar 1998；Hodgson 2002）。

　こうした議論は，いくつかの国の環境保全家に活動の基盤を提供した。活動家たちは，中産階級に支配された活動を規制しようとし，貧しい人々同士の組織であると強く印象づけようとして，彼らの世界観や，彼らが生活から何を得たいのかという思いに根ざした意思決定に，いかに彼らが関与しているかを強調するスタンスを取った。アマゾン川の先住民のように，貧しい人々は他人の

── ケーススタディ② ──────────────────────

　先住民で，ラクダの放牧を行う地域であるアルゼンチンのミサルミで，調理や泥の煉瓦づくりの家の暖房にまきを使用していたのを，太陽熱を利用したストーブに置き換えました。まきを集める習慣が，森林伐採及び土壌浸食につながっていたからです。この習慣からの脱却は，成長するのに数百年かかるヤレータの木々の保護につながりました。住民たちは，エコアンディナ・ファンデーション（the EcoAndina Foundation）という地域の NGO の支援によって，その目的を達成しました。そこでの信頼関係は1989年以来構築されてきましたが，それは共に働くという関係性によってもたらされました。共に働くことにより，住民たちが，家庭使用目的，あるいは公共の建物向け，さらには灌漑向けに，太陽光を活用することが可能になりました。こうして，この地域は，温室効果ガスの排出量を削減し，かわりに炭素クレジットを手に入れました。太陽光を活用した調理器1台当たり，年間2tの二酸化炭素の排出を抑え，それが4万人によって使用されることで，木を燃やすことにより生じる汚染を大幅に減らしました（Stott 2009）。

─────────────────────────────────────

介入を受ける受動的な被害者ではなく，自身が持つ日々のニーズを満たすために，資本主義的手法を優先的に採用しない人々である（Escobar 1998）。

　環境保全活動にはソーシャルワーカーも参加しており，とりわけコミュニティ・ディベロップメントを行うワーカーの場合は特にそうである。環境保全活動は，世界でますます盛んになっている。それは，多国籍企業がどこに進出すれば最大の補助金が手に入るのか考え，また，労働組合の組織率が低いあるいは組織自体がされていない地域の安価な労働力を雇うために，工場とそこでの雇用を，国境に関係なく移転させるから盛んになっているのである。企業が移転するように，環境保全家たちも，世界の人々及び環境の利益のため，平等主義に根差した目標達成のための集団による活動を連帯して行うために，国境を越える（Escobar 1998）。環境 NGO は，環境保全運動において重要な役割を果たし，温室効果ガスの排出を減らすための再生可能技術に貧しい地域がアクセスできるよう支援し，環境を保護し，貧しい人々の生活の質の向上を目指した支援を行っている。同頁の「ケーススタディ②」は，実例である。

　ミサルミの人々の取り組みは，社会正義及び環境正義の実現が手を取り合う形で行動することで達成できることを実証した。意識変容あるいは教育において，ソーシャルワーカーが専門性を活かした役割を果たすことによって，問題

解決のための再生可能技術へのアクセスが可能になること，あるいは，必要とする技術を開発できるエンジニアとのつながりを持てること，の2点を地域住民に気づかせることができた。Lane et al.（2011）は，たとえば気候変動に関連した洪水等の異常気象現象への革新的な対応を促進するために，慣習の違いを乗り越え，専門家が地域との対話を行い，協働して解決方法を探る手法について議論している（Lane〔2008〕参照）。

5 気候変動に関するソーシャルワーク・アクション

ソーシャルワーカーは，個人レベル，地域レベル，そして国際的レベルで，気候変動への対応に向けた活動に関わりを持つ。また，気候変動についての認識を高め，人々と資源をつなぎ，再生可能エネルギーを通した，燃料不足のような個人的問題に対する解決策を見つけることができる。そこには，ジャイルズゲイト・プロジェクトで例証された集団による活動も含まれる（Dominelli 2011）。個人的なアクションだけでは，燃料不足あるいは気候変動の中に存在する構造的不平等を解決するのに不十分である。地域レベル，国レベル，国際的レベルにおいて，参加者間の合意形成をベースに集団で活動を行うことは，世界的な問題を地域において解決し，また，法的拘束力を有する条約の上位に位置づけられる合意に世界が到達するにあたって存在する障壁の除去にもつながるのである。2009年12月9日コペンハーゲンでソーシャルワーカーが承認した公平な二酸化炭素シェア制度（the Equitable Carbon Sharing Scheme；ECSS）は，責任のなすりつけあいという手詰まり状態を脱することを狙いとしていた。気候変動という問題を引き起こした責任が誰にあるのか，ミクロ・メゾ・マクロレベルにおける課題を明らかにした上で，人々と環境（社会的，物理的，自然）との相互依存性に焦点を合わせた解決の責任は誰が負うのか，さらに，人々自身，人々を取り巻く物理的環境，そして他の生物に対して有する人々の責任を認識，つまり，人権そして社会正義という枠組みの中で，すべての人を等しく包摂する責任は誰が負うのか，そうした事柄について，国同士が責任をなすりつけ合っていた。

（1）公平な二酸化炭素シェア制度──世界の反応

第3世界ネットワーク（the Third World Network's；TWN's）が，COP15，COP16，COP17での議論を要約したものによれば，「富める」国（汚染者）-「貧しい」国（被害者）という二元論に立脚することは，それぞれの国が同時に排出量削減に向けた行動をしない限り，どこの国も行動を起こそうとしないという事態を生むだけで意味がないとしている。公平な二酸化炭素シェア制度（ECSS）は，こうした事態の発生を，次のような基本的考え方のもと低減しようとする。

- ・世界の相互依存性及び責任をベースとした合意形成。
- ・地球の気温上昇が2050年までに2度以下だとした場合に，地球が吸収できる二酸化炭素の量は，1兆4,000億tと推計されるが，その有限性を認識すること（Stern 2006）。
- ・地球にある資源と技術的ノウハウを平等に共有すること。
- ・世界の現在そして将来の人口を一つのものとしてみること。
- ・人間が環境によってケアされる権利を有するとともに，人間には環境をケアする義務があるということを認識すること。
- ・地球資源の開発あるいは搾取に関し，企業自身による決定についてのアカウンタビリティを果たさせること。

人間が生きるための材料や物理的資源の供給を通して，地球により人間がケアされる権利とともに，人間が地球をケアする義務という相互依存・共同性の，周縁化された集団に公平な資源の分配を保障することまで含まれており，環境正義という言葉には，このような大きな意味が込められている。さらに，環境正義は地球の恩恵を，私的財ではなく公共財としてとらえている。それゆえ，限られた人のお金であふれた銀行口座をさらに膨張させるためではなく，世界人権宣言が規定するところのすべての人間的ニーズを満たすため，環境正義は地球の恩恵を誰でもあずかれるものとしてとらえるのである。

地球上の人口は，2050年までに90億人を超えると予測されており（UNDP 2009），現在と将来の世代間の平等な有限資源の分配を実現しなければいけな

いとすれば，個人及び集団による行動が必要とされる。世代間の平等な資源分配には以下の認識が必要となる。

　・個々人の二酸化炭素排出による汚染の根源には，生産プロセス，交通，住宅，照明，食物の育成，また，保健衛生，社会的ケア，教育や防衛のようなサービス供給等のすべてのニーズがある。そして，どんな状況であれ，どんな住まいであれ，一人ひとりが温室効果ガスを排出しているということ。
　・産業化された国及び産業化しつつある国の双方から絶え間なく生じる人類のニーズを満たすための，現在の消費主義アプローチにおける汚染の急拡大があること。
　・再生可能技術の迅速な開発促進とその共有が必要であること。

　状況を改善するためには，必要以上に消費している個人はその量を減らし，そうではない個人にきちんとエネルギーが行き渡るようにすることが必要である。数学的モデルによって，各個人の消費を明確に予測することが可能であろう。ソーシャルワーカーは数学者と協力し，このようなデータを公的領域に持ち込み，そうしたモデルを人々が理解し活用できる言語に落とし込むことができる（Dominelli 2011）。

（2）公平な二酸化炭素シェア制度の実施
　平等に基礎を置き，公平な二酸化炭素シェア制度を実施するためには，富める人々（北半球であれ南半球であれ）と，北半球と南半球で化石燃料を大量に消費する人々が，本質的に二酸化炭素排出量を減らすことが必要である。そして，現在，エネルギー消費量の小さい南半球の貧しい人々は，再生可能エネルギー資源の活用をしながらエネルギー消費量を増加させることで，貧困からの脱却が可能になるだろう。このアプローチには，西洋社会において歴史的に特権階級が主にエネルギーを使用してきたこと，新たに発展を遂げている経済によるエネルギー消費の増大，現在世界で最も貧困な人々の生活水準を向上させる必要性，そして将来の世代のために所得と燃料の不平等性を根絶する必要性，が

考慮に入れられている。

　地球を汚染することに誤って使用されている資金は，汚染しているものを止め，環境にダメージを与えるエネルギー生産と消費を一旦停止することによって，代わりにクリーンテクノロジーの促進に向け，活用されることが可能である。公平な二酸化炭素シェア制度は，一人ひとりの人が，環境に優しい方法でエネルギーを守ることを可能にするように，環境保全技術を無料で提供すべきだとしている。政府は，公共交通ネットワーク等のインフラ整備に税金を投入し，再生可能技術を開発するための補助金を出している。つまり，企業における研究や調査費用は，公の財布により支援を受けているわけであり，企業家は再生可能技術へのフリーアクセスを認めた上で，最終消費財において利益を挙げる企業活動を行うべきなのである。

6　リスクの軽減

　リスクを軽減するための戦略は，災害発生後の人道的活動にまず重きを置くのではなく，むしろ持続可能な開発とリスクの軽減をリンクさせることによってより的確に災害を予期し，被害を軽減し，その中で運営していくという事前予防への関心が高まった。リスクの軽減を考えるためにはさまざまな脆弱性に関する知識，さまざまな形で脆弱な人々が，いかに災害に対処し適応しうるのか，また，そうした能力をいかに高めるかということに関する知識，さらには，リスクを低減するための組織的アプローチに関する知識も求められる。こうした環境下における強いレジリエンスを構築するため，ソーシャルワーカーには，現時点でコミュニティが抱える脆弱性と予測される脆弱性の両方に対する，予防，低減，準備，対応，リハビリテーション，そして回復をいかになすかについての戦略が必要となる。また，必要な知識すべてをいつでも活用できるようにするためには他領域の専門家との協働が必要であり，また，科学的な専門用語を，地域住民が理解できる言語に置き換える能力を有する必要がある。

　国連（UN 2006）によれば，災害による，人間，社会-経済的，環境，生態的システムへの被害，そしてそこに生まれるコストがますます甚大になりつつあるので，災害対応によってリスクをいかに低減するか，という観点から災害

対策を立てる傾向が強まっていることが明らかにされた。災害に関する人々の関心度を高めるべく，国連は1990年から1999年を国際防災の10年とすることを宣言した。

国際防災世界会議（the World Conference on Natural Disaster Reduction）の第1回会合は，1994年に日本の横浜で開催された。より安全な世界に向けた横浜戦略と行動計画（the Yokohama Strategy and Place of Action for a Safer World）は，個々の国が災害の影響を低減するのに必要なインフラ開発を進めるよう強く求めた。国連総会は，2000年，国際防災の10年を国際防災戦略（ISDR）と置き換えることとした。各国政府，国連機関，EU等の連合組織，市民社会組織を巻き込みつつ，国際防災戦略は，災害リスク低減に向けた強力な国際的活動を開発し維持しようとした。

2回目の国際防災世界会議は，2005年日本の神戸で開催された。焦点を予防的活動へとシフトさせ，兵庫行動枠組2005-2015（the Hyogo Framework for Action 2005-2015）：災害に対する国そして地域のレジリエンスの構築に向けて，を採択した。兵庫行動枠組は，地域における災害リスクの軽減に関し，人々に情報を予防的に供与し，動機づけ，予防活動に関与してもらうこと，また，次に挙げる事柄への世界の関与を促すことを狙いとしている。

・組織的，法的，政策的枠組みを含んだガバナンス。
・リスクの明確化，アセスメント，モニタリング，早期警告。
・知見のマネジメントと教育。
・存在するリスク要因の低減。
・効果的な対応と回復のための準備（ISDR 2005）。

兵庫行動枠組は，これらの事はすべて，持続可能な開発，環境保護，災害計画及びマネジメントにおいて考慮されなければならないこととして，提起している。さらに，国際防災戦略のシステムは，災害リスク低減の実行を支援するために創設された基金である防災グローバル・プラットフォーム（the Global Platform for Disaster Risk Reduction）により強化された。

国際影響評価学会（the International Association for Impact Assessment；

IAIA）は，気候変動の社会的インパクトを，「人類に与えるすべての影響であり，人類と地域が，社会-文化的，経済的，生物物理的環境と相互作用を行うすべての方法に対するすべての影響」と定義した。気候変動は文脈によって異なった経験のされ方をしており，特定の場所の，特定の集団の地理的な特徴と人口をアセスメントする上では，繊細なそして詳細にわたる分析が必要となる（Spickett et al. 2008）。気候変動の影響を計測することによって，社会的脆弱性が増しており，その中でもとりわけ，乏しい健康状態を改善するためのヘルスケア及びソーシャルケアサービスへの要求が高まりつつあることが明らかになっている。精神的に不健康な人々，そして／あるいは精神障害を抱えた人々は，供給量自体が彼らのニーズに見合っておらず，政府や他のサービス提供主体が，いち早く計画をすることが必要だと感じているかもしれない（CAG Consultants 2009）。サービス提供主体はまた，洪水，熱波，寒さの継続等の極端な気象現象として表出する気候変動の影響を受けている人々の高まる心理的ストレスへの対応も準備しなければならない（Reacher et al. 2004）。ヘルスケア及びソーシャルケアのインフラが悪影響を被っているようであれば，そうした状況はさらに悪化する可能性がある。高齢者の多くは沿岸部に住んでいるが，彼らは特に脆弱性が高く（McMichael et al. 2006），沿岸部に居住している子どももしかりである（Mitchell et al. 2009）。

　気候変動をホリスティックにとらえ，より多くの地域住民に熟議への参加してもらうことは，環境に価値を置き環境を尊重する人権や社会正義に根差した介入を支える上で，不可欠なものである。このアプローチの典型例としては，スコットランドのイーグ島の例（「ケーススタディ③」〔次頁〕参照）が挙げられる。この例において，人々は，現在及び将来の人口と環境を考えた時に出てくるニーズをとらえ，その上で持続可能な開発に向け，何をなすべきかを考える集団的活動に参加した。土地を含む資産の地域による所有，管理，マネジメントが，そうした活動の中心におかれている（Aiken et al. 2008）。

　イーグ島の例では，社会的な課題に対する包摂的で強固なレジリエンスを持った対応が際立つ。ソーシャルワーカーは，住民や現地の労働者が，物理的環境を保護し，他の人々のニーズを満たそうとする彼らの持つ文化に根差した集団的活動に寄り添いながら，関与を行った。

　イーグ島遺産トラストは，1996年に設立された慈善組織で，土地の所有形態や島の将来における開発に関する住民の意思決定への参加の促進を目的にした組織です。1997年には，地域住民と一緒にイーグ島の社会-経済的な開発に関する意思決定を行い，民間の土地所有者による土地の買い占め問題から民間業者を排除しました。その中でなされた熟議ではさまざまな考えが出され，島の中には利用可能な多様なスキルが存在すること，イーグ島のすべての人の生活を維持するために，必要な開発と財政的な安定との間のバランスを確保すること，そして島の生態系及び美しい物理的環境を保持すること等といった意見が出されたのでした。

　話し合い当初は，コミュニケーション，参加及び参画の仕方に課題がありましたが，徹底的に議論した結果，島の住民たち自身が会議を運営しようという，よりインフォーマルな方法を取ることで，コンセンサスに達することができました。同時に，そこでなされた数々の決定が，イーグ島遺産トラストのディレクターやワーカーを支えることにもなったのです。地域が関与した追加会議やワークショップが，必要に応じ招集されました。こうしたより参画的アプローチによって，個々人がそれぞれ所有していた土地をトラストが借り受け，住民が望むデザイン，嗜好にあったティールームを備えたピアの建造が可能になったわけです。さらに6kwの水力タービンも建造し，イーグ島の送電網に供給し，化石燃料への依存も低減しました。それらの実行においては，地域住民が可能な場所ではどこでも活用されたのでした。

　トラストは，会計，計画づくり，そして財源確保に関して，ボランタリーな支援を受けました。しかしながら，これらの事柄を担当する雇用労働者を内部に持っていれば，成果はより大きくものになったと思われます（Conway 2010）。

結　論

　気候変動は，21世紀に解決されるべき最も困難度の高い事柄のいくつかを表出させている。ソーシャルワーカーは事実の理解を促すために，科学的知識や専門用語を理解可能な言語へと翻訳することができる。また，地域開発に関わるワーカーとして，強固なレジリエンスの獲得を促進しうるし，地域の知恵を使って革新することができる。イーグ島遺産トラストは，いかに地域の活動が包摂的で，環境に優しく，また，地域の文化や伝統に対して真摯でありうるか，さらに，その一方で物理的環境と自然環境を尊重し，持続可能な仕事をも提供

しうるか，という点における良い例である。

<table>
<tr><td>第 5 章</td><td>環境危機・社会的コンフリクト・
大規模人口移動</td></tr>
</table>

─── 訳者コメント ───

　自然災害だけではなく人間の経済活動も，人口移動を引き起こす原因となります。ダム建設等の経済政策やそれに伴うその土地に住む人々の強制退去によって生態系が破壊され，自然環境だけでなく人々の伝統的な生活や地域に根づく歴史や固有の文化が破壊されてしまいます。本章では，ソマリアの難民キャンプの事例や遊牧民と定住民との衝突を取り上げながら，人に関わるソーシャルワーカーは人口移動という問題にどう向き合い，その地域に根づく社会と人間との持続可能な関係構築においてどのような役割を果たすのかを考察します。

はじめに

　気候変動や，商業化されていない農地や森林を侵食する産業化のプロセス，そしてアグリビジネス[(1)]によって，特にその土地でもともと生活していた遊牧民やアボリジニの人々——彼らは消費者主義や物理的な環境劣化を意図的に回避してきたのだが——の伝統的な住まいやライフスタイルは奪い去られてしまった。これらの損失は伝統的な牧草地の減退，砂漠化，その他にもあらゆる環境危機の誘因となり，結果として民族間の武力闘争等の衝突を引き起こした。これらの変化の結果，しばしば大規模な人口移動が起こり，田舎では土地へかかる負荷が増大し，都市では異なる民族がお互いに隣接して居住するため，希少な社会的・物理的資源を獲得しようと競い合う環境ができあがった。

　本章では，私はソーシャルワーカーがどのように環境劣化や社会の緊張状態やコンフリクト，そして大規模な人口移動につながる問題に関わるようになるかを考察する。彼ら実践家の多くは，仲介者，開発従事者，セラピストとして関わり，災害後に人々が自分たちの生活や地域社会をより持続可能な自然環境と親和的な方法で再建できるよう支援している。私が調査しているケニアのマ

ザレ谷に，ソーシャルワーカーが関わるある興味深い事例がある。そこには牧草地を干ばつと砂漠化で失った遊牧民の人々が住みつき始めており，国際ソーシャルワーク学校連盟（IASSW），国際社会福祉会議（ICSW）と国際ソーシャルワーカー連盟（IFSW）が，国際連合人間居住計画（UN HABITAT）と協働し，衝突のあった都市部の地域に調和をもたらすために尽力していた。彼ら遊牧民が移住したナイロビのスラムでは，新しくそこに住み始めた遊牧民と以前からそこに安定して居住していた人々との間で，衝突が立て続けに起きていた。IASSW，IFSW，ICSW は，UN HABITAT から資金を確保すると同時に協働しながら，地域のソーシャルワーカーや学者をスラムのコミュニティワーカーに加え，紛争に関係しているグループ間の相互理解を促進できるように取り計らった。

1 環境的危機が人口移動にもたらした影響

産業化が生み出したのは，環境劣化と人々――主に貧しい人々――が負わなければならない社会的コストであった。その社会的コストの多くは目に見えず，そうでなくとも経済のバランスシートからは軽視されてきた。その経済的側面は，産業化の影響や人々・動植物・住居・土地・"場"の感覚に結び付けられた先祖代々のつながりが環境の快適さを失うことを考慮してこなかったためである。社会的コストが目に見えないのは，環境変化の影響に関する経済モデルや量的な指標から，いくらかのコストが排除されてきたためである。排除されてきたコストというのは，損失の主観的体験や，個々人や動植物が負わされているトラウマ，場所との結びつきの重要性，その土地にあるソーシャル・キャピタルのネットワーク等である。このコストは量的にというよりむしろ質的にであれば，容易にとらえられる。コミュニティ活動家はこのような問題の認識を高め，環境へのダメージを評価する際に何が満たされるべきかを世間にアピールしてきた。そして彼らは，これらの推計が経済的決定をする際に社会的インパクトを与えるように，そして環境への影響――長期・短期とも――を勘案するものになるように要求してきた。たとえば Arundhati Roy は，インドのナルマダー川の巨大なダム開発について，これは地域住民の生活とサルバル・

サロバル・ダム（Sardar Sarovar Reservoir）周辺の美しい自然環境を破壊するものである，と主張し反対してきた。Shiva（2003）は，多国籍企業がインドの地元農家を海外に拠点のある株主の利益を得るための情報源として扱えば，生物多様性は失われ，農家の知識は企業に侵害されると主張した。チリの人々は，パタゴニアの自然環境の脆弱な生態系におけるダム建設に反対した。トルコの地域住民たちはハサンケイフの文化遺産の損失に関して，水力発電のために提案したリスダム（Ilisu Dam）の建設は環境に配慮したものであると政府が保証したにもかかわらず，200フィートも水位を上昇させ古代の文化建造物を破壊するとして抗議した（Bolz 2009）。

　これらの抗議運動がはっきりと示すのは，決定を下す前に厳密な調査を行うことがいかに重要か，ということである。投資家や社会的ニーズに応えるという政府の目的によって，すべての提案が環境に与える影響を調査し，決定するということは「グリーン」であるかもしれない。しかしその決定は地元の関心を反映していない上に，誰がその計画によって利益を得るのかといった問いにも答えてはいない。水力発電ダムの建設がまさにその例である。ダム建設は，コミュニティや建設地の生物圏の社会的コストを犠牲にするが，このことは開発者からは無視されている（Roy 1999）。ダム建設によって人々は，たとえ絶滅危惧種のリストに入っていなくても先祖代々伝わってきた住処を，不十分な補償だけで手放さなければならない（補償があるとすればだが）。そして，それらの住処はダム建設のために浸水し，以下のようなことが引き起こされる。つまり，古来より代々彼らに帰属意識をもたらしてきた遺跡の破壊，人々の移転に伴う元来のコミュニティからの強制退去，伝統的な暮らしの消滅，生態系の破壊，民族・植物相（フローラ）・動物相（ファウナ）についての「ローカルな知」の損失といったことである。

　現在使われている環境評価アセスメントは，物品や労働力供給の基本的な原価に定量的なデータを付け加えた経済費用便益分析を基に作られており，たとえばダム建設の計画等に用いられる（ECA 2005）。しかし，ここで行われている計算は総体的なものではない。人々に産業開発コストが認識されている状況であったとしても，ある単純なメカニズムを示す決まり文句が使われる。それはたとえば，これから起こる天然資源不足等のいかなる問題もすべて，技術革

新や天然資源に取って代わる人工的な資源，そして資源のより効率的な使用が解決してくれる，という単純なメカニズムの想定である。場所に対する情緒的な愛着や，貧しい人や周縁化された人々の間にはびこる貧困を取り除こうとする現在の試み，次世代のための安全な資源等の物理的環境に，開発そのものやダム建設などの計画で起こる意図せざる結果が与える長期的なダメージ——たとえば発電のために堰き止められた川の下流で深刻な干ばつが予想されること——等には，まったく注意が向けられないのである。持続可能な発展モデルの中には，環境と経済の問題を統合することに成功してきたものもある。しかしそれでも，社会正義の問題（分配及びそのプロセスにおける問題）と，人間と環境のウェルビーイングに不可欠なQOLの問題（Agyeman & Evans 2004）と，環境のホリスティックな保護という問題とを結合していない。社会的経済思想に基づく社会企業家精神においては，経済的発展によって周縁化された人々への支援を保障しながら，人々の要求に沿った商品やサービスを作り出そうとしてきた例がいくつかある。ところが，その多くは物理的環境にリンクしている自然環境の問題については無視する傾向にあった（Amin et al. 2002）。

　中国・湖北省を流れる長江の三峡ダム建設の際には，2,540億ウォン（240億ポンド）の費用がかかり，150万人が大義のために移住を強いられた。この強制移住を課したにもかかわらず，現在の結果が示しているのは，従来の費用対効果分析や環境影響評価報告を行う現存の方法では不十分であるということである。三峡ダムは，世界で最も大きな水力発電プロジェクトである。世界最大のダムを建設するために13の市と140の町と1,350の村と1,300の遺跡を水没させる時，その結果として起こる崩壊にかかる費用を負担することを決定したのは地元の人々ではなく専門家たちであった。大気・土壌汚染や沈泥がその成功を阻んでいた。そして今，はじめから農民がそれを予想して抗議をしてきたとおり，土壌汚染，干ばつ，食糧不足，そして社会変動が引き起こされていると考えられる（Watts 2011a）。

　同時に，長江中流域における干ばつによって，湖北省の1,392カ所のダムには「死水」しか残らず，結果として30万人の飲み水へのアクセスを遮断してしまった。そして武漢近くで水不足によって水位が低下したため，船による河川の交通はできなくなった。この状況に対し，ダム建設の前後に中国の人々が抗

議したのは何ら驚くべきことではない。最近の抗議運動は2011年の初頭に起こった（Watts 2011a）。中国政府は最終的に問題を認めたが，それでもなおダム建設によって得られた功績，特に貧困地域で電力が使用可能になったことを強調した。また，政府はこれらの問題を解決するための多くの方策を約束した。たとえば，必要な時に避難できる等，事前に住民が予防策を講じられる警戒警報システム，そして河岸を補強するために移住させられる人々への手当を改善することである。政府はまた，生態系の修復も試みてきたが，一度手を加えられてしまったものは2度と元に戻らないため，これは非常に困難である。加えて，そのプロジェクトが行われていたのは中国大陸の多くを占める地震活動地域であった。問われるべきは，数ある小さな環境主導プロジェクトが，長期的に見て環境に親和的で持続可能であるかどうか，ということである。これらの問題はすべて，三峡ダムが環境に与える影響が最初に査定された際に算出されたバランスシートに反映されていなければならなかった。

　ソーシャルワーカーはこのようなプロジェクトに対し，人々を結集し，よりホリスティックで環境に親和的な解決策を共に発展させるよう働きかけることができる。そして政府，開発従事者やその建設に関わった多国籍企業の間に，新たな意識を呼び起こすよう試みることができる。トルコでは，地域に根差した代替的な電力源を，地域住民らが今後の方策として提示した（Bolz 2009）。中国で対案を提案するのはより難しい。影響を受ける総人口や面積の規模は深刻な障壁になる。そして代替エネルギー技術への参加を別にすれば，国の経済発展を促進することは他のどんなことをおいても中国政府の必須事項である。中国社会とコミュニティの発展について興味深い点は，コミュニティワーカーが地域文化や言語，多様な民族間の伝統に精通し，地域の行政職員の言う「調和のとれた」コミュニティを促進するために彼らと慎重に協働し，その地域の政府計画の範囲内で実行しなければならない点だろう（私信）。三峡ダムの教訓は，他の地域での重要な水力発電の建設案（チベットのサルウィン川のような）にも生かされ，適用されるべきである。

　軍事政権によって退陣させられ，自宅軟禁されていたミャンマー（ビルマ）の民主化運動指導者であるアウンサン・スー・チー氏は，中国の電力会社によるイラワディ川沿いの8つのダム建設・運営など数多くのプロジェクトの提案

に対して強く反対してきた。その中には，地震活動地域に36億米ドルをかけて建設されるというミッソンプロジェクトも含まれている。カチン州のンマイ川とマリ川の合流点に作られるダムは貴重な熱帯雨林を水没させ，1万もの人々を移住させることになる。そしてビルマ政府は，国境付近の中国，インド等の国に電力を売ることで，年間5億米ドルもの売り上げを見込んでいる。アウンサン・スー・チー氏はミッソンプロジェクトを「危険で対立を招く」ものとし，プロジェクトの再アセスメントと政党間の話し合いを要求した。地域住民は，そのダムは彼らの環境や文化的伝統，社会的つながりを破壊するものである，と抗議し，カチン独立組織はその地域住民の抗議を支持してきた。リークされた環境アセスメントでは，プロジェクトは廃止されるべきであると提案されていた。なぜなら，地震が起こった際には甚大な環境と社会への損害が生じることが予想されたからだ（Watts 2011b）。すでに，その建設をめぐる武力衝突でたくさんの人が亡くなっていた。こうした複雑な問題から，開発に向けては慎重で包括的な，すべてのステークホルダーを巻き込んだアプローチが重要であることがわかる。すべてのステークホルダーとは，企業や政府の代表だけでなく特に現在そして未来の世代に生きる存在として，最も開発プロジェクトの影響を受け，環境との特有の関わりを持つ地域住民のことを指す。すべてのステークホルダーは平等に恩恵を分かち合うべきで，関係する事業と投資金額の状況はすべて公表されていなければならない。地域住民は建設の中断が本当に実現するのか疑問を抱いているが，中国政府がミッソンプロジェクトの一時中止を実行に移す時にこれらの複雑な問題を考慮するよう，ソーシャルワーカーは力を貸すことができるだろう（Forbes 2011）。

　アフリカでは1961年に，ザンベジ川でのカリバダム建設がヴィクトリアの滝の水流を阻害した。これによって5万7,000人ものトンガ族が自分たちのコミュニティから移動しなければならず，今ではザンビアとジンバブエの国境になっている部分を境にして分断されてしまった。そのため彼らは家族の所へ行き来することも難しく，当該地域の生態系は危険に晒され，環境危機は悪化し干ばつに苦しんでいる。この場合の強制移住や国内での再定住は，三峡ダムの時と同じように必ずしも問題を解決するものではない。トンガ族の人々が再定住地で与えられた農地はあまりにも痩せていたために飢饉が起こった（Scudder

2005)。ソーシャルワーカーは、食べ物や水、薬が手に入らなくて飢えている再定住者を支援し、そのような体験がトラウマ化している人々の相談に乗るため介入する。こうした介入の中では、資産や帰属意識、伝統を失ったことに対する補償の問題も扱われるべきなのである。

　イギリスでは、中心部の大都市に住むイギリス人口の水の需要を満たすウェルシュバレーの洪水が非常に大きな問題となった。ウェールズに住む人々が、彼ら自身の次世代に必要な自然環境を失ってしまったためである。たとえば1960年代半ばに、リバプールに水を供給するためにつくられたリン・セリンやトラウエリン川のダムによって、カペル・セリンやアポン・トラウエリン谷の周辺地域では洪水が引き起こされた。ダム建設を気乗りしないウェールズの人々に負担させること、そしてウェールズの国会議員や有権者の反対にもかかわらず、その建設を許可する議会制定法を通過させることによって、プライド・カムリ（ウェールズ民族党）は大躍進を果たした。特定の資源の専有、同時にウェールズの地方自治体に対する越権、ウェールズの人々の意見を無視したことへのリバプール議会からの謝罪は、2005年10月19日になるまで行われなかった（BBCニュース、2006年3月9日）。ソーシャルワーカー達は、人々の声が届くよう、そして彼らの関心事を取り扱ってもらう権利を主張するようもっと支援することができたはずだ。

　これらの例が描き出すさまざまな緊張関係からは、経済発展という目的の下で環境の悪化が生じているという問題を、より総体的に理解する必要があるということがわかる。社会文化的、精神的、政治的、経済的、生物学的、物質的、そして物理的なすべての領域を網羅し、理解しなければならない。こうして総体的に理解することによって、経済的に決定された費用対効果分析の不十分さが浮き彫りになり、こうした問題について既存の経済分析で推定されてしまう時には、社会に対する経済領域の優位性よりもっと重要なものがあることが示されなければならない（FNEATWG、日付不明）。

　人々や彼らを取り巻く環境への生態系変化の影響を、経済学的・計量的にアセスメントする際に生じる問題がある。すなわち、仕事の組織化と、経済成長と企業が出す利益を下支えする労働力を提供している人々に対する賃金支払いが含まれるべきなのである。こうした関心より、構造的な変革が重要であると

いうことがわかってくる。つまり，社会がどのようにして労働の場を含む社会関係を動かすのか，どのように権力や，その内部にある富や資源を分配するのか，どのように富の創出，商品生産や消費，そして環境保護を編成するのか，ということが考えられなければならない。現在の社会組織は貨幣にその価値を重く置き，貧困，周縁化，社会的排除の状況に置かれた世界中の多くの人々を除け者にしてしまう。これらは，グリーンソーシャルワーカーが地域レベル，国家レベル，また国際的なレベルで取り組む問題である。なぜならば，この問題には，人間のウェルビーイングと人々が置かれている環境にもたらす影響が含まれているからである。

　ソーシャルワーカーが関与できるのは，環境的な配慮を含む総体的なアセスメントを発展させること，また資本主義的な社会関係を改革するための事例を蓄積して人々を支援することである。資本主義を改革する必要性は，開発や持続可能性についての主要な議論の中では滅多に見られないものであろう。そして政治家は，創造的で革新的な思考を要求する根本的な問題よりも，むしろ福祉システムの改変に注目したがるだろう。繰り返される福祉国家の近代化は，福祉国家に本来あるべき連帯を通じて他者からケアを受けることに対する人々の期待を下げ続けるのである。受給権社会（entitlement society）というのは，その経済的な土台ではなく世界をこうした視点から見た時の問題として定義づけられる。また受給権社会とは，財政削減や新自由主義福祉政策が人々の生活に与えた結果を無視し続けている（Allan & Scruggs 2004）。

　資本主義的な社会関係の改革には，社会的排除や，富や権力と資源の不平等な分配を根絶することも含まれる。その改革とは同時に社会正義や人権や市民権を基礎とした，権利を根拠とする世界観に基づく代替的な生産・消費・再生産によって人々の要求に応えるものである。現在ギリシャで起こっている，資本主義思想に牽引された格差の変革の失敗が，改革が必要であることの十分な証拠である。仕事を持ち，適切な賃金を得，環境に対しても配慮するという人々の要求を満たす代替的な道は，その対象とする範囲を広げることによって，利益主導，市場ベースの経済優位性を克服するものである。そして，それらはサービス，平等性，連帯，相互主義をも包括していく。持続可能な発展と社会的企業のような革新的な実践は，これらの関心事に応えることを目標として人

気を博しているのである。ところが，警告がある。これらの冒険的な実践は従来，経済の背後にある主要な影響力としての利益主導や市場中心の規律に置き換わったことはない。むしろ，それら社会的企業の仕組みは市場のわずかな隙間にこそ生き残るのであり，その代替的な経済機構としての位置づけや，現存する社会関係の変革を促すものとしての動きは，結果としてブロックされるかもしれない。

2　社会・経済・環境危機に対する応答としての人口移動

　人口移動というのは，はるか昔から人類の歴史に浸透した現象であった。移動したはっきりとした人数を計算することは困難である。2010年には，何百万人もの人々がさまざまな理由で世界中を移動していた。その人口移動は，広範囲の「押し出し要因」と「牽引要因」によって動機づけられていた（IOM 2010）。押し出し要因とはつまり，雇用機会の不足や，食物・住居・日々の生活のための活動を破壊した自然災害や，土地やその他の資源をめぐって起こる武力衝突——その理由は人々の土地の合法的所有に対する要求を無視する国家主義的なものだ——等である。土地の奪い合いによって特に長期間に渡って武力衝突を引き起こしているものというと，パレスチナ領が代表的であろう。そこでは，パレスチナ人が権利を持っている土地は，武装集団によって守られたイスラエル入植者に占拠されており，検閲所からパレスチナの土地とされている場所へ，パレスチナ人が移動することも阻止されている。イスラエル政府の政策は，オリーブ園やその他の大規農農園や木々が，住民となる入植者に譲るために根こそぎにされたことから「急激な都市化」と呼ばれた（CCDPRJ 2009）。これらの問題はあまりに複雑で，ソーシャルワーカーの権限で解決できる範囲を超えている。実践家が関わることのできる取り組みは，根本的な相違を超えて対話を促すこと，問題解決のための非暴力的な方法を探すために協働すること，そしてレジリエンスを築き，彼らが苦しい状況を生き抜くことができるような関係とネットワークを発達させることをねらいとしている。ソーシャルワーカーは平和的な和解を達成するため，グループ，特にイスラエルとパレスチナの女性の間の対話を促進する女性グループの組織化を支援してきた。

他の例では，海外に住む実践家が紛争中のグループと連携し，論争の最中にいる者たちの対話を促したり，可能な限りサービスを提供したりした。ある事例ではノルウェーのソーシャルワーカーが，「ソーシャルワーカーと心理職によるパレスチナ連合（the Palestinian Union of Social Workers and Psychology；PUSWP)」を通じてパレスチナのソーシャルワーカーとの交流を促進した（Sturge 2010)。イギリスソーシャルワーカー協会は最近この取り組みに参加するようになった。彼らが目指すのは，パレスチナのソーシャルワーカーの依頼であればできる限り，支援のために協働することである。協働とはたとえば教育の機会を模索すること，教養として関連のあるカリキュラムを開発すること，より広いソーシャルワークコミュニティへのアクセスを促すこと等である。これらはますます発展していき，他の人々も巻き込んで拡大していく可能性を示している。しかし，このような活動の成長の歩みは遅かった。

　人間が引き起こした気候変動による人口移動は，比較的新しい現象である。その総数は議論されている途中だが，2010年から2050年の間に２億人から10億人へ増加すると推計されている（Myer 2005；Christian Aid 2007)。こうした人口移動は均一には広がらないだろう。コミュニティのすべての住民に気候変動は影響を与えるにも関わらず，農業に従事している女性は，男性と比べて気候変動を理由には移動がしにくいようだ（Massey et al. 2007)。気候変動の影響の違いによって，社会正義，環境正義に関わる興味深い問題が浮かび上がってくる。開発と大量消費のライフスタイルで工業化されたパターンによって気候変動を促進した人々は，通常最も気候変動の影響を受けにくい。このように，公平性の問題，貧困の撲滅，そして周縁化されたグループへの関心が，提案された解決策の中で中心的な話題となるのは重要なことである。本章でこれらの問題を考える際に，私はソーシャルワーカーがこの状況の中で果たしてきた，そして果たすことのできる役割を探っていく。

3　食べ物を求めて移動する

　遊牧民は何千年もの間，自分たちと家畜の水と食べ物をたくさん取る狩猟採集の季節の後には，食糧を探して移動してきた。これら古来の慣習とリズムは，

長きにわたる干ばつ，伝統的な水路へのダム建設，そして砂漠化によって阻害されてしまった。これらの災害は，ある程度は自然発生的なものかもしれない。しかし一方で，その災害が引き起こした荒廃は，武力衝突のような人間の介入によっても悪化するのである。干ばつのように自然災害として始まるものが，人々が他の政治的，社会文化的，経済的な目標を追求しようと起こす行動を通じて，より危険なものになる可能性がある。時には武装グループが全面的に関係しており，彼らは救援物資を本来届けるべき生存者に届かないよう妨害することさえある。また，外部からの救援食糧物資をすでに定着している地域に与えることで，政治的な目的に利用することもある（Abdisaid 2008；Escobedo 2009）。2011年にアフリカ連合ソマリア平和維持部隊（AMISOM）が申し立てたところによると，アル・シャバーブはソマリアの飢えた人々に物資が届くことを阻害し，彼らがわずかばかりの援助（それはイスラム教徒として生活するのに十分必要な要求を満たすものですらないが）を受けられるはずの安全なキャンプ場所へと脱出することをも妨害している。AMISOMによると，あるアル・シャバーブのメンバーが爆弾を積んだトラックをモガディシュ（ソマリアの首都）にある基地まで運転し，21人の平和維持軍を殺害し自らも命を落としたという。これらの行動は，政治的な性質を持つ人道的支援の均衡化に新たな危険要因を差し挟むと同時に，他の人々についての意思決定に人々を巻き込んでいる。私は，これらの運動における複雑な関係性を「災害の政治学（The politics of disaster）」と名づける。人道支援志向の中立性によって地域レベルの交渉にソーシャルワーカーが手を貸すというよりもむしろ，地域レベル，国家レベル，広域レベル，そして国際的なレベルで政治的な解決策が求められているのである。ソーシャルワーカーはたとえ戦闘地域であっても，さまざまな派閥の人々の間で彼らの対話を促すことによって和解をもたらそうとする。その中にはまさに今，命を落とそうとしている人もいる。コンフリクト状態に積極的に巻き込まれる人は，「災害の政治学」を認識していないかもしれない。というのも，彼らは自分たちの決定を正当化し，解放闘争を含め武装闘争の状況においては，それを日常生活の通常のルーティンを反映させているものとしてみなすからである。そのような出来事が，たとえば「アフリカの角」においては日常になりつつある。

中には，植民地の頃の遺産によってひどく悪化している環境問題もある。た
とえば，ケニア，ソマリア，エチオピアの国境付近に住む部族が，欧州アフリ
カ植民地連合（European colonization of Africa）によって作られた協定のために，
それぞれの国境を越えて移動することが禁じられている。これに関してはケニ
アのダダーブ・キャンプの例を取り上げよう。ここはもともと，モハメッド・
シアド・バーレの独裁政治の崩壊に伴って，ソマリア難民のために作られたも
のであった。ソーシャルワーカーが難民救済ワーカーとなり，住むところのな
い人々に対し難民キャンプを作ったのだが，政府の規則で，ケニア国籍のある
人はそこへ居住することができない，と定められた。ケニア政府の要求は，ダ
ダーブ・キャンプへの居住をやめなければ国民はその市民権を失う，というも
のであったが，それでもケニア国民は干ばつの影響でキャンプに支援を求めて
いた。この政府の対応から，植民地宗主国が遊牧民に押し付けた国境というも
のの正当性には疑念が持ち上がる。そして，人々が単にこれまで遊牧民として
伝統的にそうしてきたように，使用していた土地に移動するためだけになぜ政
府に支援を求めなければならず，さらに市民権まで取り上げられなければなら
ないのか，という疑問も生じるだろう。このキャンプに，干ばつに苦しむ3つ
の隣接した国——ソマリア，エチオピア，ケニアから押し寄せた人々の数は，
キャンプの許容範囲を超えた。2008年から2009年の間に，キャンプで養うこと
のできる9万人の2倍にのぼる人々がやってきた。この人数の圧力によって，
環境破壊はさらに激化した。2011年にはさらなる危機によって引き起こされて
長く続いた干ばつの結果，そこでの人口はまたしても劇的に増加し，7月まで
に40万人の人々がダダーブ・キャンプで生活していた。キャンプの拡大は必須
であった。さらに，世界食糧計画を通した難民キャンプへの食糧支援は十分な
ものではなかった。同様の問題は他のキャンプ，たとえばエチオピアのアユー
ブ等でも見られた。そのような環境で働かなければならない実践者も，非常に
ストレスの多い状態であった。

4　「アフリカの角」で繰り返される食糧危機

　人口増加と食糧安全保障は密接不可分である。人口増加が予測されているが，

世界中で均一に増加するわけではない。人口推計によると，2005年から2050年の間に，インド，パキスタン，ナイジェリア，コンゴ共和国，バングラデシュ，ウガンダ，アメリカ，エチオピア，そして中国の9つの国々の人口増加は，世界中で予測される人口増加の半数にあたるとされている。中国がもし一人っ子政策をやめればより大きな影響をもたらすだろう。西側の国々では国内出生率は低いままだと予測されているが，他地域からの移民は増加するようである。

　また，平均寿命は人口の伸びとともに上昇する。世界全体の平均寿命は，1950年で46歳だったものが2005年には65歳まで上昇した。2050年までには75歳を超えると予想されている。寿命の延長は，国内外で不均一に起こる。先進国（西側諸国）では，平均寿命は今日の75歳から2050年までに82歳に上昇するようだ。それぞれの国内でも，地域差や，社会的区分によって格差が生じるだろう。たとえばイギリスのロンドンでは，男性の平均寿命は84.4歳であるのに対し，スコットランドのグラスゴーの男性の平均寿命は71.1歳である。女性であれば89歳と77.5歳である。相対的に貧困な開発途上国の平均寿命は，現在50歳を下回っているが，2050年までに66歳まで上がるだろうと予想されている（UNESA 2009）。

　現在の予測では，2050年までにそれぞれの地域に住む人口は，アフリカに29億人，アジアに52億人，ヨーロッパに6億7,400万人，ラテンアメリカとカリブに7億6,500万人，北アメリカに4億4,800万人になるといわれている。その時点で，一人の女性が産む子どもの数は世界的に2.05人まで減少する。中東と北アフリカでは女性一人あたり2.09人，サハラ以南のアフリカでは2.61人である。これは，今でも移民なしでは人口置換が維持できないヨーロッパを除き，すべての地域で相当数の減少であるといえる（UNESA 2009）。

　人口は，環境危機を経験している国々で急速に増加している。たとえば，エチオピアの人口は1984年の3,500万人から2009年に8,500万人まで増加した。しかし，その増加分と同等の農業生産物は生み出されていない。その人口のほとんどが，前近代的な方法で農業を請け負っている農村地帯に住んでいる。このように，一つの国はその国の人口を支えられるだけの食糧を産出できないのである。アフリカで1984年から1985年にかけて起こった大飢饉は深刻で，最初にエチオピアに大きな影響を与えた。たくさんの貧しい人々を巻き込み，さらに，

Dergの独裁政権と自由を求めるエリトリアとティグレ州の人々との武力衝突によって状況は悪化した。この飢饉は歴史的な危機を生み出し、100万人以上もの生命を奪った。国際社会の対応が不十分だったため、ポップスターのボブ・ゲルドフは他のミュージシャンとともに「バンド・エイド」というグループを結成し、災害への注目度を高めて生き残った被災者に関心を向けようと、ライブエイドコンサートを行った。そして救済の目的で1億5,000万ポンドを集めたのである。ソーシャルワーカーではないが、彼らは緊急に支援を必要としている人々の状況を受けて、ソーシャルワーク的な仕事を行った。このことから、ソーシャルワーカー以外の人もソーシャルワークの職務を割り当てられれば、ソーシャルワーク的な仕事を請け負うことができるということがわかる。その日の終わりに、難民救済ワーカーはそれらの寄付金を、路上で飢えている人々に届くようなモノやサービスに交換する。

　この力添えは多くの命を救う上で非常に重要であった。しかし、十分な対応であるとはいえなかった。食糧の無料支給という形での援助は、エチオピアの1984～1985年飢饉を生き抜いて今では大人になった子どもたちからも批判の対象となってきた。すぐにでも救援物資、特に水や食べ物や薬等を必要とする人がいるかたわら、この飢饉での生存者であるバーハン・ウルドゥーのようなエチオピア人——彼女が3歳の頃の飢えに苦しむ様子の写真は、寄付を募るためにメディアでよく使われる——が議論しているのは、自立性を高め、農業の構造的な問題を解決し、エチオピア人が自分たちで食物を育てることができるようにするような対応が、より効果的で長期的に必要とされる解決策をもたらすだろう、ということであった。この考え方は「私に魚を与えるのではなく、漁の仕方を教えてください」という短いフレーズに要約される。世界的なレベルでは、支援の7％が食糧に使われている。

　エチオピアでは、2009年には支援の91％が食糧供給に使われ、これによって600万人の人々が飢えをしのいだ。そしてその半数が18歳未満という年齢であった。とても深刻な連続的な干ばつが1984年から2011年の間に何度か起こったが、そのたびに何百万人もの人々が飢餓に陥った。最近の2003年、2008年、2011年に起こったものは特に壊滅的であった。同時に、エチオピア政府は起こりうる飢饉の影響を軽減するような方策を模索していた。それはたとえば、生

産的セーフティネットプログラムへの資金拠出，干ばつで苦しんでいる人たち
への手当の増額，降雨量や家畜の価格や家計の支出と栄養失調等を監視する飢
饉早期警報システムの開発，食糧備蓄，2003年には政府支出の17％を占めた農
業への支出の増大，干ばつが直撃した北側の地域から南側の地域へ60万人の村
人を強制移住させること，そして計画システムの改善等である。それでも，こ
れらの方策では大規模な飢餓を防ぐことはできなかった。さらに，移住した
人々の多くは，たとえその土地が武装衝突を経験していたとしても，もともと
住んでいた故郷に戻っていくのである。このことが，先祖から受け継いだ空間
がいかに重要かを際立たせている。

　人道的支援の不十分さからも，このような災害に総体的に対応するのが重要
であることが導き出される。対策が取られるべきなのは農業政策だけではなく，
都市政策，文化遺産，経済発展，紛争地域の政治的安定性，そして人口増加に
対応する政策である。2011年の８月に「アフリカの角」はもう１つの飢饉に直
面していることが公式発表された。今回ユニセフが提示したのは，ソマリア，
ケニア，エチオピアを含むこの地域で，影響を受ける人数は1984年の800万人
から2,300万人に増加している，ということであった。国連は，飢饉とは全体
の20％の家庭が極端な食糧不足に陥り，人口の30％に急性の栄養失調があり，
１万人に２人が１日で亡くなっている状態だ，と定義している。現在の危機的
状況の多くはソマリアに見られる。ソマリアの人々は，1991年から1992年にか
けても壊滅的な飢饉を経験していた。今回の食糧危機が広がれば，1984年に到
達した死亡率を超える恐れがある。2011年の中頃までに，５歳未満の子どもの
死亡率は１日，１万人あたり13人になった。飢饉の起こった国への救援物資は，
その地域のアル・シャバーブの統制によって阻害され，外国からの物資は受け
取りを妨害されているため，人々は自分たちに届く範囲の物資で生き延びなけ
ればならない。しかし，難民の数が相当数いる国の南部ではパンの値段が２倍
になった（Martell 2011）。2011年の夏までに，国連の機関であるソマリアの食
糧安全保障と栄養分析担当は，水や食べ物や薬，シェルターを求める難民約10
万人が，ソマリアの首都モガデシュに到達した，と推計した。その人数は膨ら
んで，１日当たり1,000人を超える（Martell 2011）。さらに40万人のソマリア
人は食糧を求めてアフゴーイ回廊地帯に逃げ，そこはその人数の多さから，国

内で住むところが無くなった人のためのキャンプとしては世界で最大規模となった。

　この大災害に巻き込まれた人々を支援するための基金を国連が呼びかけたが，それに対する反応は遅かった。必要だとされていた20億米ドルのうち，わずか半分のみが2011年8月までに集まった。カナダ政府は，2011年7月6日からの10週間強で，個人的な寄付を登録された慈善組織につなげることを確約した。作家の中には，寄付の継続を呼びかける声への反応が少ないことを「同情疲れ」という言葉で表現する者もいた。私からすれば，これは救済システムの不十分さを際立たせるものである。現在のシステムは，個人や組織，政府のボランティア精神に基づき，その場しのぎで人々が短期間生き延びることができる生命維持のための資源として寄付を募る。私が議論したいのは，世界中のすべての市民の所得に課され必要になった時にお互いを助け合えるような，使途を限定した義務的な「救済税」についてである。この資金は，それぞれの国民国家が通常の課税メカニズムを通じて，ただし，来る災害に備えて短期的な救済と長期的な復興に使い道を限定して集める税である。救済税は災害時団体基金（Disaster Solidarity Fund；DSF）に保管され，国家レベルの緊急事態と国連の国際救援に平等に分けられる。特定財源にすることで，その他の目的に使われることは最小限にとどめられ，国家による透明性が維持されるべきである。地域社会に密着したソーシャルワーカーは，地域住民がこのような基金を監視し，記録を管理する際の助けになるだろう。購入された救援物資が分配されているかどうか，適切な人々に届いているか，そしてどのように物資が集められ，どんな理由で使われているのかを現場で管理するのである。

　現在起こっている災害が示すのは，どの国もその影響からは免れることができないということである。そのため，連帯を基盤とし相互に依存している平等な世界についての議論をする上で，信頼でき，スティグマを付与しないような救援の資源を見つけることが重要なのである。その救援の資源とは，短期的な救済とともに長期的な発展を支える資金でなければならず，長期的には貧困を排し，誰もがきちんとした標準的な暮らしを享受することを妨げられないよう，不可欠な社会基盤，そして組織的なメカニズムを保障するものが求められている。すべての人が使える弾力性のある資源を開発するということは，政治的意

志の問題であり，すべての人が必要なだけ資源にアクセスできるようにする，という問題でもある。それはまた，現在実施されている緊急時の対応について，根本的な再考を要求するものでもある。現在の救済システムの脆弱さを指摘する際，そして地域にもともと備わっているはずの，より持続可能な形での対応を要求する際に，ソーシャルワーカーは非常に重要な役割を果たす。全国的に，そして国際的に提供された資源を上手く活用するために，地域のシステムは十分に回復力のあるものでなければならない。現在の救済システムを綿密に検討してみると，連帯の構造が必要とされていることがわかる。その連帯の構造の中では，人間と自然環境の相互依存性が認識され，社会正義，環境正義，そして人権を包括し，他人と環境をケアする責任と同時に，それらをケアする義務・それらにケアされる権利が支援される。また，持続可能なシステムを開発するためには研究も必要とされており，研究には現場に適した解決策を共に生み出すため，地域の人々と効果的に協働できる幅広い範囲の専門家が参加しなければならない。上記のような目的税（救済税）の仕組みや災害時団体基金は，地域社会が財政的に持続可能な方法で発展するため，財源を確保する方法の一部である。

5　環境劣化と食糧生産

　人口増加は，食糧生産，消費，そして環境劣化と深く関わっている。食糧生産と人口のバランスは不安定であったが，緑の革命によって食糧生産量が増加し，人口増加のペースに追い付くようになった。しかしそれも，硝酸塩・リン酸塩系の肥料が原因の環境破壊によって，ある程度は帳消しになった。De Moor & Calamai（1997）は，技術的革新が結果として土壌侵食を引き起こし，有害な環境コストをもたらし，徐々に食糧生産を減退させてゆくので，この進歩は失われたと議論している。結果として，私たちは現在の世界的な人口増加によって人口規模が深刻なレベルで食糧供給を上回り，質と量双方において食糧が不十分なために世界のより多くの地域が栄養不良と飢えや飢饉をもたらすような状態への回帰に直面するかもしれない。

　環境劣化は，生活のすべての側面と深く関わっている。土地や水，土壌の汚

染や砂漠化，そして土壌侵食は2つの点で食糧生産の土台を蝕む。つまり，1つ目は小規模農家を生産から締め出すこと，2つ目は外部で生産された食品への依存が高まることである。アグリビジネスを通した産業型大量生産食品の拡がりは，しばしば人々を不健康に陥れ，有害な結果をもたらす。それは，汚染された環境で暮らすことでかかる呼吸器疾患や，高カロリー，炭水化物，トランス脂肪酸を多く含んだファストフードを食べることで引き起こされる肥満等を含むだろう。これらの結果から，平等性への疑問が生じる。というのは，たとえば高級な有機栽培の，地元で育ったビタミン，ミネラル，その他健康に良い栄養素を含んだ果物や野菜のされるような健康的な食品ではなく，大量生産で安いが，栄養価でいえば非常に質の悪い製品を摂取し，不健康な食品を消費するのは，主に低所得者層だからである（Schlosser 2001）。

　農業の機械化と，都市部に住む莫大な人口を養う必要性により，産業における大量生産食品の短期間での増加が促進された。これによって供給の不確実性は改善したが，急速に十分な量の食物を育てるために使われた化学物質を通して，環境に不可逆的なダメージが与えられた。環境劣化は意図されたものではなかったとはいえ，肥料に利用された化学物質は地下水に溶けだし，除草剤に使われていた化学物質は土質や生態系を危険に晒す可能性があった（Carson 1962）。レイチェル・カーソンの著作『沈黙の春』は，DDT 殺虫剤（ジクロロ・ジフェニル・トリクロロエタン）が人体と物理的環境に有害な影響をもたらすことを告発し，1972年にアメリカで同殺虫剤の使用を禁止させたとして，高い評価を得ている。産業化された食品製造のシナリオでは，食品生産の際に使われる製造資本は，限界を超えて成長する技術的革新への飽くなき欲求を促進しながら食品生産と消費における自然資本[(5)]に取って代わる。緑の革命は人類に，食糧生産を前代未聞のレベルまで拡大させることを可能にしたので，少なくとも理論上は，今では地球上すべての住民を養うだけの十分な食物が生産されている，というのがこの古典的な例である。しかしながら，食物は平等に分配されていないため，何十億もの地球上の人々が飢えに苦しんでいる。上記のような発展は，資本主義的な生産の支配的なやり方を肯定し，また人種，性別や他の社会階層に基づく構造的な不平等を強化している。これは，貧困や周縁化を肯定し，一部の人が多過ぎる食物を手にしている一方でその他の人が食物の不

足に苦しんでいる状況を作り出すようなものである。実際に，貧困は生産の資本主義システムに統合されている（Marx 1978）。少なくとも行き過ぎた資本主義は，平等性，連帯という原則を通じて制限されるべきであり，そしてますます環境評価を進めるべきである。社会的経済運動におけるコミュニティ組織によって策定された計画は，人々と環境の両方を評価する一方で，人々の需要に応えたい，という欲求から生じた。

　Connelly et al.（2011）は，環境への配慮と社会正義の問題は，社会的経済に根づいた持続可能な新たな取り組みを通じて扱われる，と考察している。食糧生産にこれを当てはめると，公正で持続可能な地域の食糧需給システムが地域コミュニティの発展と成長の一部となり，既存の食糧需給システムがより環境に親和的で社会的に公正なものに変換される社会基盤を作り上げなければならない。このため求められるのは，「民主主義的なプロセスを経て住民と政府が結集することである。その民主主義的プロセスは，変化を創出するためにさまざまな地域のアクターの価値観や展望，活動を調整し，アクター間のバランスを取り，触媒となる」（Roseland 2005；Connelly et al. 2011：310）。利益主導の生産が中心の巨大システムの中で，社会的企業は支援のない状態にあるため，この冒険的な事業は達成するのが難しい。社会的企業は，経済活動の主流から受ける補助や再分配政治なしには自らの資本を生み出すことが難しい，と論じる人もいる（BoE 2003）。

　社会的ニーズよりも経済的ニーズを優先させる「旧態依然の」モデルを支持する国家の政治においては，再分配政治は重要性を失ってしまった。このことによって貧しい人々は，削減された公費の矢面に立ち，必要としているすべての人が無料で使うことの出来る福祉サービスを受けられなくなる。そしてパンや牛乳，穀物のような食べ物への補助も削減される。人々を中心に置くということ，つまり個人や「社会」を劣位に置く利益優先の新自由主義経済ではなく，構造と個人を統合することが求められている。それは，社会関係が変わることで可能になることであるが，社会的・経済的資源と政治権力は公正に分配されるべきである，ともう一度主張できるような，構造化されたコレクティブ・アクションを保証するためである。サービス利用者をエンパワメントするため，彼らがサービスの企画や実施をできるようにし，日常生活実践における彼ら自

身の知識を有効なものにして専門職との関係を再構成することは，変革のプロセスに重要な意味を持つ（Dominelli 2010b）。

　食品協同組合などのコレクティブ・アクションが目的としているのは，代替的方法を拡大し，食品の生産と消費を転換させることである。それには消費者と生産者の間の価値の共有なども含まれる（Winter 2003）。これらの代替的な方法は地域やその土地そのものに根づき，相互関係，信頼，透明性，説明責任を前提としたシステムを通じて，自然で健康的な食品を生産している。これらは食品の安全が保証されるような手段を見つけなければならないが，その中には環境的，社会的，経済的コストの費用をすべては支払うことができないものも含める。そうした努力は再分配政治の一部になることを目標としているが，この目標に到達することは困難かもしれない。というのも現在，代替的なシステムは，主導権を握っている新自由主義的な資本主義枠組みの隙間の範囲内で動かさなければならないからである。

　代替的な食糧供給システムの開発は，特に田舎の地域では土地利用の変化に影響を受けやすい。たとえば，「緑の」土地の方が「茶色の」土地よりも開発するのにお金がかからず，利益が上がるという理由で開発業者が「緑の」土地を探すことなども，田舎の環境が都市化する例である。経済的コストには，個人の消費者が払った費用，つまり移送費や調理，労働，その他店に払われたお金など商品にかかったお金が含まれない。この個人化されたコストには，そのすべての局面でかかっている実際の環境コストも，種々の動植物に与えているコストも含まれていない。これはその環境の崩壊さえも意味しているかもしれない。プランナーと政治家がコストに関するより広い視点を持つことができないことは頻繁にあり，社会的に有害で環境的に持続不可能な再開発の計画に同意してしまったりする。

　代替的な食糧供給システムの持つさらなる問題は，長期的な持続可能性，それに伴う資金調達，費用を低く抑えるために当座の場所を超えて拡大すること，そして一般に財政危機によって生じたカウンター問題である。環境ビジネスの動きの主流へのいくつかの反対勢力は，アグリビジネスを象徴する食品生産と消費構造を脱グローバル化，脱産業化，脱スケール化する目的から生じている（Goodman & DuPuis 2002）。

─ ケーススタディ ─

　新市場地域フードハブ（the New City Market Local Food Hub；以下，NCM）は，カナダのバンクーバーに住む貧困層の人々に食糧品を供給するため，地域の食糧品組織により開発されました。NCM は，2005年に始まったローカルフードファースト（the Local Food First；以下，LFF）の主導の下，多様なステークホルダーによって設立されました。LFF とは，地域で持続可能な食糧需給システムをつくり，食品がいかに生産され，価格がつけられ，流通しているかに関する問題を議論するために始まったものです。LFF が関わっていた活動と調査分析では，以下のことを目的としています。

　　・地域の食糧需給システムを再建すること。
　　・地域で生産される食糧の価値連鎖（local food value chains）を再構築することで，拡大する地域食糧市場へ農家が直接アクセスし，労働者に公平な賃金を支払い，良い労働環境づくりを可能にすること。
　　・地域の食糧需給のための社会インフラを再生すること。
　　・食品の安全を保障すること。

　NCM の結成はそれらの目的を達成することを表明していましたが，まだ実行されていない課題がたくさんあります。手を広げていかなければならない潜在的な分野を発掘するのもその課題の一つです。つまり，異なるビジネス，あるいは統治モデルを模索することです。それは食糧品の流通，備蓄，冷蔵保存，その他必要とされているものを実現するための資本を確保することなどです（Connelly et al. 2011）。

　バンクーバーでは，いくつかの開発事業者が地域のフードハブの設立を視野に入れた自分たちの計画を提供しました。このことは利他主義的に見えるかもしれませんが，代替的な食糧供給システムの原動力となっている価値観や目的，パワー・ダイナミクスを歪める危険性を孕んでいます。つまり地域のフードハブを設立するということは，自分たちで土地を決定すること，利益の産出，地域へ転換するための経路としての役割になる能力，そして新たなソーシャル・キャピタルの醸成等の価値を指すのですが，それを歪めてしまうかもしれないのです（Hanson 2009）。上記のことはすべて，たとえば，利益を上げることは主な関心ではない等，これらのシステムが実行されるために適切な状態が準備されていれば実現されるものです。

　NCM は，持続可能な地域で生産される食糧の生産を向上させるバンクーバーの政策を促しました。しかし，そうした代替的なプランに義務づけられているのは，ビジネスの存続可能性が保証されている状態であること，そして財政的に維持が可能であると示すビジネスプランを提出することです。新自由主義社会のビジネスプランの伝統的なモデルを基盤としているこれらの要求は，社会正義を目指す NCM

157

の貢献を蝕む可能性があります。というのも，従来の経済モデルというのは，ある
グループを市場のアクターとして参加させるために，原価以下で食品を提供すると
いうリスクを負うことに反対するからです。一方で，たくさん払うことができる
人々の，実際のコストの拡大が引き起こすリスクは軽減します。これらの緊張関係
から，産業主導で大量消費型，利益第一であるローカルフードシステム（地域食糧
需給システム）を変えること，そして，市場で健康に良い食品を買うことができな
い地域の人々にとって代替的なシステムが重要であることを主張することの難しさ
が浮かび上がります。また産業モデルは，環境的に持続可能な食品の生産と消費に
関して，意思決定に生産者と消費者の両方が関与することを保証してはいません。

　Dixon（2011）によれば，代替的な食糧生産は必ずしも反資本主義である必
要はない。しかし，生産者にはアカウンタビリティを要求し，地域の人は希望
すれば誰でも生産，消費，配分の過程に関与できるものでなければならない。
コミュニティワーカーとしてのソーシャルワーカーは，農家の人々や地域の
人々等のさまざまなステークホルダーをつなぐ重要な役割を果たす。それは，
さまざまなレベルの活動を調整すること，周縁化された人々の食糧ニーズを満
たすコレクティブ・アクションを促進すること，そして食品協同組合と NCM
（「ケーススタディ」〔157～158頁〕参照）のような関連団体の形成の中に代替的
な食糧供給システムを導入するにあたり，多様な段階における異なる立場の
人々の間の信頼関係を醸成すること等である。代替的な食糧供給システムを既
存の体制に持ち込みながらその将来性を保証することは，コミュニティディベ
ロップメントワーカーと同様にソーシャルワーカーにとっても，実現するのが
難しい課題である。

6　災害に対するホリスティックな介入

　人類と地球を苦しめる，さまざまな自然災害がある。ソーシャルワーカーが
災害のそれぞれの段階で支援することができるのは，人々が自分たちの自然を
理解し，被害を被るかもしれない潜在的な可能性について知ることによってリ
スクを軽減し，災害を予防するステップを踏み，受けたダメージを最小限にと
どめ，そしてその結果を受け入れるための手助けをすることである。以下で，

私は巨大な「自然」災害がコミュニティに与える影響を考察する。問題解決の
ためのホリスティックなアプローチが，そのような状況でニーズに対処する際
には役に立つ。自然災害の中でも，2003年にヨーロッパを襲った猛暑を例に挙
げる。それは何千人もの人々，特に抵抗力の弱い高齢者を死に至らしめた。亡
くなった方の推計は全部で3万5,000人から5万人に及ぶといわれ，フランス
では1万5,000人，ドイツで7,000人，イタリアとスペインで4,000人ずつ，そ
してイギリスで2,000人である（Larsen 2003）。この猛暑による死亡者数は近
年のヨーロッパの「自然」災害で最悪の数字を記録した。ソーシャルワーカー
が取り扱うべき鍵となる社会的ケアの課題は，この猛暑の間に高齢者と子ども
が涼しさを保ち，十分な冷たい飲み物を摂取できるような状態を確保すること
である。熱によって体温が危険な域まで上がり，急性の熱中症や死に至ること
もあるため，こうすることで彼らの体が脱水症状に陥る危険性を防ぐのである。
この猛暑を受けて，ソーシャルワーカーも参加した全国的な警報システムがス
ペインで創設された。これは将来同様の出来事が起こった時に死亡を未然に防
ぐためである。同様の計画は，ヨーロッパの他の地域でも策定された（WHO
2004；Kovats & Ebi 2006）。

　それ以外に猛暑がもたらした危険は，干ばつによる穀物への大打撃で，食糧
供給を脅かすものであった。こういったリスクを減少させるために，食糧生産
を確保すること，そしてその食糧に脆弱な層の人々がアクセス可能でなければ
ならない。ソーシャルワーカーは，飲料・食糧と医薬品を安全なセンターか住
民の家に分配することでこの役割を果たす。希望する人すべてに家を基点とし
た支援を提供するためには，ソーシャルワーカーは災害が起こる前にコミュニ
ティレベルで予防戦略を打たねばならない。つまり，災害に対してどの対応が
最も効果的かを決定する緊急計画チームと連携すること，そして万一災害が起
こった時に招集できる，災害介入の技術に長けた地域のボランティアのネット
ワークを作ること等である。彼らはまた農家や農学者，エンジニアとも協力関
係を作り，猛暑に関する社会的側面やその及ぼす影響等も人々に紹介し，食糧
の安全保障についての議論を提唱しなければならない。

　よく訓練され知識も豊富なコミュニティを基盤としたボランティアのネット
ワークは，猛暑と同時に山火事が起こった場合にもとても役に立つだろう。た

とえばポルトガルでは，暑く，乾燥した2003年の夏の間にその森林地域の40％を失ったが，このようなボランティアがいれば消防士やその他の緊急時の専門職の補完的役割を果たしていただろう。カナダやアメリカ，オーストラリアでも山火事は日常的に起こる。これらの国々は，災害が起こった時のリスクを軽減するため，山火事の起こりやすい地域に住み，よく訓練されたボランティアのネットワークを，必要な時にはいつでも行動を起こせるように準備しておき，活用すると良いだろう。このボランティアの訓練を災害が起こる前にしておけば，地域密着サービス（National community-based service；以下，NCBS）のモデルに基づいたサービス提供ができるだろう。このモデルは，人々と社会を彼らの通常の生命活動の一部として支援するものである。これは，イギリスでデイヴィッド・キャメロン首相が犯罪者を想定して提案したコミュニティサービスとはタイプが異なっている。彼の構想は，地域住民が社会秩序を脅かすような行動を起こすかもしれないという理由で人々を統制することが目的とされている。NCBSのヘルパーは地域固有の災害に対応するため常に待機しており，不断のトレーニングと技術の向上が求められる。そういったボランティアには，地元の言語や文化的伝統を知っているという利点もあるだろう。

　ソーシャルワーカーは，緊急事態になる前にコミュニティに潜在的な危険性を警告することができても，その他の危険性を把握しておくことは簡単ではない。たとえば，2003年の猛暑によって川が干上がってしまった時，原子炉を冷却する水が不十分だったためにそれらは危険な状態に陥った。冷却水は，個々の炉を25度以下に保つよう排水を確保することが必要である。発電所の内部の温度は決して50度を超えてはならない。原子炉をこの温度に保つため，毎日ひとつの原子炉につき2億ℓの冷却水が循環している。2003年の猛暑の間，アルザス地方のフェッセンアイム原子力発電所は48度に達した。技術者は炉を冷却し続けるために，1日24時間，地下水からくみ上げた水で作ったスプレーを使って，コンクリートの外壁に噴きつけ続けた。技術者のこの対応によって温度は1度下がった。外気温が上がり続けているという潜在的な脅威も相俟って，成果は不安なものであった。有難いことに，2011年，日本で津波により主要な冷却装置が破壊され起こったような大事故になる前に，その夏の猛暑は終わりを迎えた。

　ヨーロッパでのもう一つの懸念は，氷河の溶解が引き起こすアルプス河川の水位上昇に伴う問題である。それは，中央ヨーロッパの村や町を洪水に巻き込む脅威である。ソーシャルワーカーは，洪水の直後にその状況に直面した人々が安全な場所に移ってから，彼らの支援をする。しかし，彼らができることはもっとある。それが NCBS のシステムを作り上げることである。過去の自然災害から学んだ教訓は，政策立案者や緊急事態の計画立案者がこれから起こる災害への介入を改善する助けになる。たとえばスペインでは，自然災害の時にハイリスクな状態になる可能性が高い人々が優先的にサービスを申し込める，特別な名簿（special register）を作った。必要な時にこれらのサービスが作られ，提供されることを保証する鍵となる専門職集団が，ソーシャルワーカーであるとみなされた。

　ロシアは逆に，2006年の冬に，－30度まで気温が下がる厳しい寒さの問題に直面していた。ここでは，長期間にわたり人々は電力とセントラルヒーティングの機能を失い，家の中でも凍えていた。気候変動の事象が起こった時に，スペインで考案されたようにハイリスクな状態にある人々の名簿があれば，助けを必要としている人々を特定でき，彼らを手遅れになる前にサービスにつなぐことができるだろう。特に，上記で示したような NCBS があれば……。

　竜巻の例を使って，もう一つ「自然」災害でソーシャルワーカーが支援する生き残った被災者の例を挙げる。竜巻は昔から，風速を F0 から F5 までのスケールでおおよそ計算するフジタスケールによる測定方法が取られてきた。ここでは，風速は数字が大きくなるほど速くなる。風速40〜73マイル／64〜117 km は F0 で，風速260〜318マイル／418〜512 km の F5 までの範囲がある。フジタスケールの測定は，建造物に対する被害を査定しなかったため不十分であるとみなされた。2007年，風速に従って建造物に対する被害も測定する改良型フジタスケールが，従来のフジタスケールに取って代わった。実践もまた，過去の災害から得た教訓により変化した。たとえば1970年代半ばまで，気象サービスは現在接近中の竜巻や異常気象等について，防御の最前線として警報を発令しなかったが，現在はそれが行われている。これは，人々に事前の対策，つまり避難したり家や持ち物や家族をできるだけ安全で安定した状態にする時間を与えるためである。

砂漠化はもう一つの深刻な環境問題である。この件についてはアフリカやモンゴル等のいくつかの地域では他より深刻な問題を経験している。中国では，砂漠は北京にだんだん忍び寄っていて，今ではわずか70 kmしか離れていない。何百万tもの表土を多くの場合何千マイルも離れた場所へ移動させてしまう砂嵐のため，その状況は悪化している。2006年4月17日，記録上最大級の砂嵐が内モンゴルから北京へ到達した。もう一つの例では，2001年4月，砂塵雲が内モンゴルから6日間かけて太平洋を横切り，北アメリカに到達した。何百万tもの表土の喪失は黄塵地帯を作り出し，その通り道の人々に呼吸器官の問題をもたらす。これは，病院や社会福祉の供給にも圧力をかけるものである。というのも，このような出来事があれば医療やソーシャルケアのサービス需要も劇的に増加する可能性があるからである。そしてそれらのサービスはこれに対応するだけの態勢が整っていない。中国が世界でも最も浸食速度が速く，環境悪化の程度が最悪で，現在の政府主導の方策が問題解決に失敗していることを考えると，これらの困難は増加していくようである。

　砂漠は，今では中国大陸の20％を占める。砂漠化を食い止めるために350億本もの木を植える「グリーン・ウォール」という植林活動等の構想は，予想されたほどの成果を得られなかった。一部の科学者の議論によると，この戦略は木が地下水を吸い上げすぎて，水不足に追い打ちをかけてしまうため発想がまずかったのだという。あまり（地下）水を必要としない，草や灌木等がこれらの状況ではより良い植物であると彼らは提案する。中国政府によって用いられているその他の方策は，「雲の種を蒔」いて雨を降らせるためにヨウ化銀を使用するもの等である。これは矛盾した結果を生み出し，ある時は北京で雨の代わりに雪が作り出された。人口が密集した地域でそのような化学物質を使用することの正当性と，それが何度も繰り返し使われることで壊れやすい生態系に与えるかもしれないダメージについては，大きな疑問が残る。これらの成果は実践する上で起きた意図せざる結果かもしれないが，潜在的な危険を及ぼす可能性は無視されるべきではない。ソーシャルワーカーは危険水準の目安を設定し，災害がコミュニティ全体に及ぼす影響を評価するための調査を請け負うこともできるだろう。

結　　論

　環境劣化は，地球上の人口を養うこと，食糧や安全を求めた人々の大移動が引き起こされることと密接に関係している。その問題も解決方法もシンプルではない。人口増加は食糧供給をしのぐ一方で，難民キャンプは来る人全員を収容しようとその範囲を広げている。そこに来る人々は海外のより良い土地に移住しようとする人々，田舎から都会に出てきた人などである。その都会は過去50年以上ずっとその状況が続いたために，（より中心にある）巨大都市の人口増加を加速させて，「危険と隣り合わせの複雑な場所」と名づけられた。

　世界中で一定の頻度で起こるさまざまな「自然」災害は，ある問いを生じさせる。それは，限られた専門職のリソースがどのように，緊急事態において公正で信頼でき，技術のあるワーカーを提供するまでに拡大できるのか，という問いである。NCBS が，一つの有効な解答を与えてくれるだろう。ソーシャルワーカーはすべての災害の場面に居合わせており，次のような仕事を行う。人々が飲料・食糧・衣服や住まいを手に入れる支援を行うこと。平和的なコンフリクトの解消を模索すること。長期の復興努力を支援すること。政府や，多国籍企業に対して人々と土地の搾取をやめるようロビー活動をすること。身体的環境，生物圏と人間のニーズに関して一体的な考察を深めることが，グリーンソーシャルワークの中心的な構成要素である。

注
(1)　（訳注）ここでは農業を営利目的の産業として実施する企業を「アグリビジネス」として批判的にとらえている。
(2)　（訳注）ダムで最も低い放流口より下にある利用できない貯水。
(3)　（訳注）ミャンマーの軍事政権時代に建てられた民主化運動を進めた政府。ミャンマーの民主化（2012年）により解散した。
(4)　（訳注）ソマリア人が住む，アフリカ大陸の半島。
(5)　（訳注）未来にわたって価値のある商品やサービスのフローを生み出すストックとしての自然。

第6章	環境劣化・自然災害と周縁化

─── 訳者コメント ───

　本章では，社会の周縁に置かれている人々に焦点が当てられています。自然災害によって，もともと社会から周縁化された存在である高齢者，障害者，子どもや女性，また貧困状態にある人々は，さらに脆弱な存在になります。本章では，ハリケーン・カトリーナやパキスタンの洪水等の被災地域への人道支援等を取り上げ，ソーシャルワーカーによる予防対策への関わりを論じています。ソーシャルワーカーが彼らのためにできる事は，被災後の物理的な支援と同時に，災害発生時に彼らが自力で復興できるよう，人々ならびに地域のレジリエンスを高める事です。

はじめに

　国際連合の調べによれば，毎年およそ3億人の人々が，自然災害の影響を受けている。人間の活動がもたらす影響によってこの数字は大きく跳ね上がり，また被害がより甚大になる可能性がある。災害の頻度及びその規模は，過去20年間で増加してきた（UNEP 2009）。しかし，人道支援のための費用は2008年から2009年の間で11％減少し，151億米ドルになった。この減少の原因の多くは，政府による支出の漸減であった（GHA 2010）。人々が効率よく対処する力というものもまた減退した。Webster et al. (2009) やWalker (2011) によると，3年以上継続されている人道支援は今や支援総額の50％を占めており，10年前の35％から大きく変化している。さらに，この50％のうち2/3は，8年以上に渡って人々への支援を目的に使用されてきた。パレスチナやキプロスの難民たちが代表的な例である。これら2つのケースが明示しているのは，非常に論争になりやすい面倒な課題の解決策を，政治家は見出せないということである。しかし同時に，これらのケースは人道支援への重大な示唆に富み，また長期間の支援に対する疑問を提示している。つまり，支援によって問題が単純化

された結果人々の最低限のニーズが満たされているという認識を政治家に持たせ，自分たちの責任を放棄させているのではないか，という疑問である（Hoogvelt 2007）。

　成果が不明確だと，支援活動の適切さやその持続可能性，さらに災害時の介入においてはそうした支援が効果的な方法なのか，疑義が提示される。この懸念に対する応答は複雑で，その時々の状況に依存する。必要なのは，支援がどういった目的で行われるかと同時に，どのように，そして誰に，現場で支援が供給されているのかを考慮することである。軍事目的を併せ持つ人道支援は，この問題をさらに大きく複雑にしている。この最たる例は，ジョージ・W・ブッシュ大統領（当時）による「テロとの戦い」の結果がテロリズムにつながったこと，そしてアフガニスタンやイラクに流れ込んだ巨額の支援である（Hoogvelt 2007）。これらの問題は，「自然」災害と人的災害との境界線が，ますます曖昧になってきていることを示す。そして現在ソマリアで起こっているケースのように，迅速な緊急支援の必要性がありながらも支援を受けられず，しかも意志に反して政治的な問題の渦中に放り込まれてしまう人々は置き去りにされている。

　災害に対する準備そして計画を整えることによって，人々，彼らの生活，そして環境に与えるリスクや被害を大幅に低減できる。支援機関は，防災対策づくりに1米ドルかけるごとに，4～7米ドルの災害後の再構築に要する費用を削減できると提唱した。すぐに行動を起こすことが不可欠である。なぜならば，産業化と都市化によってもたらされた環境劣化と，地球上の人々の要求の増大は，人々を守る環境やインフラ整備を失敗へと導き，結果として，「自然」災害が起きた際には人々の生活やウェルビーイングに損失を与えることとなったからである。ニューオーリンズで起きたハリケーン・カトリーナの衝撃は，救援や政府の対応が不適切な時に起こりうる大災害の直近の一例だといえる。そしてそれは，たとえ世界で最も豊かな国であっても起こりうることを示している。ニューオーリンズの堤防決壊後の救援活動では，アフリカ系アメリカ人，高齢者，子どもと生き別れた低所得世帯の人々への不適切な対応によって，災害時に社会から周縁化された人々がいかに困難な状況に立たされるかがよくわかった。また，このことは，「自然」災害が人的災害へと変容する過程で，い

かに社会的，経済的，政治的要素が「変容」の主な要因となるかを明らかにし，「災害の政治学（The politics of disaster)」を際立たせる（Klinenberg 2002)。つまり，被災者が被災前から持つ社会的位置づけは，生き延びる機会，レジリエンスを高める可能性，災害前と同じあるいはそれ以上のレベルにまで自身の生活を立て直す力，といった災害後に表出する事柄に大きく影響を及ぼすのである（Sharkey 2007)。

　2011年のはじめに日本で起きた地震，津波，原子力発電所の損傷といった複合的な災害により示されたのは，自然災害に対して最も準備が整っていると思われていた国でさえ，大規模な災害が襲った時には，食糧，避難所，エネルギー，ケアに対するニーズにうまく対処できない可能性があるということである。自然環境やインフラへ及んだ被害は，地球を破壊することなく人々のニーズを満たすような技術をいかにして開発するのか，という問いを突きつけている。また，持ち株会社の決定に対して，株式を有する民間企業にも責任があり，そのことを追及することが緊急の課題であることは明らかである。株式会社の決定は政府を含むすべての社会階層に影響を与えるが，有益な決定であるとは限らない。2010年夏，同じ年に起きたパキスタンの洪水やハイチの地震では，発災後にコレラの流行にも見舞われた。これは，衛生及び浄化された水の供給を含むインフラの再構築の迅速さに欠けていたこと，さらに，低所得国における大規模自然災害で被災した人々のニーズに，国際社会は対応できなかったことを物語っている。これらの出来事は，周縁化を防ぎ，人々のウェルビーイングに向けた権利擁護を推進していくソーシャルワーカーに対し，こうした状況下でいかに行動すべきかについて再考することを求めている。

　本章において私は，将来に向けより適切な介入や提案をなすべく，こうした出来事へのソーシャルワーカーの関与，伝統的な介入に対する検証と批判的考察を行う。私が指摘するのは，ソーシャルワーカーの関与がより予防的なものであるべきだということである。その焦点は，危機を最小限に抑えて災害に対応し，そして発災後に自分たちの生活を再構築するような，人々やコミュニティのレジリエンスを実践者が高める点に置かれている。すべてを達成することは難しいが，ソーシャルワーカーの行動において不可欠なことは，過度に資源への負荷をかけることなく環境を保護することと，適切な生活水準確保に向け

た人々のニーズとのバランスをとることである。さらに，持続可能なコミュニティ開発を創造するための知識や技術の共同生産に，どうすればコミュニティが効果的に関与できるかを考察する。持続可能なコミュニティ・ディベロップメントとは，災害への準備を進め，災害後のレジリエンスを醸成し，草の根レベルで最も大きな被害を被った人々に十分な解決策を持っている，と感じさせられるものである。そして，将来の災害に向けて準備を整えたり，予想される被害の低減を目指したり，地域の人々とその周囲の物理的環境との間にケアしケアされる互酬的な関係を築くような，堅固なレジリエンスを構築するために，異なる領域の専門職がいかに地域の人々と密接に協働しているかについても触れたい。

1   周縁化と社会的排除とは

災害は，貧困層や排除された人々により大きな被害をもたらす。それゆえ，「社会的排除」はソーシャルワーカーにとって重要な概念になる。彼らがより持続可能で包摂的な介入を行うのなら，人々の反応を理解し寄り添っていくために重要なのである。この用語を普及させたヨーロッパ連合（EC 2004）による定義は，以下の通りである。

> 「ある個人が，貧困であること，生活を営む上で必要な基本的能力の欠如，生涯を通した学習機会の欠如，あるいは差別の結果として社会の端に追いやられ，完全参加を妨げられるプロセスである。このプロセスにより彼らは仕事，収入，教育，訓練の機会から遠ざけられるだけでなく，社会そしてコミュニティのネットワークや活動からも見放される。彼らは，権力や意思決定機関へのアクセスに乏しく，そのため無力で，自分たちの日常生活に影響を及ぼす事柄に関する決定についてコントロールする権利が自身にはないように感じる。」

ヨーロッパ連合の定義は，社会的排除を周縁化と関連づけている。社会的排除の特徴としての周縁化が強調するのは，社会の意思決定構造や資源分配シス

テムへの参加権を行使することから人々を排除するような構造的バリアーを根底においた，公民権の剥奪である。社会的に排除された個人や集団は，彼らの状況がゆえにスティグマを付与され，時にはその状況を理由に非難を浴びる。貧困層の窮状を病理的に取り扱うことは，ケア専門職の恥ずべき伝統であり，それは19世紀に「社会的」という領域が，数ある支援の申請を「支援に値する」ものと「支援に値しない」ものとに区別するべく概念化されたことに，端を発している（Dominelli 2004）。このような区別は今も昔も階級を基準として行われ続けている。イギリスで平等に関する法規は長らく規定されているにもかかわらず，階級は差別の象徴であると特に明確化されておらず，法律の外に置かれていることは非常に興味深い。しかし階級差別は，労働者階級の人々，とりわけ賃金労働に就けない人々にとっては問題の核心である。階級は多くの社会政策において見えにくく，多くの人にとって禁句である。白人，黒人問わず，仕事に就けない貧しい労働者階級の人々にとって，不況と公的財政の削減のさまざまな影響下で階級差別が顕在化している。デイヴィッド・キャメロンは，「私たちは皆，ともにその（財政危機の）中にいる」と述べ，そうした対応を正当化したが，実際には彼の主張は明らかに間違っている。貧しい人々だけが，いかに子どもたちに食料，衣服，住居を与えるかについて，また暖房，電気，水といった必需品に対する請求への支払いをいかに済ませるかについて不安を抱えるのである。国と国だけでなく，一国の中でも異なる社会階層間の不平等は解消されてはおらず，逆に助長されている（World Bank 2011）。

　Byrne（2005）は，ヨーロッパ連合のものと同様の社会的排除の定義は，所有的個人主義[(1)]に基づいていると考察している。所有的個人主義は，人々の連帯を無にし，連帯を止めさせようとする社会政策を通して社会的排除を助長している。しかし，社会政策とは，本来，社会的排除への対抗を目的としている。この指摘は，災害対応において示唆に富んでいる。なぜならば，貧困で周縁化され，排除されたコミュニティには，リスクを低減するための個別の解決策に回す資金が欠如しているからである。そうしたコミュニティではコレクティブ・アクションを通して，個々の住民が互いをいかに助け合えるかが困難に打ち克つ上で重要な手段となる。この手段を行使する際に，反抑圧的ソーシャルワーク実践を支えている連帯，互助性，たすけあい，平等といった価値観が，

人々を突き動かす有効なツールとなりうる（Dominelli 2004）。この方向で業務を遂行することは，グリーンソーシャルワークがソーシャルワーク実践そのものの基盤となることを意味している。つまり，ソーシャルワーク実践とは，包摂的，総体的，平等主義的，変革的であり，人や環境をケアしまた逆にケアされるものなのである。

　社会的排除や周縁化といった問題に立ち向かうことは，現在グローバル化した世界経済を席巻している経済成長モデルに疑問を投げかけることになる。それはつまり大勢の基本的ニーズを満たすより，数少ない人々のための利益創出機会を優先する新自由主義と呼ばれる経済成長モデルである。これが生み出す問題への対応策の一つとして期待されるのは，人間のそして社会の発展において経済的な決断が必要な場合には，利益の創出よりも社会的なウェルビーイングに，地球にある資源の搾取よりも地球をケアすることに，重きを置くべきだというものである。この社会-環境的経済アジェンダを希求する動きは決して新しいものではない。1990年代に遡ると，Walker（1990）と Dominelli（1997）は，社会政策が経済及び利益創出を考慮したものに従属することを拒絶し，人々のニーズをいかに満たすかを決定する際に，社会的な領域と周縁化された人々の参加が必要であると主張した。今日，社会-環境的側面が強調されるのは，社会が発展させる経済を個人の消費パターンが決定するのではなく，より相対的な集団のニーズが社会のくさびとなるべきであると考えられているためである。この状況においては，個人のニーズは忘れられたり無視されたりするのではなく，すべての人の基本的ニーズが満たされ，同時に地球もまた生命体として持続可能であるという条件が前提とされている。現在の形での産業化と世界の自然資源との関係性の中に表れる利益を享受するために，人間が行ったことの結果に対して無関心でいることはできないのである。

　さまざまな国で協同組合や社会的企業の形成を通して，具体的にはソーシャル・エンタープライズ・アフリカ等が，こうした考え方で実践を行おうと努力してきた。他にも，ムハマド・ユヌスがグラミン銀行を創設したように，渦中にある関係者が，金融サービスから排除され周縁化された貧困層の人々に所得を生み出す機会創出を目指して尽力してきた。さらに信用組合や社会的企業も，これまで1世紀以上の間，自身のコミュニティの発展やより良い財の開発に向

けて，貧困層の人々が資源をプールできるように支援を行ってきた。たとえば，カナダのデジャルダン（Dejardins）は，コミュニティ開発及び人間のウェルビーイング推進という価値に常に立脚し，ケベック州の小さな事業体からカナダで5番目に大きな金融機関へと成長を遂げた（Shragge & Fontane 2000）。またデジャルダンは物理的な環境保護のため，環境プロジェクトにも投資を行っている。

　コミュニティ・ディベロップメントは，ソーシャルワークの範疇において最も大切な部分だが，とりわけアメリカのクリニカルソーシャルワークの支配的影響下でそれは忘却され，あるいはイギリスで特に見られるように，マネジメントに重きを置いた官僚主義的ソーシャルワークの下で，その役割を失ってしまった。コミュニティ・ディベロップメントは，社会の制度や権力構造に影響を及ぼすことによって，また，そのためにスキルや資源を活用することによって，自身のコミュニティに変化をもたらす個人と集団の実践として定義づけられる（Craig & Mayo 1995）。コミュニティ・ディベロップメントの取り組みは，経済発展と長期的な関連を持っている。とりわけ，それは生産の資本主義的な形態の進行（Dominelli 2006），そして，コミュニティのエンパワメントを醸成し，個人が持つ政府への要求を少なくするようなソーシャル・キャピタルや他のネットワークを増進すること（Putnam 2000）と関連していた。現代社会においては，コミュニティワーカーがこれらの事柄と向き合う。最近の社会的排除に関する論考では，デジタル社会によって新たに周縁化される集団が創出され，これがコミュニティで活動する集団が認識すべきもう一つの課題であることを指摘しつつ，そういったデジタル社会に関する知識の欠如及びデジタル社会そのものとのつながりの欠如から，社会的排除が生まれているといわれている（Wielm 2004）。

　現代のコミュニティ・ディベロップメントは環境への配慮を重視しはじめ，ソーシャルワーカーやコミュニティワーカーが自身の業務，地域のインフラ，人々のウェルビーイングを改善するために活動を行う際には，地球に元々ある生態系を認識することが必要だ，と考えられるようになってきた。私が「グリーンソーシャルワーク」と呼んできたものである。しかし，ここでいう「グリーン」は西洋社会で緑の党によって信奉された「グリーン」政策と結び付けて

考えられるべきではない。「グリーン」政策は消費主義の低減を目指しているが，彼らは私が焦点とする中心的課題を無視した政策を打ち出してきた。つまり，西洋社会及び南半球のいずれにも存在する貧困層のウェルビーイングの欠如という問題は，考慮されていない。また「グリーン」政策は，とりわけ現在は新自由主義の名の下にグローバル市場となったものの重要性を無視し，さらに意思決定の過程において，貧しいコミュニティが従わざるを得ない権力構造をも無視しているのである。たとえば，Catney & Doyle（2011）が強調したように，気候変動の議論に携わっている人々は，南半球に住む市場から排除されている地球の住民の大多数を無視してきた。「グリーンソーシャルワーク」は，この排除される人々をその理論と実践の中心に据えるのである。

　市場に対する批判は，「グリーンソーシャルワーク」の発現において中心的なものである。私が本書でそうしたスタンスを取っている理由は，市場がプレイヤーとそうでない人を創出することによって，人々の間の不平等を拡大しているからである。結果として，市場におけるアクターとなるのに必要な財政的な資源へのアクセスができない人々は，脇に追いやられ，排除され，権利を奪われ，周縁化される。また，市場を優先し，市場が人々の間に資源とサービスを合理的に分配することを前提とすれば，市場のプレイヤーでない人にスティグマが付与される。社会関係への新自由主義アプローチに存在する構造的不平等を，彼らが排除される原因とするのではなく，物質的な財，サービスや権力にありつけないのは自己責任だとするのである（Culpitt 1992）。

　環境劣化という状況で，ソーシャルワーカーの介入は後手に回りがちである。「グリーン・コミュニティ・ディベロップメント」を推進するためには，能動的になるべきであることを私は主張する。また人々のニーズと環境ニーズ，そして環境自身の持つ持続力との調和を図る予防的な戦略が，コミュニティの貧しく周縁化された集団との完全な協働によって開発されるべきであることも提案したい。そうした戦略の構築は容易ではないだろう。

　コミュニティワーカーとして，ソーシャルワーカーは住民を巻き込み，コミュニティ・ディベロップメントの過程に彼らが参加するよう仕向けることができる。これは地域住民が以下のことに参加するよう手助けすることである。つまり，すべての人が利益を得られるような集団的な課題解決の取り組み，取り

組むべき課題の共有，コミュニティが有するビジョンや戦略的な計画の立案，効果的な地域組織の結成，リーダーシップの促進，コミュニティの資源が持つ強み／弱みを見つけること，コミュニティを構成するさまざまな集団間の社会的な関係性の把握，地域住民の貢献度や包摂的な活動の評価，コミュニティにおける権力構造がどのように規定されるのか——誰が意思決定を行っているのか，どのように住民が意思を形成しうるのか，あるいはいかに意思決定に影響を及ぼすことができるのか——を把握すること，コミュニティに存在する物理的，経済的，制度的，文化的，そして個人的な資源を網羅したコミュニティのプロフィールの作成，活動の優先順位の決定と，活動の現実性と活用可能な資源の総体的な評価を含めた活動計画を形成するために他の住民と協働すること，その計画を始動させ，定期的な進捗状況を評価すること，特定の目的のために他のコミュニティと連携すること，最新の情報把握のための専門家からの情報収集，持続可能で生活を充実させるような決定を支援する公平なパートナーシップにおいて，活動のための新しい知識を共同生産すること，等である。これらの活動に対する継続的な評価と考察というプロセスによって，人々と環境それぞれをケアすることがコミュニティ・ディベロップメントのなくてはならない部分であり，それがこれからのすべての決定過程では必ず考慮されるだろう。レジリエンスを測り，それを高めることは，変化により良く対処していけるコミュニティの創造を目指す地域に根ざした企業にとっては，非常に重要なことである。自身の思うとおりに変化に対処し変化をコントロールしていく能力は，堅固なレジリエンスの一つの特徴である。

　力のあるコミュニティ・ディベロップメントの実践者になるために，ソーシャルワーカーに求められるのは，文化の理解と洞察，さまざまな背景を持つ人々の文化的志向，社会的志向を尊重すること，経済や政治，社会経済システムに関する知識，生態系や自然資源に関する情報や，それらに対する人間活動の結果に関する情報へのアクセス，等である。人間と地球の動植物及び自然資源との関係は相互作用的であり，多次元で流動的で，常に変化するものである。それゆえ，リスクを低減する方法を理解するためには，ソーシャルワーカーは自然科学の研究者と対話を行い，物理的環境から計測されるリスクを専門的見地から聞き，いかに適切な範囲内に環境への影響を抑えるのかについて協議し

なければならない。理想としては，ソーシャルワーカーは住民と一緒に取り組むことで知識を共有でき，その結果，今までにないような世界の見方や遭遇する課題の解決方法を発見することができるとよい（Lane et al. 2011）。

2　持続可能な開発

　ブルントラント委員会（環境と開発に関する世界委員会）は，持続可能な開発を，現在及び将来の人々のニーズを世代に渡って網羅するものと定義した。「将来の世代が彼らのニーズを満たす力を損なうことなしに，現代に生きる人々のニーズを満たすような開発の一形態」（Brundtland 1987）としての持続可能性は，環境への配慮がもたらしたものである。ブルントラントによって打ち出された持続可能性が推進力となり，1992年リオデジャネイロで開催された地球サミットでのアジェンダ21（Agenda 21 for Culture）の採択へとつながった。この宣言によって，世界レベルでの持続可能な開発の主な枠組みが示された。国際連合は，地域レベル，国レベル，そして世界レベルにおいて持続可能性の促進の責務を担う国連「持続可能な開発委員会」内に，持続可能な開発部局を有している。アジェンダ21宣言は，すべての人々が意思決定に必要な情報にアクセスする必要性を強調した。それは，人々の意思決定における社会的，経済的，環境的な配慮の必要性であり，人々がフォーマルな意思決定構造へ参加することの保障を急務の課題とした。

　先住民の人々がこの持続可能な開発の定義への反対運動で主要な役割を担った。彼らの主張は，重要な要素として文化が含まれていないというもので，2002年ブラジルのポルトアレグレで行われた文化に関する世界会議（World Public Meeting on Culture）において，彼らは代替案として文化のためのアジェンダ21を訴えた。文化的多様性は生態の多様性同様に持続可能な開発において重要であり，人権，異文化間の対話，参加型デモクラシー，持続可能性，そして平和といった文脈の中で形成されてきたものであるとも主張したのであった。このように持続可能性に関する議論は，文化的，感情的，倫理的で，総体的かつ包摂的な崇高な環境の中で行われうるものである。彼らのビジョンは2004年にバルセロナで開催された会議で公式に受け入れられ，文化のためのアジェン

ダ21が採択されたのである。このような包摂的でホリスティックなアプローチは，本書で述べられている「グリーンソーシャルワーク」の枠組みとも合致するものである。

　これらの活動は歓迎すべきだが，問題も含まれていた。国際連合と文化のためのアジェンダ21での持続可能な開発の定義は，個人の消費に焦点が合わされ，生産面は無視されていた。そこには市場及びその失敗，とりわけ環境に関しての批判はなかった。というのも，資源の平等な分配といった価値に関する道義的，あるいは倫理的基盤を有しない市場レジームこそ，環境劣化に影響を及ぼす最たるものであるという批判が欠如していたのである。つまり，すべての人の包摂や，環境と地球の恵みに対するケアや保護という視点がなかった。利益が市場主導の活動における最も重要な決定要因のままである限り，本質的には商品の生産における直接コストに付加されるべき人々や環境へのケアにかかるコストではなく，全体としてのコストの安さというものが最優先され続けるだろう。自由市場がいかに人々と環境に無関心であるかは，2010年夏にチリのコピアポ近くのアタカマ砂漠のサン・ホゼ鉱山で坑道が崩落した事故で明らかになった。その事故では，33人の鉱山作業員が生き埋めとなり，69日後ようやく救出された。この惨事は，投資とメンテナンスの欠如，労働現場における安全に関する法規制の無視，そして鉱山作業員の健康への無関心から引き起こされたものであると指摘された（Franklin 2011；Macqueen 2011）。つまり，自然災害ではなく，人的災害であったわけである。労働者と，彼らが働く環境に対するケアを行い，雇用主が労働者の扱いにおいて規則や基準を一貫して守っていれば防げたはずの事故であった。このように，法律及び労働者のウェルビーイングのどちらへも無関心であるという問題は，ソーシャルワーカーが雇用者に対して，そのアカウンタビリティを要求することで地域コミュニティを支援できる領域である。起こりうるあらゆる種類の災害に対して，企業の責任を問おうとする際に頻発しうる問題は，その企業が売却されるということである。異なるアクター間にあった継続性を壊すことで事態は複雑になり，そのため記録が失われたり，価値の無いものとなったりして，重要人物は責任を取ることなく生き残って，次のポストを見つけるなどして他の場所へ移るのである。

　チリの鉱山作業員のケースに関する経済学的な損失の分析が，生産コストが

直接的に被ったものだけに焦点を合わせているとすれば，それは不完全であろう。しかし，鉱山所有者が日常的に注意を促さなかったこと，法律の定めに従わなかったこと，救助装置を準備していなかったこと，短期，長期にわたる作業員の劣悪な健康状態，彼らとその家族が耐えてきた，そしてこれからも耐えなければならない苦痛等といったコストのすべてが計算に含まれるのであれば，ほとんど，あるいはまったくなされなかったリスク管理の，より現実的で完全な評価となろう。メディアの報告によると，2010年の33人の作業員の救出劇から１年を祝して2011年に開催された式典では，彼らに向かって果物が投げつけられるという事態が起こった。それは，炭鉱労働者が政府と鉱山の所有者に対し，労働環境の整備を怠ったとして訴えた訴訟に反対する人々であった。

　彼らは，作業員とその家族が補償を求めることを「強欲」であると非難した。さらに，非難する人々は，救助に1,100万米ドルがかかっており，納税者にさらなる負担を求めることを止めさせるべきだと主張した（Vergara 2011）。異なる労働者階級の集団間の相反する関心が，いかに環境と労働者の健康の双方を守ろうとする試みを破壊してしまうかがわかる。義務の遂行に向けた戦略がなければ，労働者と環境は，鉱山関係の産業において常に搾取の対象であり続けるだろう。そうした状況において，互いに優位な立場を保持しようとする利益相反者たちの間に連携の仕組みを構築することが，ソーシャルワーカーの役割であろう。ここで重要なのは，民間企業がなぜ投資をしないのかに関するアカウンタビリティを果たし，累積債務なしに企業を売却し，納税者が未払いの請求に対する支払いを行い，さらに貧困層の人々を，彼らが相対的に高い税率で税金を支払っていることに対して熟考を促す際に，政府を巻き込むことである。

　炭坑作業員の生活の中で非常にストレスを感じながら彼らを支え，また長期間彼らとその家族にサポートを提供することに加え，ソーシャルワーカーは，会社側と政府の過失の結果として彼らの窮状がある，という認識を会社と政府に知らしめることでも支援できるだろう。さらにソーシャルワーカーは，環境，現在の労働者，そして将来の労働者のそれぞれの課題やそれらすべてに対するケアを満たしうる解決策を探し出し，関係者すべてが利益を得ることができるような解決策を見出すこともできよう。何もしない，あるいは「普段どおりの

ビジネス」を続けることで全体的にかかるコストを見ることは，そうした解決策を模索する中で議論の一部となるだろう。実践者はこうした立ち位置に対する批判があることを認識し，その批判とも議論を交わすことが必要になってくる。チリの鉱山作業員の救出に際し何人かが指摘しているように，活躍したのは民間セクターの非常に優れた技術であった。ここで認識しておくべき重要な点は，作業員とその家族のために投入されたテクノロジーの代金を支払ったのは，鉱山の所有者だけでなくチリの納税者でもあるということである。使われたのは公共の財布から出されたお金だった。さらに，そのテクノロジーの開発初期段階において，企業に隠れた補助金が渡されていたかもしれない。これらの例が示唆するのは，関係するすべてのステークホルダーによって行われる議論——これは，対話を成功させ，ステークホルダー間の緊張を軽減するために行うものだが——から，得られた知見の全体像と，状況を総体的にとらえることが重要だということである。そうした介入は，問題解決に向けた合理的なアプローチの範囲内に収まる。論理的でなおかつ一貫した議論なしには，対峙している集団が互いの関心事に耳を傾け，相互の対話を求め合い，双方が直面している問題の解決に向けて前進することは困難であろう。ソーシャルワーカーはゴールにたどり着くため，暴力によらない解決法を見出すスキルを活用するべきだろう。

3　世界人口の増加に伴う需要への対応

　持続可能な開発の創出について，その構成要因と，達成方法が議論の的となっている。Walker（2010）のようなアナリストが強く主張しているのは，世界の抱える問題に対して持続可能なアプローチを発展させるためには，政策決定者及び研究者が3つの主要な課題に取り組まなければならないということである。3つの課題とはすなわち，気候変動，グローバル化する経済，人口の増大である。私はこの分析に同意はするが，3つの課題すべてが現在論争の的になっているものであること，その間にほとんど共通基盤がないことから，解決策を見出すことは容易ではないだろうと考える。これら3つの課題の中でも特に人口動態の変化は，強い感情論を巻き起こし，時に宗教上の信念に関わる問題

を生じるため，厄介な課題であることが明らかになってきた。この問題は決して新しいものではない。18世紀，ロバート・マルサス「人口論」（Malthus, T. R. 1798）は，人口の増加が経済のキャパシティを超えれば，社会の進歩を妨げる可能性があることを指摘した。彼は，農業の生産性の向上には限界があるため，農業が将来に向けて成長を続けるのは不可能であると主張した。緑の革命（Green Revolution）[2]の限界に関する現代の議論は，マルサスの理論に同調している。マルサスは，人類がその出生率の上昇を抑えなければ（当時は，性欲の抑制が適切と考えられていた），人口規模が経済のキャパシティを超え，食糧の値段は増加した人口が求める分に見合うべく上昇せざるを得ないとした。彼が指摘したのは，そうなるとより不利益を被りより圧力にさらされるのは，貧困層の人々だということである。これを避けるために，人口の増大は注視されなければならない。マルサスは，戦争と広範囲の伝染病によって，長期的に見て人口を持続させる均衡線に達するまで人口減少が自然に起こることを想定した。彼は人々に，それをサポートするような技術が存在しないままで，出産をコントロールするよう奨励すると同時に，晩婚と性欲の抑制を推奨した。私はマルサスの理論の背後にある，社会のキャパシティに対する楽観的な視座や単純すぎる想定には合意しないが，経済成長と地球の資源，そして人口規模との関係は，限界に達する前に熟慮されるべきである。このために，より広範囲で総体的な調査研究が必要である。またその間にも，既存の資源はどのような形であれ平等に配分され，お腹を空かせる人は誰ひとりおらず，すべての人と環境がケアされるべきである，という倫理的義務がそこには存在するのである。

　成長の限界に関して，あらかじめ決められたものは何もない。科学者の中には，少なくとも食料生産に関していえば，現在より多くの人々が地球上に暮らすことができると主張する人もいる。しかし，とりわけ裕福な地域に暮らす人々が現状のペースで資源を消費することをやめなければ，人類全体として人口増加を限りなく継続できないとも提言している（Guzman et al. 2009）。他の科学者の中には，人口は90億人で頭打ちとなり，以後減少すると言う人もいる。この数字に辿りつくための中心的な要素と考えられているのが，女性の状況である。もし女性たちがより教育を受け，より公の場に参加し，より経済的に活発になれば，目標達成は加速すると予想されている（UN 2003）。このパター

ンは西洋諸国では散見されるが，移民を人口増加ととらえなければ人口そのものは再生産されていない（Guzmán et al. 2009）。私はこの想定については懐疑的である。なぜなら，こういった主張にどの程度の信憑性があるのか，その根拠についてわからないことが多すぎるからである。人々の行動は変化し，人口動態は変容するかもしれない。歴史は，今日私たちが直面する課題に対しての示唆は与えてくれるものの，未来を予測することはできない。

　イギリスはこうした想定に肯定的な根拠を提示している。イギリスでは，女性が出産をしない，あるいはより高齢での出産に移行していることから，長い間，国内での人口再生産はされていない。しかしながら最近のデータによると，数十年ぶりに国内人口が増加している。それは移住を通しての増加ではなく，出生数が死亡者数を上回り，世帯あたりの人数が増加し，夫婦一組あたりの子どもの数も1.64からほぼ2へと上昇したのである。つまり，イギリス国内における人口の自然増である（ONS 2011）。このように人口バランスの問題は重要だが，女性が有償労働に就いたりより高いレベルの教育を受けたという単純な原因で，人口が自動的に減少していく等と想定すべきではない。人々は，社会文化的そして宗教的背景等それぞれの文脈の中で，子どもを産むか否か，また何人産むのか決断し，それによって出生率が決定する。同時に，世界における男女平等に向けて重要なのは，女性たちがより良い教育を受け，労働の現場や公的な場に参加し，避妊具を容易に入手できるよう奨励されれば，彼女たち自身がその問題に関係する人と相談し，再生産に関する決断ができるようエンパワメントされるということである。社会政策の役割は，これらの機会を女性たちが利用できるようにすることである。ソーシャルワーカーは，女性たちが自分なりのゴールに進むこと，そして彼女たちが生活すべての面において達成したいと思う領域を拡大することをサポートすることができる。さらなる社会政策の実現に向けて，ロビー活動をすることもあるだろう。

4　人間の活動がもたらす「自然」災害の悪化

　災害を，「自然災害」つまり自然に起因するものとするか，「人災」つまり人間に責任があるものとするか，こうした二元論には問題がある。「自然」災害

は，単なる母なる自然の所産だとは考えられなくなってきている。海の真ん中で起きる地震等の原因が何であるかを突き詰めていくと，2004年の津波がそう⁽³⁾であったように，両方が合わさって起きたものであることが明らかになる。「自然」で起きた被害は，環境への尊重を欠いた人間の活動によってより甚大なものになっている。たとえば，すべてのことについて安全を確保するための予防措置を取ること，貧困や社会的排除の撲滅等といった配慮の欠如である。どのような形であれ，貧困は，災害によって影響を受けた社会の中で，最も周縁に追いやられた人々の間で顕著に見られ，彼らの状況は深刻な状態にまでひどくなる。災害時に人間の活動と貧困との間にある関連は，以下で述べられるさまざまなケースにおいても明らかである。以下のケースにみられる話は，リスクを縮小するため，コミュニティのすべての人々のレジリエンスを高めるために，できることがたくさんあることを示している。強固なレジリエンスを養うためには，集団による行動，そして確実に社会経済資源や地球の恵みを平等に共有することが求められる。

（1）ハリケーン・カトリーナ

　ハリケーン・カトリーナがニューオーリンズを襲い，堤防を決壊させるほどの嵐が巻き起こったことで，周縁化された人々にとっていかに相対的に大きなリスクが存在するかが露呈した。そしてそれは，「人種」，ジェンダー，年齢，階級といったものが，回復に向けたより良い対処を行っていく上でいかに（支配層あるいは富裕層の人々にとって）保護的なものになりうるか，あるいは（より貧困な下位集団に属する人々にとって）障壁となりうるか，ということも示していた。公共施設やサービスのインフラ設備は壊滅状態であったため，個人で手段を持たない人々は，緊急事態になされるサービス，政府や慈善団体による救助や支援に頼らざるを得なかった。Curtis et al.（2011：32）は，「国勢調査でアフリカ系アメリカ人の割合が高い地域」ほど「洪水で押し寄せる水は他より高く，建物の被害はより甚大で，そして救助を必要とする人の数も多かった」と述べている。貧困，「人種」，階級といった要素が合わさって，周縁化と社会的排除の問題が激化している第9区に暮らす貧しいアフリカ系アメリカ人が，最も大きな被害を被ったのである。つまり，アフリカ系アメリカ人がハリ

ケーンによる一番の被害者だった。さらに，被災後に彼らが受けた支援は散発
的で，適切ではなかった。時には支援として相応しくないものさえあった。例
を挙げると，家族が共に過ごせる場所であったはずのコンベンションセンター
等の避難所に十分なスペースがない場合，子どもと親が引き離されることがあ
った（Pyles 2007）。結果として，Sharkey（2007）が言うように，ハリケー
ン・カトリーナは，アメリカを覆いつくす深刻な不平等を示す「象徴」となっ
たのである。

　Curtis et al.（2011）は，死者，行方不明，洪水の水位についての調査に基づ
いて，アフリカ系アメリカ人の家系に属する高齢者が死者の中で最も割合が高
いことを指摘した。そこでも，ジェンダーが重要な分かれ道となった。アフリ
カ系アメリカ人男性は，死者の中でかなりの人数を占めた（Sharkey 2007）。
そして女性，とりわけ子どもがいて家事を切り盛りしている女性は，精神衛生
状態の悪さと健康状態の悪さに関して際立っていた（Greenough 2008）。妊娠
中の女性もまた，多くの困難を抱えた。子どもたちは病気，それも感染症にと
ても罹患しやすく，その原因は彼らの免疫力が未発達で，栄養状態が悪いため
であった。子どもと女性は，防災や災害時の介入に関する何らかの決定がなさ
れる時に，意見を求められていないことも明らかになった（World Vision
2009）。

　さらにアフリカ系アメリカ人の中には，土地の所有権を証明する書類がない
ために，持ち家に暮らす人に提供された支援である家の修理を要求できない人
もいた。複合的に要素が積み重なったことでアフリカ系アメリカ人の脆弱性は
高まり，嵐が去った後は家も，教会のような「つながる」ための組織もなくな
ってしまった（Curtis et al. 2011）。このように，一番必要な時に物的資源とソ
ーシャル・キャピタル両方の蓄積がない状態となり，彼らは白人が復興を遂げ
るペースよりも遅いペースで復興を目指すこととなったのである。ソーシャル
ワーカーたちは，生活を立て直そうとする人々，再び一つとなろうとする家族，
再び人々が構築しようとするコミュニティの支援に携わってきた。資源と復興
計画の欠如によって，彼らの活動は妨げられた。連邦政府及び連邦緊急事態管
理庁（Federal Emergency Management Agency；FEMA）による無秩序なリーダ
ーシップや不適切な対応により浮かび上がったのは，ソーシャルワーカーが災

害発生前にコミュニティのレジリエンスを構築すること，そして，災害が起きた時に即座に活動できる，地域密着サービス（NCBS）によって提供されるような，教育をしっかりと受けたボランティアを一定数確保することが重要だということであった。

（2）パキスタンで起きた洪水

　2010年，パキスタンに発生した非常に強いモンスーンが引き金となって起きた洪水は，2,000万人の住民に影響を及ぼし，家，ライフライン，道路システム，コミュニケーションネットワーク，医療サービスに，壊滅的な被害をもたらした。建物，工場，家，そして5,000カ所の学校が破壊され，何百万という人々が住む家を失うか，みすぼらしいシェルターにとどまることとなった。国際赤十字社によると，ワズリィースタン地方やカシミール地方から流れ出た地雷や砲弾の薬莢は，かなりの期間にわたってさらなる危害を及ぼした。それらの存在が示すのは，何らかの理由によって地雷が爆発すれば，相当数の人に障害を抱えさせるリスクが高いことである。洪水によって国土の5分の1が水没したが，農業及び食料生産地域の中で重要な地域も，その中には含まれていた。収穫物や生活物資は重大な被害を受け，その結果としての食糧不足は，以前から不利益を被っていた人々にとって深刻な問題である物価の上昇へとつながった。衛生インフラや飲料水の欠如は，コレラ，下痢，胃腸炎，そしてマラリア等の病気への脆弱性を高めた。国際労働機関（ILO）は，洪水の影響で，530万人の人々の仕事が失われ，貧困をよりひどい状態へと追いやり，国の経済活動の停滞を招いているとした。提供された支援はつぎはぎ状態のものであった。たとえば，1974年に当時の政府からイスラム教として認められなかった宗教グループのアフマディー地区は，故意に支援の提供が断られたと非難した。少数派のシーク教徒もまた，彼らへの支援のニーズが国の重要ポストにいる人間に無視された，と抗議した。ヒンドゥー教徒のグループの中には，彼らの宗教上の制約に違反する牛肉を避難キャンプで提供されたものもいた。裕福な領主たちの中には，支援基金で私腹を肥やすものもあった。裕福な人々は逃げ込める車を持っている等，所有していた資源を活用することで，洪水がもたらすインパクトを弱めることができた。

　パキスタンの国家災害管理局（National Disaster Management Authority）は外部からの支援を要請したが，タリバンはその要請に異議を唱えた。国際連合は，緊急支援目的で4億6,000万米ドルを提供した。寄付は瞬く間に17億9,200万米ドルにのぼった。アメリカ（1国としては最大）及びEUと並んで，イスラム諸国の中ではサウジアラビア，トルコ，クウェートからの寄付が多かった。洪水による被害総額は，現在のところ1兆米ドルと計算されている。

　災害後，人々の生活復興に関わる主要支援団体の一つであるアクション・エイドは女性の支援を優先し，2011年夏までに23万4,000人の人々に支援を提供した。その他，女性や子どもにとって安心できる居場所づくりや，生計を立てるための店の開店支援等も行った。政府担当部局と連携しつつ，ソーシャルワーカーを含む市民社会組織に所属する実践者たちは，人々が災害に対する準備をより万全に整えられることを目指した。彼らは，コミュニティが万一の場合に備えるための計画を作ったり，将来災害が起きた時に情報を提供し，支援を行うキーパーソンを決めたりするサポートをした。また，生き残った被災者すべての名前が政府の記録に残り，彼らが補償を受け，将来的に必要となった際には他の支援が提供されるよう尽力した。

ケーススタディ①

　人道支援は，NGOの主導の下，大々的に行われました。その中には，世界中で活動を行って注目を浴びているものも多く含まれていました。それらは赤十字社（Red Cross），赤新月社（Red Crescent Society），オックスフォード貧窮者救済機関（OXFAM），アメリカ国際開発庁（USAID），ワールド・ビジョン（World Vision），カリタス（CARITAS）等，地域や国に根ざしており，通常はそれぞれの地域や国以外ではあまり知られていないNGOです。アクション・エイド（Action Aid）等のような支援に携わった組織は，自らを支援組織と位置づけています。しかし，彼らはソーシャルワークの仕事もこなしています。ほとんどの支援者は，人道支援の専門家としての資格を有しているわけではありませんが，地元の大学レベルで提供される研修に近いものを自分達の組織の内部で受けています。こうした人々に対して公式な形の研修が行われていないというのは，人道支援団体の課題です。適切な研修を施すこと，また，倫理的に振る舞い，その土地の文化が持つ慣習や課題を理解し，災害時に脆弱性の高い人々，生き残った被災者から搾取をしない，そういった人材の確保のために，目的に合致する人材かどうかのチェッ

クを行うことが必要です。その一方で，こうした研修に対して責任を負うべき関連学問領域についての疑問が浮かび上がります。支援に携わるワーカーがソーシャルワークの役割を果たすのならば，災害時に，社会やコミュニティの開発に重きを置くソーシャルワークの専門資格は役に立つでしょう。彼らがソーシャルワークに関連する研修を受ければ，個別や集団のニーズに注意を払うための幅広いスキルを手に入れ，さまざまな場面で業務の枠を超えて働き，倫理的に行動し，文化を大切にしつつ人と環境の両方をエンパワメントするようなやり方で行動することができるでしょう。

　人道支援活動における責任と行動のための，アクティブ・ラーニング・ネットワーク（Active Learning Network for Accountability and Performance in Humanitarian Action；ALNAP）はこうした課題の認識の下，2011年後半に，ジュネーブに本部のある人道支援教育研究センター（Centre for Education and Research in Humanitarian Aid；CERAH）と，イギリスを中心としたネットワークである人道支援のための学習と研究の向上（Enhancing Learning and Research for Humanitarian Assistance；ELRHA）との間で共同会議を開き，議論することを宣言しました。これらの組織は人道支援に関する学習カリキュラムが必要であるという見解で一致し，「各国の人道支援活動家，及びリスクの高い国々で人道支援を行う人のスケールアップ（the scaling-up）のための研修と教育」を検討すると発表しました（www.alnap.org/event/198.aspx）。CERAHはまた，人道支援に関する認定プログラムと修士課程教育を提供し，様々な大学が提供するプログラムとのつながりを含め，多様に経験値を積む工夫もしています。

　私はALNAPなどによる共同会議（「ケーススタディ①」参照）が定めたゴールに同意はするが，人道支援に携わる人々にとってのキャリアプランを明確化した上で，そのプランに沿った公式な教育の枠組みがないことを懸念している。ソーシャルワーク教育者として，私は人道支援がさまざまな領域で断片化されることよりも，ソーシャルワーク専門職が範疇とする専門領域の一つとして統合化された方がより良いことだと考える。そこにはいくつかの利点が存在する。ソーシャルワーカーは，公式に認められた教育と職業としての枠組みを有する世界的に知られた専門職であり，教育及び研修はそれぞれの地域性及び文化と関連した形で進められることが保証されている。倫理綱領も存在し，道を外れた実践を予め防止するためのガイドラインや，万一そういった事態が起きた時の処罰も規定されている。さらに，実践のためにエンパワメントを志向する幅広いホリスティックな視座を有しており，そこには，人のニーズを構造との関

係性の中で捉え，コミュニティで起きることを住民が自分たちで決めることができるように支援する「グリーンソーシャルワーク」も含まれる。

（3）2010年ハイチ地震

　ハイチで2010年に起きた地震は過去200年以上で最悪のもので，25万人の命を奪い，30万人が負傷した。100万人の人々が住む家を失った。首都であるポルト・オ・プリンスは壊滅状態となり，政府機関の入る建物，他の建造物，学校，病院，住宅等が甚大な被害を受けた。地震から数カ月後にはコレラが発生し，すでに苦しんでいた人々をさらに劣悪な状況へと追いやった。汚職がはびこり，十分に機能していなかった政府の構造と同様に，ハイチの貧困が「自然」災害の被害をより大きなものとした。ハイチは，2009年時点の所得レベルにおいて182カ国中140位で，地震前から高い貧困率を示していた。その後の調査では順位は145位となり，さらに下がる可能性がある（UNDP 2009；2011）。ハイチでは，人口の54％の人々が1日1米ドル以下で生活をしており，一人当たりの年間所得は650米ドルである。

　25万人が暮らす街としてデザインされた首都には，地震当時300万人が暮らしていた。彼らの多くは人口が過度に密集したスラム街に暮らし，悪徳な地主の格好の獲物となっていた。国が貧困にあえいでいるにもかかわらず，フランス，ベネズエラ，アメリカ政府，あるいは，米州開発銀行，世界通貨基金（以下，IMF）等への債務返済のために巨額の資金が使われ，政府の立て直しは二の次とされた。ハイチが債務を負うようになったきっかけは，100年以上前のフランスからの独立戦争で生じた被害の弁済であった。それ以降累積した債務のいくらかは，Duvalier 独裁政権下に始まった国内事業に転用されたが，一般庶民が利益を享受することはなかった（Levy 2010）。また，ジュビリー2000[4]のような活動団体からの圧力の下，債務の一部は放棄された。しかしながらすべての債務が帳消しにされたわけではなく，地震後も相当な額の債務が残っている。地震後 IMF は，地震からの復興作業が落ち着き，国の再建がなされた際に見直すという条件の下，資金提供ではなくハイチに新たな貸し付けを行った（Levy 2010）。

　スリランカの津波とハイチの地震は，地域レベルでのコミュニティ・ディベ

―― ケーススタディ② ――――――――――――――――――――――

　子どもは，災害時に特に脆弱な存在です。2004年の津波の被害にあったスリラン
カと同じように，ハイチでは一時的に両親もしくは親戚が行方不明となり捜索が必
要な子どもたちが相当数おり，さらには地震で両親を失い公的に養育されなければ
いけない子どもたちもたくさんいました。地震後の混乱の中で，こうした子どもた
ちに悲劇が襲いかかりました。大人たちの中には，売春，麻薬売買，性的虐待，ま
たは子どもたちの国や文化にまったく，あるいはほとんど関係のない，海外の子ど
ものいない人との養子縁組などの目的のために，子どもたちを騙したり，誘拐した
りする者がいたのです。また，ハイチに存在する「レスタヴェック」(5)という伝統が
悪用されることもありました。レスタヴェックとは両親が親戚などのよく知ってい
る人に子どもを預けることも含む里子の伝統ですが，この伝統を悪用しようとした
人々は，子どもたちの生活のより良い再出発のために，短期間海外に連れていくだ
けだと釈明したのです。

　ソーシャルワーカーはこうした状況で，子どもたちを保護するために配置されて
います。しかし，災害後ただちに支援できる状況であるとは限りません。というの
も，子どもの数に対する実践者数の不足や，学校等の必要な地域の施設の被災，ま
たソーシャルワーカーの中にも災害の犠牲者となった者がいる可能性もあるためで
す。この状況下で適切かつ迅速に動いたのはユニセフで，世界中から資源を現地に
持ち込むことも含め，支援者を見つけ出しました。一旦現地に入れば，これらのワ
ーカーたちは地元の専門職，とりわけソーシャルワーカーや医師，看護師，保健師
等と連携し，子どもが家庭へ復帰することや学校に通うことなど，日常生活に戻れ
るよう支援を行っています。

ロップメントを含めたソーシャルワークの能力不足を中心とした類似の問題を
露呈した。この問題は，政府による早急な対応が必要とされている。政府は国
内の研究者に対して，この問題の解決のために必要な資源を提供し，国際ソー
シャルワーク学校連盟（以下，IASSW）を通して，次に災害が来る前に教育体
制の整備や国内の回復システムの構築を行うといった海外からの支援を蓄積で
きる仕組みを作らなければならない。地震学者は，明確にいつとはいえないが，
将来またハイチで大きな地震が起こると予測している。今行動を起こすことが，
将来，よりレジリエンスのある地域や専門的な対応へと結びつくであろう。教
育を通じた能力開発は，こうした作業において重要な部分を占める。また訓練
を受けた専門職がすでに存在することを保証することにもなる。そうした専門

職がいることで，適切な形で子どもたちと関わり，彼らのウェルビーイングを見守ることができるのである。たとえば彼らは，子どもたちの家族，あるいは親族との再統合や，学校に通う等の日常生活への復帰へ向けた支援等を行う。さらに，災害防止，災害発生時に向けた準備に関して子どもたちの意見に耳を傾け，その実現に向けた支援をすることも可能である。

　北米のいくつかの大学のソーシャルワーク研究者たちは，ここ最近，ハイチにおけるソーシャルワーカー養成のための教育インフラに関して作業を進めている。たとえば長期的に支援をしているのは，相当数のハイチ出身者がいるカナダ・ケベック州のモントリオール大学である。この活動の優れたところは，海外に暮らすハイチ出身者に直接ハイチにいる相手との仕事を推奨したところである。現地の言葉でやり取りができ，文化や伝統への理解も当然深い。2010年の地震後，モントリオール大学の研究者たちは，ダラム大学，バルセロナ大学や，モントリオール，ロンドン，マドリッドの市民社会組織からの研究者及び実践者とのネットワークを形成し，ハイチでのソーシャルワーカー養成の向上に向け協働しようとした。さらに IASSW は，カリブ諸国のソーシャルワーカー養成校に対し，ハイチの仲間を支援するよう呼びかけ，実際に彼らは災害直後にハイチに入った。しかしながら，ハイチにおいて専門家による長期的開発作業に投資する力も資源もなく，結果こうした活動は減退し，今後も後退し続けるであろう。既存のシステム，政府からの支援，すでに活動を行っているNGO，特定の個人に結び付いたソーシャルワーカーの養成校等への，「おんぶにだっこ」の限界がすぐに露呈した。ハイチの人々を効果的に支援するための資源の欠如はモラルハザードを引き起こし，名誉を傷つけられ継続は難しいという理由で，活動から手を引く人も現れたようである（私信）。

　ハイチの復興は遅々として進まず，地震から18カ月経った時点でさえ，ポルト・オ・プリンスではおよそ65万人の人々がテント暮らしを続けており，ハリケーンやエミリーのような熱帯の嵐が押し寄せる季節をやり過ごさなければならない状況であった。貧困が復興努力の成果の足を引っ張っており，そこには土地の所有権や他の資源に関する争い事も存在していた（Action Aid 2011）。しかしながら，人々が集い，経験を語り合い，生き延びたことを祝い合える場所がいくつかある。これらの施設によって，将来に向けた希望が巻き起こり，

人々が癒され，地震の経験から来るトラウマとうまく付き合える可能性がある。機関間常設委員会（IASC）のガイドラインで求められている，心理-社会的支援の提供及びコミュニティの再構築に加え，国際的な市民社会組織のソーシャルワーカーは，たとえば寄附された資金が意図しない人に渡らないよう，何にどのように使われているかモニタリングするなどの仕事をするだろう。

　Action Aid（2011）は，短期の避難所の質が低下し，他に作る必要が出てきた時に莫大な追加のコストがかかるため，スラムが形成されてしまえばハイチの人々に恒久的な住宅が建設されないのではないか，という危険性を指摘した。またアクション・エイド（Action Aid）は，スラムの土地所有者や犯罪組織によって，特に社会的に疎外された地域に暮らす多くの仕事を持たない人々に対する搾取が横行する現実も強調した。そのような生活環境は，トラウマを伴う出来事から復興しようとする，個人そしてコミュニティの，ただでさえ良好でない健康状態をさらに悪化させてしまうかもしれない。状況改善のための資源供給や活動がなければ，結果として社会的に居場所がない状態を作り出しかねない。そんな社会的にも物理的にも周縁化された環境で，さらに悲劇的な状況が生み出されないようにするためには，住宅に関する戦略及び長期にわたって就労が可能な状態を作り出すことが不可欠となってくる。コミュニティで活動するソーシャルワーカーは，そうした住宅に関するアクションプランの策定で力を発揮し，その進捗の管理もできる。

　ハイチの住宅再建にあたっては，旧宗主国であるフランスから受け継がれた目的に全く合致していない土地台帳システムの改変が必要だろう（Action Aid 2011）。ある土地に何世代もの間住み続けている家族がいるにもかかわらず，他者による土地のある区画の所有の申請や土地の権利書の紛失があったり，あるいは権利書自体が存在しない等といった問題が，住宅再建プロセスをより複雑なものにしている。米州機構（The Organization of American States；OAS）は，土地の再区画事業における支援を申し出た。スムーズな再建のためには，土地の所有権の譲渡に対する現所有者への補償も行いながら，貧困層の人々と協働して住宅再建に取り組む必要があり，彼らのニーズに応えることが重要である。ハイチの人々は，以前の独裁者である Francois Duvalier（パパ・ドク）が造成させ中産階級の人々を住まわせたポルト・オ・プランスから50マイル

（約48 km）離れたデュヴァリエヴィルのような，無用な開発は好まない。しかしながら，その都市は仕事も来る当てがなく失業率は80％であり，今や活気をなくした，魅力に欠ける場所となってしまっている。

　そうした中，政府は，地震によって破壊された公的な建物の再建築のため，ポルト・オ・プリンスのダウンタウンに450 ha の土地が必要であると発表した。その計画では，土地の権利書を提示できる場合のみ補償されると決まっていた。これでは土地の所有が合法的でも，それを証明するのが難しい人もいるであろう。もしこの計画に政府が，都市にいる土地を持たない人々向けのソーシャルハウジングやレクリエーションスペースを組み込めば，就労の機会の創出につながり，また将来に向けたレジリエンスのあるコミュニティの開発にもつながるであろう。住まいと土地所有の問題は「ハイチ災害後のニーズアセスメント」には含まれなかったのである。住まいの問題は復興委員会（the Recovery Commission）の範疇においても，優先事項からは外された。これらの取り組みは，住宅再建への関心やその計画策定過程に地域住民も参加しないお粗末な開発実践といえる。コミュニティの参加なしには，再建計画は費用の面でも間違った道をたどるかもしれない。復興委員会はハイチ人と外国人半数ずつで構成されているので，そのプロセスの透明度が高いと考えられた。しかし，これでは，ハイチの人々のためとなる，強くて民主的な組織運営や政府のアカウンタビリティを実現するための活動は期待できないと言わざるを得ない。ハイチの復興計画は，社会の上流階級に属する人々の手に委ねられるのではなく，草の根レベルで持続可能性があり，包摂的なものでなければならない。

　地域住民がこうした開発プロセスに参加することは，コミュニティの強固なレジリエンスの構築においては重要である。そうすることで，地域住民は自身のスキルに対して自信を持てるようになり，自らの生活をより良くするための決断を行えるようになり，さらに政治家に対してはアカウンタビリティを果たすよう要求できるようになるのである。また，土地とその食料生産，共用施設やレクリエーション施設，住宅，産業への活用を含んだ，資源の効果的な開発にも取り組むことができるようになる。彼らをそうしたコレクティブ・アクションにうまく導くためには，集団間，そして彼らとその支配者間に，信頼関係が存在しなければならない。また，彼ら自身が以下のようなことを信じる必要

がある。つまり，経済的，社会的，文化的ゴールに到達できる，コミュニティの力を醸成できる，コミュニティのメンバーの中に存在する多様な視点や意見を受け入れることを基盤として新たな知見が形成できる，そして共に行動することで，自分たちの持ちうる最大限の可能性を引き出すことができるということを信じなければならないのである。そうした協働を通して，地域住民は国レベルでの復興プロセスにより効果的に貢献できるようになるのである。それは，ハイチの人々が求める富と持続可能な環境を創り出す持続可能な経済と就労の機会を実現するための，ガバナンス構造とインフラの構築において重要な特徴である。新たな知識を得て，直面している課題に対してこれまでとは違うやり方を見出すことで，それまでの自分たちだけの考え方に囚われていては，解決が難しく見える問題への対処において，問題の見方が変わり，より新しい機会や可能性をコミュニティ自身で見つけることができるであろう。コミュニティディベロップメントには，協働，地域のリーダーシップ，住民を支えるコミュニティ内外との連携，そして無限の力が求められる。

　ソーシャルワーカーは，これらの役割を住民が果たすようサポートできる。ソーシャルワークの実践者及び教育者は，地震前後とも，ハイチにおける能力開発活動で支援を行ってきた。2010年の地震後，IASSWと国際ソーシャルワーカー連盟は，ソーシャルワーク教育とコミュニティ復興策の振興に向け，各国の実践者と研究者を結集させた。

5　社会的区分に取り組む——障害

　民族，ジェンダー，年齢といった社会的区分は，災害という経験を個人によって差異化する重要な要素である。障害もまたそうした区分の一つであり，災害前と後に配慮を必要とする属性である。特に手足が危険にさらされやすいため，障害の数は増える傾向にある。たとえば地震後，ハイチと四川において共に障害者数が上昇した。現地に医薬品が素早く供給されることが，負傷した手足を起点に壊疽が体に広がることを抑えるためには不可欠である。医療支援がかなりの時間提供されない状況においては，たとえばハイチで実際に起こったケースだが，医療従事者は負傷した人の命を救うために，腐敗の進行を見守る

よりも，手足を切断することを選択したという（私信）。その状況下における
医療判断として，この選択は正しかったのかもしれないが，ソーシャルワーク
の観点からいえば，海が近いところで海水を沸騰させ，断続的にその手足を洗
浄する等といった，予測される危険に対してローカルな知や資源を活用した，
その地域なりの解決策，つまりレジリエンスの醸成が，災害前から必要である。
どんな災害の場合であれ地域の経験知はそこに存在するもので，支援の到着の
遅れによって考えられる健康上のリスクを最小化するため，また災害に向けた
より良い計画づくりのため，そして災害が起こる前に必要なものの手配そして
対処法を見つけるため等に活用できるものである。国際連合の受け身な性質は，
私からすれば，人道支援にとっての障壁である。より予防的に準備を進められ
る状態を構築すべきである。災害がさらに頻繁に起こり，より多くの人々や地
域が巻き込まれるようになっていることは，周知の事実である。そのため緊急
を要することとして，より効果的にそしてより迅速に，介入ができるように準
備を整えるべきである（Dominelli 2014）。

　コミュニティが抱える問題を解決する際に，コミュニティと協働することは
不可欠である。彼らは"ローカルな知"を持っている。リスクに関する認識を
高め，既存の防災戦略等をベースに地域の人々を支えるためには，今存在する
ストレングスの上に立脚するものでなければならず，そこに根ざすことで，コ
ミュニティや個人のレジリエンスやウェルビーイングを高められるのである。
Zhu & Sim（2009）は，四川大地震の後，学校で障害児に対してなされた活動
を感動的に記している。若い人々や先生方に，自分への自信と堅固なレジリエ
ンスを構築してもらおうと，バレエの指導が行われた。子どもたちはその過程
で，コミュニティにおける特使になりうる。防災術の一環として，子どもたち
を訓練すること，また自然災害が起きた際に何をすべきか伝えることは，生命
と財産を守るための防災戦略の一つである。教室でそうした訓練を行うことは，
そうした戦略整備を著しく加速し，質の高いものにする。このやり方は，バン
グラデシュ，中国，日本，エルサルバドル，フィリピン等の他の国々で採用さ
れた。子どもたちの声に耳を傾けてレジリエンスの構築に向けた活動が促進さ
れ，防災戦略の策定に寄与する（World Vision 2009）。予防的活動として中核
をなすものとしては，適切な避難所を建設すること，それらが安全な場所にあ

ることを確認すること，必要な時には使用可能な状態であることを確認すること，人々の耳に届く場所への早期警報システムを整備することがある。災害が実際にいつ起きるかを予測するのは難しいが，迅速な対応を訓練しておくことは必要であろう。財源が乏しい場合，貧しいコミュニティに目的別の避難所を建設するよりも，多目的に活用できる建物の方が，投資としては効果があるだろう。そうした建物は平常時には使用されない期間がかなりあることを前提にすれば，学校やコミュニティセンターもその役割を果たすだろう。

　ソーシャルワーカーには，災害に対する準備の中のすべての要素において担うべき重要な役割がある。それは，能力開発，がれきの除去，安全な避難場所の明確化，住民が暮らしたいと願う安全で，アクセスが容易で，しかも経済的に手の出る恒久的な住宅の建設，そして，持続可能な開発が段取りを踏み，透明度を高めるための計画プロセスへの人々の参加，とりわけ周縁化された子どもたち，女性や男性の参加等に向け，権利擁護活動を行ったり，活動の調整を行う，等である。

結　　論

　自然災害と人的災害の境界線は，ますますわかりにくくなっている。それが不鮮明なのは，人間の活動が風景，そして「自然」の地形に影響を与えてきたためである。予防に焦点を合わせて，人が自然に対して引き起こす影響を低減すること，個人やコミュニティのレジリエンスを改善すること，長期にわたって持続可能な解決策を創出することが，これからの方策である。ソーシャルワーカーはコミュニティに寄り添い，人々のウェルビーイングを促進しながら，そうした計画策定を支援する中で非常に重要な役割を果たす。しかしながら，今のところソーシャルワーカーは，他の人たちに専門職の領域を侵食されていること，ローカルとグローバルな問題両方への目配りが自身に欠如していること，長期にわたる活動に向けた能力と資源が不足していること，さらには国際連合災害介入委員会の体制の中で役割が限られていること等で，その評価が低いものとなっている。

注

(1)　（訳注）C. B. マクファーソンの用語。

(2)　（訳注）農薬の導入，高収率穀物とより良い管理により大いに農業生産性を上昇させた1940年代〜1960年代の技術革新を指す。

(3)　（訳注）スマトラ島沖地震による津波。

(4)　（訳注）jubilee 2000。本部・イギリス。同団体は，「最貧諸国の債務を2000年末までに一切帳消しにしよう」と提言しており，これには10億人の信者を抱えるローマ法王とカトリック教会をはじめ，プロテスタントの世界キリスト教会協議会，国際自由労連，国際的な NGO 等が参加しており，かの「地雷廃絶キャンペーン」を思い起こさせる規模の世界的なキャンペーンに発展している。

(5)　（訳注）貧しさ等から子どもを養育できない親が，他人に子どもを預けること。「子ども奴隷」や「奉公奴隷」とも呼ばれる。大半は食事を満足に与えられない上，学校にも通わせてもらえず，家事や労働を強制される。暴行や性的虐待を受けるケースも少なくない。ハイチ全土で50万人に上るともいう。

<table>
<tr><td>第7章</td><td>天然資源の不足と国家間の紛争の解決</td></tr>
</table>

---- 訳者コメント ----

　本章では不足する資源をめぐる紛争状況と，それに対する地域，国家，国際レベルでの対応，そしてそこにソーシャルワーカーがどのように関わるかについて論じられています。とりわけ資源の持続可能な開発と紛争の平和的解決に向けて，ソーシャルワーカーの政策立案への参画や政策に反映させるための働きかけの必要性が強調されています。本章では，ソーシャルワーカーの活動領域が紛争のような危機的かつ緊急性のある状況への対応も包含している幅広いものであること，それゆえにホリスティックな視点の保持と自己研鑽を怠らない姿勢がいかに重要であるかを示唆しています。

はじめに

　土地，水，エネルギー，鉱物といった地球上の天然資源は，西洋型開発モデルをベースとしたアグリビジネスや産業化プロセス，そして上昇し続ける人口増加率によって枯渇しつつある。現在，イギリスで開発された西洋の産業化モデルが世界に拡散しているが，需要に対して天然資源が持続可能なものでないことは明らかである。西洋の産業化モデルは，新自由主義的な資本主義社会で利益を享受しているわずかな人たちにとってさえ，彼らの高い生活水準を維持するものとなっていない。国連が2050年までに世界の人口が90億人を突破すると予測している。国連の予測からすれば，このまま増え続ける地球の人口を養っていくことは難しいといえる。私は，こうした状況を「マルサスの罠」⁽¹⁾に重ね合わせるつもりはない。しかし，人々を貧困から脱出させ，世界のすべての人にとって持続可能で健康的なライフスタイルを促進するような開発方法が見出されないかぎり，現世代及び次世代の人々や動植物にとって，この先の見通しは暗いものになろう。ただし，環境的側面から「持続可能な開発」には非常

に大きな壁がある。なぜなら，「持続可能な開発」は，人々，とりわけ女性や子どもを含めた周縁化された人々へのエンパワー，貧困や飢餓の克服，環境の持続性の維持，HIV/AIDS やマラリアを含む病気の蔓延の防止，母子保健や子どもの死亡率の改善，初等教育の改善，生活の質を高めエコシステムを保護すべく世界のさまざまなステークホルダーとの協働等を目指すものだからである。

　地球の天然資源が不足してくるにつれて，国家間の競争と緊張が強まってきている。国連は，こうした課題について秩序ある解決策を作り出すための国際的な合意を求めている。国際機関や多くの非営利組織，市民団体等，国際的レベルにおいて連携開発，貧困削減，生活保護，多様な生物の保全が開発に不可欠であることには同意している。しかし，これはローカルな政策が作られる国レベルへのアプローチにはならないだろう。たとえば，貧困削減戦略報告書（Poverty Reduction Strategy Papers）では，生物の多様性や環境保全，貧困削減のいずれにも焦点を合わせていない（Pisupati 2004）。国際的合意は国家的，地域的に無視されつつあるのかもしれない。ヘルシンキ規則は，1966年に国際的に合意されたものである。そこには，水の使用についての公平性の原則が記されている。しかし，現地での協定は既存の水の使用量や配分に与しやすく，このヘルシンキ規則と必ずしも整合性がある訳ではない（Anand 2004）。それは中央アジアでみられる水不足の状況からみても明らかである。人口移動は資源をめぐる論争を激化させる。なぜなら，後から移動してきた人々と，元々その場所にいた人々の双方が，土地に対する主権を主張し合うからである。とりわけ，主張の応酬の際に武力行使がなされた場合，人々は避難する場所を求めて移動するので，資源をめぐる論争はさらに激化するのである。

　本章では，ソーシャルワーカーが，資源不足をめぐる潜在的葛藤を解決し，地球上のすべての国にとって利益となる国家間の取り組みにいかなる方法で支援できるかについて述べる。加えて，地方，地域，国家，国際的レベルで取り組んでいる支援策についても考察する。これは現場の実践家にとって，地域が資源へのアクセスに広く関わっていくことを意味する。資源の中には，普遍的ニーズである飲料水や家庭用水，農業用水，工業用水の持続的な使用が含まれる。ソーシャルワーカーは，水資源の使用をめぐる地域レベルでの持続可能な

コミュニティと社会・経済的な開発に向けて，より最善な結果となるように関わるだろう。その介入に際して，ガバナンスの推進が地域のグループ同士で共同開発するための中心的な検討事項となる。その他に諍いを生じさせる可能性のある資源として，土地，エネルギー，食糧等がある。私たちはすでに食糧暴動の世界的広がりを経験した。2008年，食糧価格の高騰が続き，貧しい人々の生活がますます不安定になったことが原因であった。一部の評論家は，2003年のイラクへの侵攻が西欧，とりわけアメリカへの石油供給を保証したと主張してきた。また，ナオミ・クライン（Naomi Klein）は，『ショック・ドクトリン（*Shock Doctrine*)』の中で，災害が資源をシフトさせるために活用されていることを明らかにした。2004年に起きたスマトラ島沖地震の時のように，土地やその他の資源を財力をもって弱者から奪い取る人たちがいるのである。

ソーシャルワーカーは，こうした地域で人々の資産や彼らが先祖から受け継いだ土地を彼らが保持し続ける権利を擁護する。そして，資源の略奪を防ぎ，人々の環境がさらに悪化しないように保護する役割を果たすことができる。

1　資源不足と場所・空間のダイナミクス

前述したように，資源をめぐる紛争は，資源の稀少価値によるものだけでなく，人口移動，とりわけ貧困な人々の移動によってより激化する。このような紛争は，暴力へとエスカレートする可能性があり，爆撃と採鉱が日常化すればさらに環境が破壊される。環境における人口動態の理解とその影響については，人口に関する種別ごとの分析が求められる。たとえば，年齢（若年か老年か），民族，立地（都市か郊外か，北半球か南半球か），家族規模（親子の人数），世帯構造（核家族が主流となっている）についての数量的な分析が必要である。世帯規模は，ブラジルと中国のような国では徐々に縮小している。両国では，子どものいない世帯の増加に伴って出生率が減少しているが，これらの世帯では片稼ぎか共働きかにかかわらず，子どもがいる世帯とは異なる消費パターンをもつ。より財を有し，より資源を消費し，より温室効果ガスを排出する（Jiang & Hardee 2009)。他にも類似した現象が起こっており，一部の国ではこうした傾向を食い止めるための取り組みがみられる。たとえば，コロンビアのマニサ

レスという地域では，低所得者が利用できる健全な区域を設け，周縁化され地盤も弱い土地にある人口密度の高い地域から彼らを移住させ，気候変動による影響を軽減するように努めている（Velásquez 2005）。

　連続して起こりうる気候変動のシナリオや環境の悪化と紛争に対する脆弱性を予測する上で，貧困とリスク間の関連性は複雑である（Balk et al. 2009）。空間と人口統計データを示す地図には，衛生設備，排水設備，給水設備の位置が表わされている。このような地図は，政治家や非常時の緊急対応担当者，技術専門家らが，潜在的な危険要素を確認し，被害を最小限にとどめることに役立つ。また，すでにあるインフラ施設や設備を含めた乏しい資源をめぐる諍いの中でも，今にも暴発しそうなホットスポットを正確に把握することができる。こうした地図は，国連人口部門の地球地方-都市地図プロジェクト（Global Rural-Urban Mapping Project；以下，GRUMP）により開発されつつある。GRUMP は，コロンビア大学の地球学研究所（The Earth Institute）内のソシオエコノミックデータアプリケーションセンター（Socioeconomic Data Applications Center；SEDAC）に設置され，構成員はニューヨーク市立大学の研究者たちとニューヨーク市の人口評議会である。

　個人や集団の移住が，気候の変動や環境の悪化，紛争に与える影響は不明である。とりわけ，何が特定のシナリオにおいて起きるのか，それについての実証的なエビデンスが不十分な状態である。人間の働きがもたらすものを計る際には，多様な要素を考慮しなければならない。異常気象が起きている地域，そこでの環境の悪化や影響を受ける人の数によって，その結果も変わってくるだろう。具体的な例として，ダルフール紛争が挙げられる。ダルフール紛争は資源不足の状況下で，遊牧民と定住農民地域間の潜在的な緊張が高まり，武力闘争にまで発展した事例である。この紛争は，地域住民に悲惨な結果をもたらすこととなった（Bachir 2008）。そこで，政治的な周縁化や経済活動の機会の制限，伝統的な社会構造や当事者間の調整を試みた活動によって，環境圧力の影響がさらに強まった（Edwards 2008）。ルワンダでは，水不足をめぐる紛争地域で集団虐殺すら起こった。

　一方，天然資源の需要をめぐる紛争の解決策として，非暴力的解決方法を模索している国がある。最近の一例をみると，エジプトとエチオピアは，両国に

おける人口の増加によるニーズの充足と，社会的弱者のための生活水準を改善するために，ナイル川の水利権をめぐって会議を開いている（Kameri-Mbote 2007）。こうした動きは，かつて，カウェリ川を流れる水の使用権と管理権をめぐって武力衝突が起こったこととは対照的である。

　一部他の州が関与してはいるが，カウェリ川をめぐって争点になる地域は，インドのカルナータカ州とタミル・ナードゥ州である（Anand 2004）。この論争は長期間にわたるものである。インドがイギリスの植民地だった時代，すなわち初めて居留地が形成された1807年まで遡る。それ以来，継続的に衝突が起こり，1991年から2002年の間に深刻な武力衝突もあった。裁判所はその間，論争の解決に努めてきた。しかし，今日に至るまでの裁判所の判決には多くの人が疑問を呈してきた。1991年の紛争で起こった暴動は，バンガルール地域に所在する学校が相当の期間閉鎖されるほど深刻なものであった。また，農業用水や工業用水，家庭用水の需要が増え，さらに状況は悪化した。水をめぐる紛争は，他の資源にも影響を及ぼす恐れがある。2002年の紛争では，電力変圧器がタミル族の武装勢力によって破壊され，電力生産量に影響を及ぼした。これはカルナータカ州に水の供給権が与えられなかったことに対するタミル族の報復行為だったのである。中央政府とインドの最高裁判所が紛争地域間の和解を仲介する等，紛争の解決に向けた試みがなされた（Anand 2004）。

　ソーシャルワーカーは，このような紛争地域のコミュニティグループ同士が活発に話し合いができるように努める必要がある。十分協議がなされない場合は公的で官僚的なアプローチより，直接人と向き合うことで理解を促すことが求められる。

2　資源不足の状況におけるソーシャルワーカーの関わり

　限定的な資源をめぐる紛争は，資源不足の形態が多様であるため，いつでも，どこでも起こりうる。通常は土地，鉱物，領空，水，住宅，雇用機会に焦点が合わせられるが，他の資源をめぐる紛争も考えられる。以下では，紛争につながりうる，水，住宅，雇用といった，より影響が甚大である資源の不足について考察する。また，ソーシャルワーカーが，これらの課題の解決に向けて，

人々をいかに支えられるかについて述べる。

（1）住宅難と雇用機会の不足

　ソーシャルワーカーはこれまで，国家間による資源の公平な配分の保障に向けた政策討論にほとんど関わってこなかった。しかし，ソーシャルワーカーは，資源不足による紛争で混乱状態に陥った時に，それを調整するためにコミュニティレベルで働く中核的な専門職である。住宅はどんどん不足してきている。適切な価格で購入できるような住宅が不足し，しかも，それらの住宅はレベルの低い構造のため，住宅難はさらに深刻化する。世界にはすでに20万カ所のスラムが存在し，そこには10億を超える人々が暮らしている。

　ソーシャルワーカーは，交戦しているグループに，非暴力による解決策と対話を勧め，前向きな方法を見つけ出し仲裁する。その一例を挙げよう。南アフリカ共和国のインカタ自由党（Inkatha Freedom Party；IFP）とアフリカ民族会議（ANC）のメンバーらが住宅難と職業難をめぐって衝突したことがある。その時に，ダーバンにあるクワズール・ナタール大学ソーシャルワーク学部がコミュニティレベルで貢献した。両集団間の諍いは，複数の市，とりわけヨハネスブルグとダーバンで抗争が広がった1994年を含め，選挙前後にはすでに暴力を伴っていた。

　解放闘争の中で，アフリカ民族会議の支援者は，インカタ自由党を率いたブテレジ議長（Mangosuthu Gatsha Buthelezi）が指導するズールー人（Zulus）との武力闘争に明け暮れていた。両者間の闘争は，1994年アパルトヘイト（人種隔離政策）が終了し，国が解放され，アフリカ民族会議を率いていたネルソン・マンデラが大統領に就任した後も続いた。地域社会においても，人々は不足する職業と住宅を求め，最終的に暴力に訴えた。クワズール・ナタール大学ソーシャルワーク学部のスタッフと学生たちは，インカタ自由党とアフリカ民族会議のメンバーが対話によってより良いものを作り出すために資源をプールするよう，コミュニティ・ディベロップメント活動を開始した。そうした活動は，従来の敵対的要素を相当軽減させ，継続的な対話を実現させた。

　南アフリカの各地では，内戦地域から移住労働者や難民申請者，避難民がやってきた2008年，さらなる衝突が一斉に起こった。その中でもジンバブエとモ

ザンビークから移住してきた人々は，特に危機にさらされていた。闘争が続く中で，2008年と2009年の間，60人の移住者が殺され，10万人が強制的に退去させられた。ソーシャルワーカーたちは，必要な書類を持たない移住労働者を攻撃から守り，移住労働者と南アフリカの人々の双方が，衝突の責任を相手方に帰そうとする事態に対処すべく，支援の重要性を確認した。クワズール・ナタール大学ソーシャルワーク学部は，移住労働者や難民申請者，避難民のために民族紛争に介入した。同学部は，社会正義の枠組みに基づき紛争問題を解消し，1994年以来，南アフリカの象徴にもなっている人種間の問題を解決するための関係づくりのモデルを構築するよう政府に求めた。

　この件について，南アフリカ共和国のプレトリアに所在する国連の人権事務局は，南アフリカ人権委員会（SAHRC）と協働して，反差別プロジェクトを開始するために10万米ドルを提供した。そして，反差別プロジェクトの運営は，南アフリカ人権委員会が担うこととした。また，このプロジェクトは紛争による個別の被害者を支援するとともに，反差別の立ち位置と法律制定に関する認識を高揚させることによって移住者のための支援環境を創出し，南アフリカ人権委員会の力量を高めることを目指している。

（2）水資源の不足

　地球の71％は水である。しかし，その中で淡水は2.5％に過ぎず，その大半は南極大陸の氷河である。わずか1％の水だけが使用可能なのである。しかしながら，その水は地球上で不平等に分配されている（De Moor & Calamai 1997）。水不足の問題は，現在，燃料不足と同様に，社会科学分野の関心事になっている。水不足をどうとらえるかについてはあまり知られていないが，一家庭あたり水の使用に家計所得の3％以上が費やされている時を水不足の状態と定義づけている（Benzie et al. 2011）。

　使用可能な1％の淡水のうち，8％は家庭消費向けに使われている。10％の淡水が工業用水として，残りの82％が農業用水として使われている。すべての地域で水が無駄に使用され，その量も相当な量である。だが，その大半が回避できるものである。たとえば，農業用水における無駄は相当な量であるが，それは主に非効率な灌水システムによって発生する。De Moor et al.（1997）によ

れば，こうした無駄は農業目的の水使用に対する助成金を廃止することで大幅に改善できるという。水に対する助成は，商品価格を下落させ，市場メカニズムを歪曲し消費を助長するものだとして，家庭を含めた社会のどの部門においても，水の助成金について疑問視している。それだけでなく，助成金は水の消費量に応じて対価を支払うため，貧困層より富裕層に有利に働いていると主張している。貧困な人々はより安価な水の供給源へアクセスできず，かつ消費量が計測されているからである。アメリカ，中国，中央アジア，ボリビア，その他各地で行われる開発事業から，De Moor らの主張の正当性が確認できる。水質汚染もまた課題の一つである。水質汚染は大幅に改善することが可能であり，とりわけ下痢や水因性胃疾患等で苦しむ子どもたちが健康的に成長できるためにも，継続して解消していく必要がある。

　飲料水は不足しているし，供給においても不均衡が生じている。飲料水はもはや巨額の利益を生む商品に転換し，持つ人と持たざる人との間で緊張が高まるだろう。たとえば，中東地域には世界の人口の5％の人々が暮らしているが，淡水資源はたった1％しかない。水資源の不足を解消するために，海水の淡水化，深帯水層の発見，貿易等，多様な手段を用いて淡水を確保しなければならない。将来，水資源をめぐる諍いは，恐らくより深刻になる（UNESCO 2006）。飲料水にアクセスできない世界中の11億人のことを勘案すれば，水紛争はどこでも起こりうる。もちろん，飲料水の不足だけが，水資源をめぐる諍いをもたらす唯一の原因ではない。企業による水質汚染，灌漑や産業製造工程，そして魚の養殖業のような水産業等の商業用途の水不足もまた，水の使用権と所有権に関する意見の不一致を激化させる。誰もが乏しい資源を効率的に使用しなければならない責任があると認識させること，そしてすべての消費者に清潔な水が供給されるように保持する責任があると認識させることが課題だといえる。

　国連水文学計画（The United Nation's Hydrological Programme）と世界貿易機構（WTO）は，加盟国間に生じている水をめぐる紛争の解決に取り組んでいる。また，課題について意識を高めるとともに，平和的な紛争解決を促すための専門家の育成に努めている。こうした役割を果たすのに，最もふさわしい専門職がソーシャルワーカーなのである。水資源及びその流域には多くの地域や国が存在しており，そのため国家間の協働が重要なのはもちろんだが，すべて

のニーズが充足する公正な解決策を紡ぎ出すためには，国家間の「相互依存」
にも焦点を合わせる必要がある。

　ユネスコは，隣国間で水資源の適切な配分方法の設定可能にするために，国
境をまたがる帯水層の地図を作成してきた。水をめぐる紛争はどの国でも起こ
りうる。1960年代，カナダとアメリカの国境地帯に広がる五大湖が汚染された。
それに対して沿岸部の住民たちは，汚染を解消し，これまでのように魚や野生
動物が安心して生存できる環境を取り戻すよう求めた。アメリカ議会は1972年
に水質浄化法（Clean Water Act；CWA）を立法化し，水の浄化作業を進めた。
時には，このような緊張状態は中国のように複数の都市や地方で飲用水が不足
する一国の中でも起こりうる。中国政府はその対応策として，水質汚濁防止法
（Water Pollution and Prevention Law）を策定し，中央政府の権限を用いて緊張
状態を抑制した。

　2000年，ボリビアの地方都市コチャバンバでは，都市の水供給をめぐって，
多国籍の企業からなるコンソーシアムが水の所有権と運営管理権を求めた際に
抗議が噴出した。この時，世界銀行は，ボリビアへのさらなる借款のために幅
広い条件を課したため民営化が遅れた。世界銀行は国家の体制があまりにも頽
廃していたため，水資源の管理や民営化が適切に行われるかを懸念した。なぜ
なら，そうした管理体制の下，トラックや手押し車で運ばれる水を納得のいか
ない価格であり信頼できない水質のものを人々は買わなければならなかったか
らである。コチャバンバに暮らすボリビア人は民営化に反対し，政府の動きに
抵抗した。それ以外の人も抗議に加わり，労働者，小作農民，中流階層の専門
職，警察や教員らが賃金の引き上げを求めるストライキへと拡大した。このよ
うに人々の不満は，国内の複数地域での武力衝突を誘発した。この事例は，ど
れだけ多くの要素が，水をめぐる諍いのきっかけとなるかを例証するものであ
る。

　中央アジアにおいても水をめぐる争いがみられる。シルダリア川とアムダリ
ア川地域での争いがその一例である。この地域全体に動植物の生息地が消失し
た。これは人間が環境へ介入することで引き起こされた結果である。このこと
は1960年代以降の枯渇により縮小し続けているアラル海をめぐる出来事に集約
される。アラル海は今や，2つの塩水湖となって縮小してきている。そのため

魚資源は枯渇し，地域で生活する人々の健康を損なっている。このダメージは，当時の旧ソ連の政治家たちがアラル海に流れ込んでいた2つの主要な川の水を農業用水目的に流用することを決定したことに起因する。その理由は木綿を栽培するために大量の灌漑用水が必要だったからである。ウズベキスタンとトルクメニスタンの木綿生産業者が，この政策の主な受益者である。

　水問題をめぐって，川岸の5カ国間（川が流入する国）で水がもたらす直接的利益に関する論争が錯綜している。つまり，シルダリア川とアムダリア川岸にあるキルギス，カザフスタン，トルクメニスタン，ウズベキスタン，タジキスタン間の論争がそうである。水をめぐる論争は，国境をまたがる水やエネルギー等の天然資源をめぐるさまざまな組み合わせ，政情不安，国家主権についての課題，汚職，脆弱な輸送インフラ，国家間の民族・宗教上の分裂，国境紛争，人口対比著しい貧困等といった旧ソ連が残した問題によって，より複雑化している（ICG 2002）。

　Allouche（2007）は，中央アジアにおける水問題が供給の不足というより，むしろ不平等な分配にあると指摘した。それは，旧ソ連による水の割り当てに関する決定が，現在それぞれの領土に流入する水にすべてを頼らざるを得ない5つの独立国家にとって不適切だからだという。このように水をめぐる紛争は，水の使用可能性というより，むしろ資源の統治と運営管理の問題となってきている。状況は不安定であり，常に紛争の可能性がある。紛争は干ばつの時期により起こりうるだろう。5つの独立国家は旧ソ連の崩壊後，直ちに木綿生産地に関する旧ソ連の決定に同意したが，具体的な方法に関しては同意していない。1992年のアルマトイ協定を受けて，川岸の上流地域のキルギスとタジキスタンがウズベキスタン，トルクメニスタン，カザフスタンに水を提供するという旧ソ連による分配法の維持に合意した。それと同時に，下流地域の3カ国（ウズベキスタン，トルクメニスタン，カザフスタン）は，上流地域の2カ国に利用可能なエネルギー資源の提供に同意した。さらに，5カ国ではアラル海を復活させるために，自国のGDPの1%を積み立てることにした。しかし，それぞれの国の政治家が自国の利益ばかりに関心を持つようになったために，この協定の効力は消滅しかけている。

　水問題を解決するための主要機関として，アラル海救済国際基金（the

International Fund for Saving the Aral Sea；IFAS）と国際水調整委員会（the Interstate Commission for Water Coordination；ICWC）が組織された。しかし，水力発電を行うために水を使用するか，土地を灌漑するために水を使用するかで意見が分かれて国家間の水をめぐる紛争を悪化させたため，彼らの手に負えなくなってしまった。キルギスの場合，水を市場で取引できる商品として取り扱うことを望んでいた。しかし，木綿栽培地域で灌漑目的に水を使用する人々から反対された。また上流地域の国では，下流地域の国が水を供給する設備を維持するために必要な正当な経済的対価を負担しないで水を受給していると不満を述べた。さらに，上流地域の国は，下流地域の国が受給した水が農業目的に配分されていたため，非効率的であると強く批判した。

　専門家はウズベキスタンが灌漑目的に必要な水の量の4倍から6倍を使用しているが，使用する水が計量されず，その経済的対価を負担していないと推察している（Alloche 2007）。ウズベキスタンとカザフスタンは水の経済的対価を負担しないが，キルギスへのエネルギー供給においては市場価格を課している。このように，国家間の論争において，水の保障がないことがエネルギー保障を農業保障と対抗させる手段になる。

　水の使用に関する合意がなされなかったために，キルギス，タジキスタン，ウズベキスタン，トルクメニスタン，カザフスタンの水の所有権と使用権に関する論争は，人口，産業，農業といった3つの主要なユーザー集団間で水の需要が増大することによって，より拡大し複雑化してきた。シルダリア川とアムダリア川の2つの主な川岸地域において水の所有権をめぐる民族集団間の紛争が，この論争の特徴的な点である（ICG 2002）。問題はきわめて深刻な事態となり，2010年夏にキルギスとウズベキスタン間で激しい武力衝突が起きた。当時，両国の政治家たちは，地域部族民の緊張を静めようとするより，国益を優先した。その結果，キルギスの第2の都市であるオシ地域で武力衝突が勃発し，200人の死者と40万人の避難民が出た。それに続く暴動では，キルギス人とウズベキスタン人の間で，地域における主権について主張の応酬があった。実際，地域資源の恩恵を受けるべきは真の居住民だけだとして，地元の住民が移住労働者を追い出したのである（Stern 2010）。

3 紛争難民

　難民は安全を求めた人々が暴動を起こしたことに伴い，不動産のシステムが破壊されたことによって生じた。そこで，ソーシャルワーカーには国境に殺到したウズベキスタン難民を支援することが求められた。キルギスのオシ地域における紛争の遠因には複雑な民族性がある。ウズベキスタン人はキルギス人より経済的に優位であるにもかかわらず，安全な生活が確保されないと感じている。一方でキルギス人はウズベキスタン人との協働の歴史があり，かつ彼ら自身の土地であるにもかかわらず自分たちの事を二流市民だと考える。オシ地域を抜け出した難民は避難所と平和を求めた。彼らは人を攻撃することはなかったが，暴動に巻き込まれ，家が燃やされ，さらには主流民族集団ではないという理由から人々が殺されたので，命からがら避難したのであった。

　難民キャンプは安全な居場所を提供するものと想定されている。しかし，安全は保証されず，暴動が広がればキャンプも危険区域になりうる。そこでの武力は，多くの場合，女性と子どもを狙う。特に，若い女性が狙われる。たとえば，2004年スマトラ島沖地震によるインド洋津波の発生後，被災者を支援するためにいくつか避難所が設けられたが，そこにいる若い女性がセクシャルハラスメントや虐待の被害に見舞われた（Fisher 2005）。それと類似した問題はダダーブキャンプ（Dadaab Camp）でも発生した。

　子どもたちは甚大なリスク下にあっても強いレジリエンスを発揮し，トラウマ的状況への対処能力の高さを証明した。それを可能にしたのは，子どもたちに対する大人の積極的なサポートや子どもたちが直面している問題を解決するための支援，当事者間の支え合いがあったからである（Boyden & Mann 2005）。他にも，子どもたちが信頼でき，かつ彼らに寄り添う大人の存在（Werner & Smith 1992）も，その理由として挙げられる。ソーシャルワーカーが災害時に子どもたちの生活を支援する上で，子どもの権利と子どもを中心に据えた考え方は，子どもたち自らの意思表明を可能とさせ，親や地域リーダーたちと協働していく中で大切にすべき要素である（Seellos et al. 2011）。ソーシャルワーカーが，こうした考え方をもって慎重に事を進めることは非常に重要である。異

なる文化的背景を持つ人たちの中には，ソーシャルワーカーの行動により怒り
を覚える人が出る可能性も潜んでいるからである（World Vision 2009）。

　ソーシャルワーカーは，中央アジアにおける異文化間の摩擦を和らげるべく
支援する必要がある。主要民族集団と少数派の宗教的・民族的コミュニティの
双方に携わった異文化間の支援（クロス-カルチュラルワーク）を展開し，円滑
な地域関係を構築することが求められる。こうしたソーシャルワーカーの支援
は，タジキスタンとキルギスの国境にあるフェルガナ盆地での激しい争いへの
対応に非常に有益である。ソーシャルワーカーは移民者たちが国境を越える際
に，移民局職員が彼らに尊厳と尊敬の念を持って接し，民族間の緊張感を減ら
すべく，移民局職員に向けた人権についてのトレーニングを行ってきた。

　中央アジアに存在する複雑な要素は，水問題をめぐる川岸の5カ国だけでな
く，水の配分と使用で利益を得ようとする他国の存在とも関係している。アフ
ガニスタン，イラン，ロシア，中国が中央アジアにおける水の配分について，
戦略的に関心を寄せているからだ。ロシアと中国の関心は，使用分の他，水資
源開発に投資するための財源と資源があることからより際立つ。また，ロシア
と中国は主要河川の流用も計画している。もしそれを実行すれば環境への深刻
なダメージを与える要因となりうる。特に懸念されることは，ロシアのシベリ
ア流用計画（Russia's Siberian Diversion Scheme）と，中国が新疆地方を開発し
そこに4,000万人を定住させるためにイリ河とイルティシュ河を流用する計画
（China's diversion plans for the Ili and Irtysh rivers）である（Allouche 2007）。両
計画がすべて実行されれば，アラル海は完全に破壊されるだろう。利害関係国
間の諍いが，今すでに問題となっている有限資源にさらに負荷をかけることに
なり，多くの人々に多大な苦痛を与え，環境にますます深刻なダメージを負わ
せることになるだろう。

　中央アジアにおける水資源を取り巻く争いは，絶え間ない破壊の原因となり
うる。なぜなら，利害関係者が遵守すべき資源配分協定や環境保護規定に合意
していないからである。不足する資源の公平な配分，立案と合意，そして遂行
手続きの策定，規則遵守のための監視体制，これらが相伴って平和に向かうの
である。

　ソーシャルワーカーは紛争状況に関わる上で，アウトカムに対してしっかり

ソーシャルワーカーは，さまざまな方法で水資源をめぐる紛争の解決に関わってきました。中には中央アジアの水資源の問題解決のために活動を行っている市民組織やNGOに参加した人もいます。たとえば，トラランス国際財団（the Fund for Tolerance International；以下，FTI）は，中央アジアにおいて平和的に紛争を解決するよう促し，国家間のつながりを創り出すことを目的として，1998年に設立されたキルギスのNGO団体です。FTIは，特にフェルガナ盆地（タジキスタン，ウズベキスタン，キルギスにまたがります）の一帯における紛争解決に努めています。フェルガナ盆地では，国境と水をめぐる争いが武力衝突に発展したことが何度もあるからです。FTIはキルギスと良好な関係性を創り上げていて，国境の監視を行い，国境を渡る人々に安全を保証しようとしています。またFTIでは，若者たちと協働したり，1999年にキルギス南部で起きた「バトケン戦争（Small Batken War）」で，国内で居場所を失った人たちのために設置されたキャンプにスタッフを配置したり，さまざまな活動に取り組んでいます。こうしたFTIの取り組みは，現状ではまだ小さな成功ですが，今後拡大する可能性は大いにあります。FTIも同様に考えています。

と目を向けなければならない。ソーシャルワーカーが紛争に関与している民族集団の一つに属していた場合，とりわけ紛争地域やその隣接地域に暮らす場合に仕事によるストレスを抱えることがある。Ramon et al. (2006) は，ソーシャルワーカーが北アイルランドにおけるベルファスト合意（Good Friday Agreement）のような法的な枠組みがあれば，紛争に巻き込まれても力を存分に発揮できると述べている。北アイルランドは，ベルファスト合意の条文に明記された地域である。北アイルランドには，宗教集団間の派閥争いの歴史がある。他にも，複数の社会サービスが並列的に存在したり，自身の派閥支援者に有利な形で公的サービスが供給されるよう仕向けることで諍いが生じたり，時を越え植民地主義の残像がいまだに見られるといった特徴を持つ国である。これらの背景が場とアイデンティティの形成に深く根づいているのである。したがって，ソーシャルワーカーは和解のプロセスを用いてこれら諸要素を認識し，スキルを活用する必要がある。たとえば，収集した情報を活用する方法，人々の悩みやアイデンティティ，場に対して持つ感情を肯定的にとらえる方法，紛争の関与集団による暴力でこれまで甚大な被害を被ってきた環境に関わる方法

等が挙げられる。

　北アイルランドでは，コリガンマックアイアとウィリアムス（Mariead Corrigan Maguire and Betty Williams）が，当時ジャーナリストであったマックォン（Ciaran McKeown）の支援を受け，女性の平和運動（the Women for Peace movement）を始めた。この運動は後にコミュニティピースピープル（Community of Peace People）に改名され，現在はピースピープルと呼ばれる。コリガンマックアイアとウィリアムスは平和支援の業績が認められ，1976年にノーベル平和賞を受賞した。

4　再生不可能な化石燃料の消費

　今日，再生不可能な化石燃料の消費が重大な課題となってきている。化石燃料はグローバル社会の増大する需要に対処しきれない有限資源として認識されている。需要が供給を超えているのである。再生可能なエネルギー形態への本質的な転換がなされなければ，経済的社会的に深刻な問題が起きると予測する評論家もいる。水，化石燃料，ガソリン向け原油は，地球上に平等に配分されていない。そして価格というものは，商品の価値だけでなく，その商品を買うことができる人を決定するために用いられる。商品の取引が，それらを配分するための主要な手段となっている。しかし，市場というのは，希少な資源を公平に配分することはできない。高価格のものに手が出ない人に対して，他の方法を考える必要性が生まれるのである。しかし，利潤追求を優先する市場が，石油を埋蔵している油田から搾取せず，それを保護するといった商業目的ではない行動を優先するとは考えにくい。

　前述した内容は，カナダのような国において考慮すべき重要事項である。カナダでは，アサバスカ・ビチューメン鉱床，一般的にはタールサンド（油砂）と呼ばれる場所で石油の採掘が急ピッチで進められている。"シークレット"報告書では，鉱床隣接地域やアサバスカ川で炭化水素，重金属を含む高いレベルの汚染物質が検出されたことが指摘された（De Souza 2011）。カナダの環境保護団体が開発に強く反対してきたが，総理大臣であるスティーブン・ハーパーは，環境汚染に対する懸念は度を過ぎるものだと主張した。むしろ，その開

発を通して10万の雇用を創出していることに感謝すべきであり，今後25年間で１兆7,000億ドル（カナダドル）の経済的効果があると予測している（De Souza 2011：A26）。ハーパーの談話は，再生可能なエネルギー資源の増進を図っている広汎な職種，土着民にとっての環境，社会，そして先祖から受け継いできたものにかかるコスト，土壌，水の流れ，大気の質やカナダ西部地域に広く棲息する野生動植物等を無視する発言である。

　石油採掘が気候変動をもたらしたという批判の中で，ハーパーは第17回気候変動枠組条約締結国会議（COP17）と UNFCCC 会議が同時開催した時も，カナダが最もひどい汚染国として酷評されたことを無視した。環境主義者の懸念に対処しようとはせず，タールサンドが地球上で最も巨大な石油埋蔵地域の一つであり，自然の恵みだと一貫してとらえていた。より持続可能な方法で，かつ人間や動植物・地球に対し，より少ないコストで商品を提供できるであろう将来に向けて採掘を延ばすようなことは，市場のロジックではまったく考慮されていない。広大な大地が露出するほど莫大な量の水とエネルギーが使われても，そこから恩恵を受ける人はほんの一握りである。

　他に，持続不可能な採掘プロセスとして，水圧破砕法を用いて泥板岩から天然ガスを抽出することがある。この過程では，ケミカルを岩の中に注入するが，そうすることで化学反応が起こり，シェールガスが地下の帯水層に流入されてしまう。そのため飲用水の安全な供給が担保できなくなる（Hagerty 2011）。また温室効果ガスであるメタンの排出や，地震を引き起こす可能性も懸念される（Leggett 2011）。カナダのタールサンドの場合は，経済的な利害が深く絡んでいる。アメリカではシェールガスが天然ガスの供給量の1/3を占めている。そのため天然ガスの価格は，イギリス熱量単位（BTU）で15米ドルから3.2米ドルに下がり，エネルギーコストの低下を生んだ。エネルギー源としてのシェールガスの使用と，シェールガスの使用による製造工程にかかる電力費用の低下は，プラスチック製造や製鉄部門等，石油化学産業の成長を促した（Hagerty 2011：B8）。こうした一連の動きを技術的に分析する際に，その動きが人々の健康と物理的環境に危害を及ぼしていることが軽視されている。ソーシャルワーカーは，これについて議論の扉を開く重要な役割をもっている。すべてのステークホルダーに，利益だけでなく，それ以外にかかるコストも念頭

に置きながら，影響を受ける地域や持続可能な開発を可能とするものが何かについて，しっかりと情報を得た上で議論し政策立案に向けて働きかける必要がある。

　資源利用の側面では，国が補助金を支給しない限り，最も所得が低い人々が化石燃料にアクセスできることはほとんどない。分析専門家の中には，このような状況を多額の補助金を支給する国では社会的地位や貧富の差にかかわらず，消費者が化石燃料の消費を抑制できなかったからだと主張する人もいる。なぜなら，その国のすべての構成員が補助金の受給資格を持っているからだという。さらに再分配すれば，中流階層が貧困者や疎外された人たちに比べて，より利益を享受すると主張する。それは，化石燃料に対する予算決めにおいて，貧困者たちより，富裕層が受ける影響が少ないからだと指摘している（Allpiche 2007）。ソーシャルワーカーは，資源配分と消費において，より包括的なアプローチに関する議論を下支えするような情報を収集する必要がある。

　ベネズエラの大統領ウーゴ・チャベスは，貧困者でも対価が支払えるようなエネルギー政策を展開した。貧困者の中には先住民が多く，彼らに産油国として生み出される富を分配しようとした。チャベス政権の政策には，石油共同体であるペトロカリブ（petrocaribe）の18の中央アメリカ国とカリブ海の国に燃料を供給することも含まれた（Walter 2008）。ベネズエラ国の富裕層のエリートたちと野党は社会主義的なチャベスの政策を拒んだ。石油の生産国であるトリニダード・トバゴ共和国とバルバドス国はチャベス政権の計画への参加を拒否した。しかし，いくつかの国には石油が供給され，多額のお金が支払われていた。そして2008年まで高価格だった石油がそれ以降2011年まで大幅に下落し，政策の持続性が懸念されている。世界の石油価格の下落は，ベネズエラ国の財政負担の増加につながる。価格は商品へのアクセスに大きな影響を及ぼす。価格が下がれば，政府は貧困者をカバーするための費用負担が増加するし，石油の輸入国の支払い能力にも限界がある。そのため，チャベスはベネズエラの長期的な財政状況を勘案して政策を転換せざるを得なくなるだろう。

　石炭，石油，核燃料は，産業化された西洋諸国においては生産要素として，

産業化しつつある南半球の国においては消費要素として供給される。一方で，再生可能なエネルギー源のための基金があるとはいえ，その額は少ない。化石燃料を燃やすことで，年間60億 t の炭素が大気中に排出される。しかし，海洋が処理できるのは，そのうち1/3だけである（De Moor & Calamai 1997：35）。エネルギーの効率が良い住宅と電化製品を使用することで，エネルギー消費量を減らし炭素の排出量も減少させることができる。そうした技術が手の出る価格であれば，低所得層の人々も電力が高くてエネルギー効率の悪い機械ではなく，よりエネルギー消費が少ないものに代替することが可能になる。OECD加盟国では炭素排出量の20％が家庭及び産業輸送のための化石燃料の使用が原因だとされる。中でもバスや貨物車，自動車，飛行機が及ぼす影響は大きい。自動車と飛行機は消費規模が大きく，人の移動が増えれば，乗客の走行距離も増えるのである。これらは気候変動と汚染に影響を及ぼすだけでなく，人の健康も悪化させる。一方で駐車施設と交通網の整備がますます必要となる。交通網が発達していないと，今度は開発機会を損なわせて経済発展を遅延させる。たとえば，アフリカ諸国における交通インフラの不足は，経済開発に悪影響を及ぼしてきた。結果としてアフリカ大陸は世界でいまだに最も産業化していない地域に留まっているのである（Hoogvelt 2007）。

　森林の減少と破壊は，エネルギーと汚染という意味でそれ自体にコストがかかる。京都議定書では，熱帯雨林や原野の開発に対する補償は対象とされておらず，「森林減少・劣化からの温室効果ガス排出削減（Reduced Emissions from Deforestation and Forest Degradation；以下，REDD）」を対象とすることも難しい。森林の減少によって，地球上で排出される二酸化炭素の20％が熱帯地域の諸国で排出されている（Pisupati 2004）。バリ・アクションプラン（Bali Action Plan）では，森林減少の抑制に貢献すれば，インセンティブを与えるということを試みて REDD プラスに合意した。REDD プラスは，森林から生み出される商品の製造を規制すれば補償することを提案したものであり，商業目的で資源を浪費せずに温室効果ガス排出を削減した場合に報奨金を支払う取り組みである。しかし，REDD プログラムの実際のメリットについては，議論が分かれている（Angelsen 2008；Peskett et al. 2008）。

　熱帯雨林保護に関する問題は，カナダの西海岸とアメリカの北西部地域のように温暖な場所でも起きている。この地域には温帯雨林が豊富にある。温帯雨林の保護をめぐる論争は数十年間に及んでいる。多くの環境保護団体が温帯雨林の保護を叫び大同団結している。ソーシャルワーカーも環境保護団体の活動に参加し，さまざまな役割を果たしている。たとえば，自らが活動家としての役割を果たしたり，運動中に怪我をした人たちや拘留されたり，逮捕された人たちを後方支援する。あるいは議員にロビー活動を行う市民としての役割を果たすワーカーもいる。一例を挙げる。1993年のカナダ・バンクーバーのクラクワット・サウンドには，樹齢の非常に長い樹木がある。古来存在する温帯雨林地域での伐採を防ごうと，人々がその木に登った。それまでに行われた伐採によって，すでにその地域の鮭の流れとその生態には多大な影響が及んでいた。そのため環境意識のある個人，組織，団体が伐採活動に終止符を打とうとした。しかし，抗議活動のためにピースキャンプ（Peace Camp）を設置した活動家の中には，不法占拠の罪で有罪判決を下された人もいた。これは環境保全にかかるコストについて，それを受け入れられない人々もいるという例示である。これは地域に雇用を創出する企業が，仕事を求める人々と，仕事の機会を犠牲にしてでも環境を保護しようとする人々との間に亀裂を生じさせて両者を対立させようとしていることを証明しているといえる。しかし，この論争の中心に存在する森林資源が，今の大きさに成長するまでどれほどの悠久な歳月を要したかを考えると，もはや置き換えがきかないものなのである。

5　紛争状況におけるケアのトライアングル

　複数の集団の間で，不足する資源をめぐる紛争が生じている状況において，ソーシャルワーカーは自分自身へのケアとともに，他者へのケア，そして環境へのケアという問題が想起される。
　被用者のケアには雇用者のケア責任も含まれるが，雇用者-被用者の関係はどちらも影響を及ぼすことができないマクロ的な文脈によって複雑化しうる。214〜215頁の「ケーススタディ②」では，ソーシャルワーカーとサービス利用者の双方にとって，長年にわたる土地の所有権をめぐる紛争が，いかに日々の

　クラウディアはユダヤ教徒で，最近，カナダでソーシャルワーカー資格を取得しました。彼女は学校を卒業後，イスラエルでパレスチナのアラブ人と一緒に働くために，数年間暮らそうかと考えていました。それは，彼女がイスラエルのインティファーダ（intifada，イスラエルのパレスチナ軍事占領に対する抵抗運動）という状況下において，支援が必要な人たちに喜んでサービスを提供するワーカーが不足していると聞いたためでした。クラウディアの家族は，中央ヨーロッパで起きたユダヤ人虐殺から逃れてカナダにやってきたという経緯があったので，パレスチナにいるアラブ人と共感することができるのではないかと思っていました。というのも，クラウディアは何度も祖父母から，どう生き延びたのかについて話を聞いていたからです。そこで彼女は，祖父母の苦痛を自分も体験することで，抑圧されている人たちとつながることができるのではないかと考えたのです。

　クラウディアは新しい職への期待に胸を膨らませ，興奮した様子で姿を見せました。しかし，彼女は高い警戒レベルの中にある，みすぼらしい事務所を見てショックを受けました。彼女が到着する数日前にエルサレムで自爆テロが起きていました。クラウディアは，業務を遂行するためには学ぶべきことが多いことに気づき，仕事の流れがどのような仕組みになっているのか，また利用できる資源にはどのようなものがあるのかについて調べました。彼女が初めて関わったサービス利用者は70歳の男性。インティファーダで4人の子どもを亡くした人でした。男性は，クラウディアが子どもについて聞いていた最中に泣き出しました。特に，妻が悲しみのあまり死んだことを話す時には号泣していました。男性には娘が一人いますが，イギリスのどこかで暮らしていてほとんど連絡が取れていない状況とのことでした。男性には寝床が必要でした。男性の義理の兄弟には家がありましたが，子どもが生まれたばかりで，部屋に余裕がなかったのです。その家の寝室にはすでに5人が寝ていました。クラウディアがもっているリストには，男性のための部屋はありませんでした。クラウディアは同僚たちに助けを求めましたが，部屋は見つかりませんでした。クラウディアは自分にできるさまざまな手立てを使って部屋探しに数時間を費やしましたが，結局，その日は見つけることができませんでした。

　クラウディアは，非常に落胆していました。自分が何をしなければならなかったのかわからず，誰か話ができる人がいればと思いました。彼女は新しい同僚たちに腹を割って話をする気にはなれませんでした。それは同僚たちが，自分たちが直面している状況に対して無力だという感情から自らを守るべく仮面を被っているように思えたからです。また，クラウディアは自分自身が中立的な専門家ではなく，脇にやられているように感じとっていました。こうした居心地の悪さは，パレスチナとイスラエル間の紛争の中で，高齢の男性が1948年イスラエル政府が樹立されてか

らずっとそこで暮らしていたにもかかわらず，公平な支援を受けられていないと感じたことが原因でした。

　男性は，自分が以前暮らしていた自宅の証書を保有していると言いました。その書類は虫に食われボロボロでしたが，ユダヤ人入植者が最近家を建てて住んでいる土地が，彼の所有であることが書かれてありました。クラウディアは男性がパレスチナに住むイスラエル人として，彼の市民権がどうなっているのか疑問に思いました。しかし，このことはクラウディア自身が取り扱うには，あまりに重大な課題であることがわかりました。マクロレベルの問題は，代弁を委任された政治家が取り扱うべきものであると訓練を受けていました。しかし，クラウディアは個人や家族等のミクロレベルに介入する上で，自分の役割を発揮できないことに耐えられませんでした。なぜなら，彼女が働いている状況と資源不足は，職務の遂行を困難にしていたからです。さらに，彼女は自分自身が恵まれた人であるとも思いました。カナダに帰れば職を探すことができるからです。彼女はここで出会った男性より，ずっと多くのものを持っていました。しかし，その男性には選択肢というものはまったくありませんでした。

実践の中に複雑に影響を及ぼしているのかを示している。

　「ケーススタディ②」は，ソーシャルワーカーが紛争状況の中で人々を支援する上で，ワーカー自身における重大な課題が何かを指し示している。政治力学の影響を受けたり，それによって生きる力をはぎ取られる可能性が高いからである。Ramon et al.（2006）は，ソーシャルワーカーが異民族間の武力闘争の原因に迫ろうとしないと主張している。紛争状況がもたらす複雑なモラルと倫理的な課題に目を向けず，むしろ請け負った業務の技術的解決にコミットしようとし，専門職主義に安住しようとするのである。クラウディアの場合，実践すべき場で展開されていく現実と，ソーシャルワークの価値とは相入れなかったために，そのような選択ができなかったのである。政治的文脈はまったく役に立たなかった。ソーシャルワーカーがニーズの把握や効果的な対応が十分にできるよう体制を整えなければ，たとえサービスのニーズがあっても，サービス利用者にはその価値がない，と強いメッセージを発信してしまうのである。また，この「ケーススタディ②」は不足する物資，とりわけ土地をめぐって起こりうる武力紛争にソーシャルワーカーが巻き込まれた際のケアの問題を提起している（この地域には水不足の問題もあるが，ここでは触れない）。グリーンソーシャルワーカーにはミクロレベルの実践において，取り扱うべきニーズを持

つ３つの関係者がいる。紛争状況におかれてサービス利用者として存在する人々，環境（すべての側面において），そしてワーカー自身である。

　ソーシャルワーク教育では，ワーカーが現場で実際に対処できるように，これらの問題をカリキュラムの中で取り扱う責任がある（Ramon 2008）。サービス利用者とソーシャルワーカー間に潜む孤独と孤立は取り扱われるべき重要な領域である。また，紛争状況における歴史的経緯についての教育も求められる。通常，ソーシャルワーカーが直面する多くの問題に備えた教育が必要である。たとえば，障害や若年層における更生の問題等が将来的に拡大する可能性をも視野に入れた教育がそれである。ソーシャルワーカーは包括的技術を身に付けるとともに，暴動が日常化している紛争状況下の実践現場に適した専門的スキルを身に付ける必要がある。

　中央アジアの国々には，多くのパレスチナ難民がいる。時間が経つにつれて，パレスチナ人が本拠地に帰ることはますます難しくなるだろう。約32万人のユダヤ人定住者は今や国際法に反しながらも，その土地を自らの所有地としている（Ramon et al. 2006）。このような現実は，一方と共に活動するソーシャルワーカーたちにストレスを増幅させる可能性が高い。また，国家の監視，交通網，コミュニケーションシステム，エネルギーシステムの寸断がいつ起こるかわからないため，ソーシャルワーカーはそれに対処することも必要である。紛争地域で活動を始める前に，ソーシャルワーカーは自らがその状況にいかに対処していくかについて戦略を立てることは非常に重要である。ソーシャルワーカーの中には，自分と活動との間にどう距離を置くかについて，その方法を戦略の中に盛り込む人もいるだろう。他には，「他者化」し，自分は違うのだとして，共感を別の所に置く人もいるだろう。高品質の携帯電話は人々の所在把握に不可欠であり，不確実な状況下ではある種の安心を提供する。集団やチームによる支援もまた欠くことのできないものである。サポートネットワークの形成，とりわけ必要な時にすぐにアクセスできるネットワークは，活動の中で起こるさまざまな課題やそれに対する感情を吐露し議論する場として機能する。

　紛争状況にある人々のニーズに対応する際は難しい問題が起こる。グリーンソーシャルワークの視点からすれば，住民，不足する資源（土地と住居），ミクロレベルの活動に関与するソーシャルワーカー，すなわち「ケアのトライアン

グル」の問題である。背景に漂う漠然とした感情面のニーズは，日常の業務を
より複雑にさせる。クラウディアの立場と対応は，内容が持つ重要性を指し示
すものである。この点を理解することは，個人とその家族とともに活動する上
で有効である。ホリスティックな対応には，多様な活動が求められる。ソーシ
ャルワーカーが個々に取りかかれない場合は，チームで試みる必要がある。政
治家や一般市民，メディア等，専門職以外のさまざまな関係者と社会変革を促
進するために同盟を組むこともありうる。

　ソーシャルワーカーは広範囲に同盟を組むことで，政治的解決が求められる
マクロレベルの問題に対して問題提起することができる。また紛争の平和的な
解決のためのロビー活動もできる。ミクロレベルの実践では，前述のクラウデ
ィアの事例でみられるように，サービス利用者のニーズに必要な資源について，
ソーシャルワーカーがチームで議論することを促す。またケーススタディで紹
介した男性高齢者が経験してきたような感情的に深い悲しみを含む顕在化した
ニーズにもチームとして対応する必要がある。これは紛争状況においてソーシ
ャルワーカー一個人が対応する個別支援に対して，その適切さに疑問を投げか
けている。最後に，実践における感情とそれが個別のソーシャルワーカーに与
える影響については，改めて検討する必要がある。Cronin et al.（2007）は，
復興支援に関わるソーシャルワーカーのメンタルヘルス課題に対応することが
実践の一部でもあり不可欠であることを提示している。ケーススタディで示し
たクラウディアの経験がその関連性を明らかにしている。

結　　論

　気候や環境正義は人々の人権と尊厳に関わる。その人らしい暮らしができる
住居と，退去に対する補償等にアクセスできる権利，身の安全を求める権利と
財産権，運動の自由権（特に民族国家内の）が，これにあたる。これら権利は
特に国家内で尊重されるべきものである（Brown 2008）。政府は効果的に計画
を立て，国際法と条約に従って社会の無秩序と激化する紛争を避けようとする
ならば，政府責任を十分に果たせるような基金を設ける必要がある。とりわけ，
資源が不足し個人の自助努力で難しい問題を解決しようとするならば，なおさ

らである。

　政治家にとって，貧困についての議論の中で環境的な部分を考慮することは，
1日の衣食住に必要な基本的なものを購入するためにかかる費用がいくらか等
の単純な思考を飛び越えることになる。また，社会組織のどの部分を変革する
必要があるのか考える際に，よりホリスティックな視点を持つこともできる。
政治家がホリスティックアプローチを行うには，次のようなことが求められる。
たとえば，市場へのアクセス，雇用機会，エンパワメントと政府組織への参加，
ローカルレベルでの政治的意思決定プロセスとガバナンス構造，疾病や食糧
難・水不足からの保護による安全保障，災害及び経済ショックに対する脆弱性
の低減，資源の利用可能性に関するさまざまな予測，人間の力量，教育におけ
る能力開発，等である（Pisupati 2004）。

　人口移動や国内の移住にはさまざまな理由がある。イギリスと中国のように
ダム建設による意図的な計画があった場合，洪水や地震のような被災で住まい
を失くした場合，富裕層の個人的な土地の買収のため都市や地方に追い出され
た場合，等が挙げられる。また，人口移動には一時的な形態と永久的な形態が
ある。これにはローカルや国家，世界といった各領域も含まれる。災害対策住
宅に対する投資は，地震や洪水のような災害による移住者の数を減少させるだ
ろう。しかし，気候変動による移住者の支援は，これまでのところあまりなさ
れていない。バヌアツ，パプアニューギニア，インド，アメリカの経験からみ
て，そう述べるのが妥当であろう（Leckie 2009）。

　ソーシャルワーカーは，地域住民が自らの関心事や動植物，物理的な環境等
を保護するといったホリスティックで持続可能な開発の実現を支援する。ソー
シャルワーカーは，そうした観点から見た場合に，より良いといえる政策を擁
護し，政治家や企業が自らの取り組みに対するアカウンタビリティを負うよう
にする。そして，不足する資源をめぐる論争の解決と資源の公平な配分法につ
いて，平和的な方法に焦点を合わせ，ホリスティックで持続可能な開発を支援
していく。

　「共同生産」によって生み出された知識と問題の解決は持続可能性を促す。
コミュニティへの参加はホリスティックで持続可能な開発を実現する上で非常
に重要である。コミュニティ開発に従事するワーカーは，住民にとって実現可

能な戦略が何であるかを，自らが確認できるように支援する。その際には，住民の日常生活におけるニーズが満たされるか，住民にとっての生活環境が保護されるか，地域におけるリーダーシップが育成されるか，地域文化が保持されるか，地域の環境資源への負荷の軽減はなされるか，等を検討する必要がある。特に地域の環境資源への負荷に関しては，農作物のための灌漑用水を提供できるように井戸を掘ったり，生育状況によって水を必要としないものの植樹活動を行ったりすることが考えられる。またコミュニティ開発に従事するワーカーは，地域が水の消費量や排水，エネルギー使用に関する調査を実施し，環境変革のために議論できるデータが手に入るよう支援する必要がある。

注
(1) （訳注）古典派経済学者のトマス・ロバート・マルサス（Thomas Robert Malthus）が，主著『人口論』（1798年）の中で提唱したもので，幾何級数的に増加する人口と算術級数的に増加する食糧の差により，必然的に人口過剰と貧困が発生するとした。

<table>
<tr><td>第8章</td><td>持続不可能から持続可能へ
──生活環境と人々の関係を問い直す</td></tr>
</table>

─ 訳者コメント ─

　ソーシャルワーカーには，多文化を理解しそこに働きかける力が，ますます求められています。本章には，さまざまな先住民族たちが新たな地や新たな局面で生活を切り拓いていくエピソードが出てきます。彼らが集団的に経験してきた固有の歴史を理解し，彼らに役立つサービスや政策の法制化に取り組み，同時に個へ具体的に支援することがソーシャルワーカーには求められています。その際，実際に先住民に対応するスキルがなければ，先住民コミュニティ出身のソーシャルワーカーを招き，彼らのニーズに適切に介入できるような環境づくりへと働きかけることが確実に必要です。民族の多様性や違いを乗り越え，経験や見識の違いを認め合い，社会のためにそれを積極的に活用していく姿勢とスキルが，ますます求められます。

はじめに

　西洋では，工業化の流れの中で，人やモノを序列化し，あるいは二元論的に区分する捉え方が主流になってきた。この二元論に基づき「人」と「自然」を対比させた上で，人は自然を管理し利用するようになった。このアプローチが，モダンであり他より優れているとされ，実証的エビデンスと科学的発見に強固な基礎を置く合理的思考プロセスの産物であることが誇りとされている。19世紀の特徴であった経済的貧困から人々が救われたために，西洋のとらえ方がこのような工業化の流れから利益を得ている一方で，この近代化モデルは自らの境界線内にある欠点と疎外化を根絶しておらず，工業化されていないライフスタイルを破壊し地球の天然資源を自らのプロジェクトのために奪い取ることによって，至る所で貧困は深まっていった。他国の裕福なエリートたちも，工業化と西洋のライフスタイルを受け入れることで，同様に利益を享受した。

　他の世界観は依然，存在し続けている。これらのうち重要なものは，植民地化によって合法とされた襲撃を受けたにもかかわらず，文化，言語，伝統を活

かし続けるために奮闘してきた先住民族の間に見出される。アジア，南米，アフリカのその他の先住民は，あらゆる困難にもかかわらず伝統的なライフスタイルを堅持している。西側に住む先住民同様，彼らは，自分たちの保有する資源や自然を尊重し，自然との共生関係を基本にした持続可能なライフスタイルに対する先住民の権利の回復を要求している。この運動の関係者は，先住民運動や集団訴訟に携わり，社会事業に対してしばしば多大な影響を及ぼしている。日々の生活様式の中で鍵となるのが，人々の間で，また，人と社会的物理的環境の間で，彼らが描いている統合的関係である。現在・未来の世代に対して動植物と地球の天然資源を守る番人という考え方は，人々，他の生命形態，及び無生物の間の精神的な関係に深く根づいている。

　これを，生物と物理的環境に対する精神的オリエンテーションと表現する人々がいる。このアプローチでは，お互いを大切にする相互責任関係にある個人，家族，コミュニティをつないでいる思いやりの関係が，特徴として挙げられる。このようなつながりによって，先住民たちは，生活様式や物理的環境に対する攻撃を切り抜けることができているのである。このつながりを，西洋的な近代化の中でも持続させることができるかどうかの問題が，今後の調査として残されている。西洋でいう福祉国家という考え方は，理論的には，この利他的可能性を具現化したものである。さらに，緊縮財政の時代にあり，公共投資が大幅に削減されつつある状況の中で，加えて，思いやりに基づくインフォーマルな関係性が損なわれる恐れがある。このような関係性とは，本来すべての人に必要な時に無料で提供される公的財源に支えられたサービスの不足を補うために，民間非営利セクターや家族によるケアを受けられる間柄にある状態をいう。この一連の関係の中では，有償であれ無償であれ，主にケアを担っている女性の負担が大きくなる可能性がある。

　本章では，先住民，特にカナダの先住民族とアオテアロア（ニュージーランド）のマオリ族の信念が，植民地主義，人種差別，集団虐殺を克服しようとして，社会事業活動をいかに再構築し，実践家のための教訓を引き出したかについて考察する。先住民の世界観では，地域コミュニティを基本にした持続可能なライフスタイルを守りながら集団を優先し，自然環境の破壊は最小限に留めようとする傾向がある。先住民の知識は，人口密度の高い都会で仕事するソー

シャルワーカーに，ヒントとなる見識を与えることができる。つまり，都市生活者が物理的世界と再び結びつくように促し，地方に住む人々が農業を持続可能な方法で近代化または産業化できるようになり，生計を立てるために若い人々が田舎の村から大都会の中心へ集団移動する必要がなくなる。

　都市に移り住めば，支えてくれる家族や部族もいないことが多く，先住民は現代の差別や抑圧に直面する。男性優位社会では，都市であれ田舎であれ多様性に対してまだまだ効果的な対処ができていないし，都市や地方で経験する先住民の苦境は，この社会が失敗している証拠となっている。持続可能な価値ある生活をするために，都市や地方に出てきた彼ら移民を援助する文化的に適切な施設や支援ネットワークがない状態は，ソーシャルワーカーであれば対処できる問題である。新しい生活空間に移った時に，ソーシャルワーカーがいれば，移民たちを近くで支援することができるであろう。この問題に介入するために，ソーシャルワーカーは，マクロレベル，メゾレベル，ミクロレベルの各レベルにおける活動方法を開発する必要があると思われる。マクロレベルの問題には，この特殊な集団が被った植民地化の固有の歴史が含まれるであろう。メゾレベルの問題には，この集団に対して実践できる必要なサービスを提供するために，必要となる資源の獲得を促すような政策と法制化が含まれるであろう。ミクロレベルの問題とは，特定の個人や家族の必要性に応えることであろうし，その個人が属する特定の民族と文化の詳細な知識が必要となるであろう。

　現段階では，非先住民ソーシャルワーカーに先住民と対応するスキルがなければ，先住民コミュニティ出身のソーシャルワーカーを招き，その人物とともに実践することが必要かもしれない。また，先住民ソーシャルワーカーと彼らの組織とともに仕事をして，提供するサービスを使いたい先住民のニーズを満たすような文化的で適切な介入をすることが，非先住民ソーシャルワーカーの義務でもある。先住民コミュニティ内の慣行である社会的関係と，彼らの伝統に組み込まれている異なる資源に対する知識も，また有用である。平等というフレームワーク内にある多様性の問題に対処できるパートナーシップ（Panet-Raymond 1991）の構築には，サービスの提供者とユーザーの間の権限分割関係の構築と3つのレベルでの実践のための，ソーシャルワーカーチームが必要である。実践の過程で，活動が異文化を認識し適切であることを保証す

223

れば，男性優位社会出身のソーシャルワーカーの方が，人生に対する別のアプローチを学ぶ機会が多くなるであろう。

1　先住民の世界観

　地球という惑星上には，推定3億7,000万人の先住民が生活している。「先住民」という用語は議論となっている言葉であり，その意味について合意がある訳ではない。私は，この問題について以前（Dominelli 2000）執筆し，「先住の」（indigenous 及び aboriginal）という言葉と，植民地支配的力関係及び劣等意識との関係について焦点を合わせた。有用な代替用語が存在しないために，私は本書で，この用語を使っている。つまり，「先住民」という用語は，多様な装いの中で「資本主義的工業化」と表現される植民地化と近代化に攻撃されているにもかかわらず，古代文化と伝統を保持している人々を意味するために使われている。

　他の植民地化された人々と同様，先住民は，ヨーロッパのフランス，スペイン，ポルトガル，イギリス等を巻き込む資本主義形態の工業化と結びついた植民地支配の結果として，差別と社会的排除という特別悲惨な経験を味わうことになった。ここではその話をすべて網羅することはできないが，英語圏における社会事業活動に重大な影響を及ぼした人々——カナダの先住民族（ファースト・ネーションズ）及びアオテアロア（ニュージーランド）のマオリ族——を選んだ。また，スペイン語圏の先住民族及び，先住民とともに働くソーシャルワーカーの活動を強化し，彼らの見識から学び，それらを相対的な世界観に組み入れたいと望んでいるソーシャルワーカーを支えることができる国際協定についても言及する。その中でも最も重要なのは先住民の権利宣言で，2007年に国連総会で採択された。この投票における政治連携は，興味深いものがあった。住んでいる場所にかかわらず，完全で平等な市民権を有するとした先住民に対する認識をめぐって，条項のさまざまな解釈が露わになったのである。活発な先住民運動のある国々，主にオーストラリア，カナダ，アオテアロア（ニュージーランド），アメリカは，国連総会の審議において，この宣言に反対票を投じた。ロシア連邦には権限を付与すべき先住民がいるが，棄権した。国境内に

相当数のヨーロッパ先住民——主にサーシ族——が居住している北欧諸国が賛成票を投じた。

　この宣言の条文を決定する作業が，1982年に開始された。先住民ワーキンググループ（WGIP）は，国連経済社会理事会（ECOSOC）の後援の下に組織され，ここに到達するまでに多大な努力がなされた。先住民ワーキンググループは，1994年に審議を国連人権委員会に委託した。この条項では，文化伝統や言語のみならず，土地及び鉱物その他の資源に対する伝統的な権利も求める先住民の主張が認められていたために，異論が噴出した。何度も改訂を繰り返したが，2006年までは委員会に名を連ねる大多数の国々が賛成票を投じなかった。国連総会では採択されたが，この宣言は法的拘束力のある法律文書ではなく，目指すところを表現したものである。国の法律に組み込まれるためには，条約を国々が批准する必要があり，そのために必要な作業がまだまだ残されている。協定であれば正式な法となり，先住民の地位は，すでに対処する協定が存在する女性や子どもに対する地位に比べ，矮小化されたり低い立場に置かれたりする結果にならないよう保証される可能性が高くなる。先住民を先祖にもつ女性や子どもたちは，女性や子どもに関する協定によっても守られているが，その範囲は，遺産権や伝統的な狩猟や漁獲等の伝統を保持したいという欲求等，先住民のアイデンティティのあらゆる面に及ぶものではない。

2　タートル島に住むカナダの先住民

　カナダの先住民には，ファースト・ネーションズ（First Nations），イヌイット（Inuit：以前はエスキモーと呼ばれていた）及びメティス（Métis：フランス系欧州人との混血）ヨーロッピアン，ならびにファースト・ネーションズ出身のその他の人々が含まれる。現在のカナダ人は，1996年6月21日に制定が宣言された国家先住民記念日を通じて彼らに敬意を示しており，すべての州が，この日を法定休日として認めているわけではない。この中途半端な反応を見ると，先住民を祖先にもつカナダ人の利益を，ヨーロッパの先住民やその他の地域の先住民の利益と一致させる仕事がまだ終わっていないことがわかる。先住民の中には，カナダを「タートル島」（北米）の領土と表現する人たちがいる。フ

ファースト・ネーションズ（First Nations）という用語は，このグループの歴史的な登場を，この島に住み始めた最初の住民として表すために使われており，ヨーロッパ人の言う「インディアン」という誤った名称に取って代わるものである。先住民（以下「ファースト・ネーションズ」も「先住民」と表現）は，彼らのアイデンティティの基礎となっている集団すなわち部族，たとえばセイリッシュ族（Coast Salish）やアニシネイブ族（Anishinabe）等で構成されている。それぞれの部族は，多くの場合，病気，武力争い，そして彼らの価値，言語，伝統，存在様式を根絶することに全力を傾けたヨーロッパ人側の意図的な政策（Haig-Brown 1988）等により多くの部族が全滅させられたために，数の上では少ないかもしれない。公認の600の部族に属する120万人の先住民が，現在カナダの先住民として存在し，その約半分がブリティッシュ・コロンビア州とオンタリオ州に住んでいる。それぞれが独自の言語，文化，芸術的な伝統を保持している。貧困と社会的排除が，先住民の歴史の著しい特徴となっている。イヌイットは，伝統的に故郷がカナダの北極圏にあり，最近自治区域が形成され，その地域では少ない人口ながら多数派となったが，残りのイヌイットは，カナダという連邦レベルの司法管轄圏内で暮らしている。自決権，統治権，土地，鉱物，水の権利に関する先住民の処遇をめぐっては，カナダ全土で多くの激しい争いが起こっている。

　先住民は自分たちの土地を基準に，特定の領土すなわち地理的位置に属する人々の立場で話をし，彼らの知恵は，自分たちが属している地球の一部の管理人としての立場から得られているものである。『メディソン・ホイール（*Medicine Wheel*）』（Cyr 2007；Green & Thomas 2007）ならびに誕生物語や8つの火等の古くからの言い伝え（Bruyere 2010）を通じて，彼らの知識が表現されている。先住民の研究者は，これらの物語を使って，独自の理論的視点を形成している。たとえば，Cyr（2007）は，社会事業を行うためのインディジェニスト（Indigenist），すなわち反植民地主義の枠組みを作り上げた。このアプローチは資本主義における社会関係を分析し，伝統的な先住民の世界観への影響を研究している。この先住民の枠組みの中では，紛争の仲介は重要な要素である。先住民はヨーロッパ出身の人々との関係について具体的に説明しているが，彼らには完全に行為主体性がある。つまり，彼らは長老の教えに従うか，

またはそれを無視するか選択することができるのである。先住民であると同時にヨーロッパに先祖を持つ人々は，差別のある植民地化された社会で生き残る戦略として，先住民の生活様式を退けることが多い。先住民は，自分の人生に対する否定的な表現を内在化していることがよくある。たとえば，Daryl は，先祖が先住民である父親たちを対象とする調査プロジェクトで，次のように述べた。

　　「私は自分の家族について，自分の過去について，大変恥じていました…（中略）…私はアボリジニでありたくなかった。私の親友はアボリジニではなかった。誰もが私はアボリジニではないと思っていました。そこで私は，ある時しくじってしまうまでは，そうでないふりをしていました。」（Dominelli et al. 2011）

　Daryl は若い時，白人社会で受け入れられるよう友人グループと「合わせる」努力をしたが，彼以外は，グループ全員が，全員ヨーロッパ出身の白人だった。たまたま先住民の男性グループが現地語で話しているのがわかってしまい，彼の「白人」としてのカモフラージュは，吹き飛んでしまった。
　Daryl は，自分がアボリジニであることを認めることについて懸念を持っていたが，それには十分な理由があった。なぜなら，先住民の子どもたちはチャイルドケア制度の中で，また，刑事司法制度の中で過剰に取り上げられており，雇用においても住宅の問題においても，世間では差別を受けていた。彼らは，植民地化と居住地学校制度を通じて虐待されたインパクトを乗り越えようともがいている。彼らは，自分たちの言語の使用，学校期間中の家族との交わり，伝統的宗教行事や儀式を地元で禁止されていたのだ（Haig-Brown 1988；Grande 2004）。このような処遇のため，先住民の人々には多くの犠牲が生じており，高い頻度でのアルコールや薬物の乱用という結果が出ていた。このような状況に対する対処法として，アルコール・薬物依存問題を重要課題にし，先住民のソーシャルワーカーが治療過程をサポートしていた。同様に介入する問題としては，子どもの問題がある。先住民は，子どもに働きかける時は全体的に共同体として向き合う方法を求めており，ブリティッシュ・コロンビア州で

は，1876年のインディアンに関する法律（以下，インディアン法）に基づく特定の保留区の外に住む子どもや家族のために，サービスを提供する28の先住民機関を設立することに成功していた（Green & Thomas 2007）。このサービスは，子どもにコミュニティと長老のサポートを提供し，彼らのアイデンティティ，伝統，文化に対する自信を深めることが中心となっている。

　インディアン法は先住民を幼児化させ，彼らはカナダ連邦政府に依存するようになった。多くの伝統的な権利が，この法律を通じて失われた。特に女性には，悲惨な結末をもたらした。彼女たちは，非先住民の男性や保留区外に暮らす人と結婚すると，インディアンとしての市民権ステータスを失うことになったのだ。さらに，属している保留区が自分の属する伝統的な領域ではないこともあり，その結果，先住民が場所とアイデンティティの間に有していたきわめて重要なつながりが，破壊される結果となったのである。このように先住民は，植民地化という人間が作り出した惨事によって生じた荒廃状態と向き合っているのである。文化，伝統，言語を，文化的に適切な方法で取り戻すために，彼らは「メディソン・ホイール」（Green & Thomas 2007）として詰め込まれている長老の知識を利用している。

　「メディソン・ホイール」には，すべての生命と，先住民と彼らを取り巻く環境の間の関係が網羅されている。頂上から時計回りに動くと，頂点が北で，それから東へと動き，それから南へ，最後に西へという構成である。4つの方向には，ライフサイクルの段階，人生の4つの異なる構成要素，すなわち精神的，感情的，物理的，知的側面が，4つの季節が，白，赤，黄，黒の4色で表したすべての「人種」が象徴的に含まれている。「東」は色の「赤」と日の出とつながる精神的な領域であり春と幼年期を象徴すると，先住民は教えられている。ここから，先住民のカナダにおける植民地化を含む歴史の調査・分析が始まる（Green & Thomas 2007）。「メディソン・ホイール」を用いる研究が，頂点から時計回りに進められれば，北は知的領域を象徴し，白という色，長老や老年の知恵と結びつけられ，冬は省察の時であり，夢を見る時でもあり，充足の新しい希望に満ちた未来を描く時でもある。北の反対は南であり，感情の領域であり，夏，青年期，黄という色を象徴し，最善の慣行の探求に光を当てる。西は，物理的世界が存在する場所であり，秋，黒という色，成人期と結び

つけられ，「自己」の存在する場所であり，家族を結びつけたり知識を共有したりする作業を行うところでもある。

　先住民家族に生まれた子どもたちは，「貴重な贈り物」であり，世代間を大切に結びつけ，過去，現在，未来を結びつけ，部族を礎とするコミュニティの固有部分を形成する。このコミュニティも，子どもたちを育み育てるための責任を負っている。大切なのは，子どもたちの強さと才能を育むことにあり，大人たち，特に長老がロールモデルの役割を果たしている。カナダの社会に住んでいるのだから，成長して強くなり，彼らに向けられた差別を克服するには，大人，特に長老の援助が必要である。子どもたちの両親も，自らの自信と親としての自信をむしばんでいる長年のトラウマに直面しているため，援助が必要となることが多い（Green & Thomas 2007）。

3　先住民に対する福祉サービス提供

　カナダにおける福祉サービスは州の管轄なので，州により異なっている。先住民もまた，連邦法であるインディアン法の条項が，すべてにおいて適用されるので，先住民にとっては差別主義的であり，性的差別を助長するものであると思われている（Churchill 1998）。この法律によって，先住民は白人支配者に依存し国家の管理に従うように仕向けられたし，女性たちが保護区を出て先住民の出身ではない人と結婚すれば，先住民の起源を自分の子どもたちに伝えられないようになっている。この障壁にもかかわらず多くの努力を注ぎ込んで，先住民は無能な市民としての自画像と闘っている（Wiebe & Johnson 1998）。たとえば，先住民女性に対する差別問題を国連に提出することによって，インディアン法に挑戦し，平等なステータスを得られるように要求し，先住民は成功を収めた。

　カナダのあちこちで，長老によって受け継がれている先住民の伝統と教えが復活している（Maracle 1993）。このような取り組みによって，先住民の知識と学ぶ方法の正当性を立証し，自信と自律した行動力を取り戻している。先住民は，自分たちの理論概念と理解を育み，子どもの保護制度を法制化し制度の運用権を掌握する等，その概念を先住民の福祉制度に適用した。彼らは政治的

　エルシーはヨーロッパ人出身の白人ソーシャルワーカーであり，担当のコミュニティに住む先住民の友人がたくさんいて，伝統的な生活様式を大切にする彼らの文化に関心をもつようになりました。やがて，彼女は学校の教師からソーシャルワーカーへと転職しました。彼女は，ワーカーの仲間を信頼し，チームワークも良かったのですが，しかし唯一「その資格が彼らにはない」ことを理由に，先住民出身の人々と仕事をしたことがないことに気づきました。彼女は，先住民のソーシャルワーカーを一人も雇っていないチームで仕事をしていることに気づき，先住民の立場を気の毒に思いました。彼らは職業訓練も受けておらず，ましてや経験もありませんでした。このチームの人々は，エルシーが先住民文化に関心があることを知っていたので，老若男女問わず先住民のケースを，上司は常に彼女に任せました。エルシーは，しばらく先住民への支援の仕事を続け，常に自分の住むコミュニティの長老とともに実践し，それを自ら振り返りました。ある時，一人の長老が彼女に質問しました。「エルシー，あなたは何を悩んでいるのか。どの程度，お前の仲間のソーシャルワーカーは先住民個人，その家族，そのコミュニティと丁寧に仕事をする仕方を学んだのだろうか。どれ程，彼らは私たちの文化について学んでいるのだろうか」。

　この投げかけを受けた瞬間，エルシーは恥ずかしくなりました。自分だけがんばっても，結局は同僚と同じように，先住民たちが存在する社会を認めていないのであり，同じ土地を共有する個人やコミュニティとして彼らを敬っていないのであり，彼らの社会に対する貢献を評価していないのであり，それは結局，彼らの豊富な知識と知恵から見識を得ていない事と同様であることに気づいたからです。先住民に関わるあらゆる事例を扱う仕事をする上で，エルシーは，先住民を雇用して先住民の文化を学ぶことがワーカーの義務であると認識し，実はチームがそのことを真剣に考えていないことに気づきました。エルシーは賛同者を増やそうと，仲間と議論を繰り返しましたが，無駄に終わりました。

　エルシーは，この問題を上司に提案し，チーム会議を開いて，先住民の文化や歴史に関してソーシャルワーカー全員が研修で学べるように計画し，現状を改善すると，長老たちに約束しました。長老たちは，先住民出身の子どもも大人もこれから不適切なサービスで苦しまないように，研修計画を支援することを彼女に約束しました。

な活動にも参画するようになり，国の構想にも重要な役割を果たしている。たとえば，ミーチ湖憲法協定における先住民の交渉では，先住民の権利と遺産に対する関心が無視され，彼らの見識と立場に敬意が示されていなかったため，

彼らはこの法律の認可を拒否した。今では，この法律の廃止に功績があったと，彼らは評価されている。

　先住民は，カナダの植民地の歴史が始まって以来，拡大を続けたカナダの社会における政策決定から遠ざけられていた。最近は変化しているが，カナダ議会での先住民の議席はほとんどない。たとえば，Elijah Harper は，クリー・ネーション（部族）の構成員であるが，州の議会（Legislative Assembly；MLA）の会員としてマニトバ州議会で選ばれた最初の「条約インディアン（Treaty Indian）」であった。1990年，Harper は，1982年憲法協定の改正でケベック州の不満を解決することを目的としたミーチ湖条約に対し賛成を拒否した。1982年カナダは，イギリスからの法的独立を達成していた。1987年には，連邦政府は他の州との合意に達していたが，Harper は，この憲法が先住民の利益を無視し，彼らを議論から排除していることを理由に拒否した。Elijah Harper は，先住民議会の長である Ovide Mercredi が支持したにもかかわらず，後に続いたシャーロットタウン合意にも反対した。

　エルシーの苦境（「ケーススタディ①」〔左頁〕参照）は，文化の多様性を越えて仕事をすることが，いかに複雑であるかを物語っている。また，文化関連のサービスを受ける資格がある人々が，自分たちの幸せを危険にさらすことなくサービスが受けられるように，実務家は自分たちであらゆることをしなければならないという感情の罠に容易に陥ってしまうということも示している。このような方策は持続可能ではない。多様な労働力を統合的にとらえることは難しい。その仕事をするために必要な技術を習得していないので，他のチームメンバーの成長にもつながらないし，また，主流となる人々に提供されるサービスが，先住民のサービス利用者にこれ以上損害を与えないよう保証するために，先住民と協働することの重要性をも，この「ケーススタディ①」は示している。文化関連のサービスは，先住民の男性，女性，子どもに向けられた「お粗末な行為」への代償であるととらえる背景がある中で，このことは非常に重要である。エルシーは幸運であった。長老たちに支えられて，自分が働く機関で文化的多様性を基準として働けるような変化を起こし，お互いに尊敬し評価する人々の間に存在しうるつながりを築き上げようとした。協働を拒否し，先住民の事業化によってのみ先住民と協働できると主張することもできたはずである。

この意味で，Bruyere（2010）が提示しているとおり，すべての人々がお互いの多様性を尊敬して平等なパートナーとしてすべての人々の福祉のために働くことになれば，彼らが築き上げるセーフガードは先住民には何ら害とはならないと，また，恐らく一大変革が可能であれば「8番目の火」（Eighth Fire：7人の預言者が残した教え。7つ目を超える8番目の火）を灯す方法を示せるかもしれないと，彼らは期待していたのであろう。

4　マオリ族の世界観

　アオテアロア・ニュージーランドのマオリ族もまた，その領土の最初の住民と自負している。1849年に結ばれたワイタンギ条約では，マオリ語及びマオリ国がヨーロッパ人（パケーハ：Pakeha）と平等の権利を有することが認められた。植民地化され差別的に処遇されることに対する抵抗の歴史を通じたマオリ族の主張にもかかわらず，その実現は難しかった。自らの伝統文化を保持しようとする努力によって，彼らは植民地化という最悪の極限状況に耐えることができたが，非常に多くの若者が保護され，特に男性は投獄されていた（Ruwhiu 1998）。既存の条項が先住民の生活に非常に否定的な役割を果たしていたので，ファミリーグループ・カンファレンス（Family Group Conference）を作って現状に対応し，自分たちのための社会サービス制度を確立するよう試みた（Ruwhiu 1998）。1986年のプアオ・テ・アタ・トゥ（*Puao-te-Ata-tu.*，夜明けレポート）は，マオリ族を，子どもや家族の育成やケアの独自のやり方を工夫することができる独立した自己決定のグループとして再び認めた。この社会福祉省に対する報告書は，マオリ族の世界観に関する省諮問委員会が作成した。この報告書は，マオリ族の人々が権利を回復し，自分たちの文化と言語を確認することができるようになる時代への転換点となり，部族の人々への対処方法を公に主張することができるようになった。この最前線における彼らの決意によって，より広い世界（ファミリーグループ・カンファレンス）で，主流である社会サービスや福祉制度に取り組み，整理し直すことになった（Schmidt et al. 2001）。アオテアロア・ニュージーランドでは，この先住民モデルを発祥とする展開が，1989年の「子ども・青年及びその家族法」に反映された。マオ

リ族の言葉は，アイデンティティを守るための闘いの重要な部分であり，彼らの世界観の中心であるマオリ族の言葉には，マオリとパケハ（非マオリ族）の人々の語彙に入ったものがいくつかある。以下は，Tait-Rolleston & Pehi-Barlow（2001）が重要な用語として挙げているものである。

- kia ora（挨拶）
- whakapapa（家系）
- whanaungatanga（親類縁者の絆）
- maatua（両親）
- kuia/korua（祖父母）
- iwi（部族）
- tupuna（先祖）
- waka（カヌー）
- te ao Wairua（精神領域）
- whenua（土地）
- whanau（家族）
- tamariki（子ども）
- mokopuna（孫）
- hapu（副部族）
- Kaumatua（長老）
- tea o Maori（マオリの世界）
- Koha kii（言葉の贈り物）
- Ngai Tuhoe, Te Arawa, Te Atihauni-a-Parangi（部族の名前）
- Pakeha（欧州出身者または入植者）
- Puao-te-Ata-tu（夜明け報告書）

　マオリの世界観は，自然や親族集団への尊敬に深く根差している。アイデンティティをとりもどすことは，植民地化に対して長い闘いとなり，この点で彼らは他の国々の先住民と同じような関心を抱いている。Tait-Rolleston & Pehi-Barlow（2001：229）によると，マオリの社会観は，「個人，家族関係制

度，物理的環境，精神的領域の相互関連性（te ao Wairua）」に深く根ざしているという。社会概念の異なる部分間の関連性は，「知的，感情的，物理的，精神的領域を結びつけ，男女・子ども一人ひとりが組み込まれている全体原理を提供している。物理的環境との関係及び関連は，マオリ族に幸福感を保証するものである」（Tait-Rolleston & Pehi-Barlow 2001）。

　しかしながら，マオリ族の間には，彼らが属している先祖の部族の違いによって，多様性が幾分存在する。彼らの世界観と部族伝統の物語が，主に口頭で世代間で受け継がれている。それゆえ各自は，時空を越えて大地その他と関係をもっている。この世界観によって，彼らは，現在・未来の世代のための環境を大切にし守るという観点から，過去を土台にして居場所が得られるのである。子どもたちは，このつながりの中で重要な役割を果たしており，そのために，独自の存在として大切にされる。このつながり，信念，伝統が，マオリ族の社会事業構想の理論的な支えとなっている。

　　「バランス，相互性，血統，部族，または拡大家族の概念が，この［社会事業の］枠組みの中心であり，人間の正義，社会正義，法の概念に直接影響しており，マオリ族の人々にとって意味のあるものである。」（Tait-Rolleston & Pehi-Barlow 2001：247）

　さらに，これらの概念が，西洋の物質主義的ライフスタイルや精神性の欠如に対するマオリ族の反応にも影響を及ぼしている。精神性が欠如すれば，良い生活を送る方法についてのマオリ族の考えが損なわれると，彼らは懸念するのである。西洋の優位性と信頼性を何よりも重視することになれば，異なっている西洋以外の人々の真実は，無効なものとなるのだから。Tait-Rolleston & Pehi-Barlow（2001）は，アオテアロア・ニュージーランドの力強い二層文化主義の方針が，パケハ・ソーシャルワーカーに影響を及ぼすであろうし，彼らのやり方と日常生活両方における当たり前の思い込みに対する疑問を呈することになるかもしれないということも，暗示している。このことは，パケハの教育制度や制度内の慣行にも当てはまるのである。

5　土地と自決権を求める先住民の闘い

　その他の先住民もまた，文化的遺産や伝統的な権利を求めて闘っている。ここで詳述できないほど多く存在するが，先住民の歴史には，植民地化，社会的排斥，文化と言語の破壊，土地その他の資源の喪失等，共通点が見られる。このような攻撃を生き延びた先住民の数は驚異的で，強さと尊厳をもって生き延びようとする意志の強さは賛辞に値するものがあり，大地とその美しさについて持つ前向きな世界観と姿勢を，子孫が受け継ぐことを可能にしている。他の大陸に存在する先住民同様，中南米における先住民も，白人ヨーロッパ人との遭遇の中で被害を被り，植民地化とおぞましい結末を迎える恐るべき経験をした。たとえば，カリブ地方のタイニ（Taini：別名タイノ）族は一掃された。北米先住民同様，入植者が土地に存在する膨大な天然資源，金，銀，銅その他の貴重な資源を獲得しようと現地先住民と闘ったため，滅亡寸前となっている。多くの先住民が奴隷となって，鉱山で，その他工業地帯で，農業プランテーションで働かされた。目的を達成するために現地の住民で不足する時は，奴隷貿易によりアフリカから労働力が供給された。植民地化の強欲さの被害を被ったのは先住民だけではなく，現地にある動植物も被害に遭い，多くの種が滅亡することとなった（Cox 2000）。

　前工業社会に対して工業化と近代的生活スタイルを課すことによって，先住民の財産と豊かな自然は略奪され，結果として多くが破壊され，先住民が人と自然の間に築き上げていたバランスを崩すことにもなった。今日のディープエコロジーの動きに，先住民の洞察力が影響しているのは明らかであると，Zapf（2009：3）は述べている。

　ディープエコロジーは，すべての存在の間の調和と関係性であり，経済的利益を求める人間による自然の支配ではない相互依存性を深めるものである。多様性のあるエコシステムには，抽出可能な経済的有用性を越える固有の価値が含まれている。

6 大地に対する権利を求めるチリのマプチェ族

　ディープエコロジーの人生観を持つことの重要性は，中南米の先住民の生活を見ると明らかである。中南米における先住民の闘いは，他における闘い同様，長期にわたり人権と伝統を受け継ぐ権利の侵害に対する闘いであり，多様性のあるすべての要素を持つ母なる大地によって与えられた豊かな資源を利用することにまつわるものであり，本書では，その中に含まれる多くの洞察を検討した。英語で書かれた本では，示唆に富むと思われることがまれなテーマを私は選択した。それが，自分たちが住むチリの大地の管理権を要求するマプチェ族の闘いである。一般的に，このような闘いで勝利するのは困難である。先住民の権利の保証人として行動すべき国家が，大義の名の下にその侵害に関わっており，果たすべき義務を無視し，野生の大地の工業化を求める人々の側に立っているからである。しかしながら，一旦損害を被れば取り戻せない貴重なものの破壊につながる場合，「大義」は道徳的に正当化することができるのであろうか。取り戻せない資源を守ることが，行動の中心となるべきであることは確かだ。部族の長老や首長の果たす役割が重要な部族社会では，何らかの問題，特に知恵の源として敬意を払われている彼らの指導が求められるような問題については，誰が決定するのであろうか。237〜238頁の「ケーススタディ②」を見ると，関係する問題や人々に対する相談が形式的であったり，適切に対応されたりしない場合，悲惨な結果になることがある。また，人々や彼らの物理的，社会的，文化的，精神的，経済的，政治的環境を尊重する平等主義的な結果となるためには，異なる民族，人種区分間の権力関係の存在を理解しなければならないということが強調されている。

　マプチェ族の例は，国家の支援を得られない場合，環境を守る努力を成功させることがいかに困難なものとなるかを示すものである。多くの人々の支援があっても，また，拠り所とすることができる法が存在しても，勝利が保証されている訳ではない。地域での社会開発の内容を決定する資金力というものが，裕福なエリートと先住民の間の意思決定のバランスの欠如を浮き彫りにするのである。国家には，地域のすべての関係者を支える立場で，損害や破壊の少な

── ケーススタディ② ──

　マプチェ・インディアンはチリ南部アラウカニア地域に住む先住民です。彼らは，インカ帝国の時代から現在まで，次々に襲い来る植民地化に抵抗し，チリ国家の庇護の下，同化戦略にさらされていますが，主にカトリック教会を通じて植民地化は実施されました。同化とは，開発目的で彼らの土地を奪うこと等を指しますが，彼らは多くを語りませんでした。ピノチェト将軍は，チリを1973年から1990年まで統治していた独裁者ですが，1979年にマプチェ族の土地の私有化を認め，投資家への賄賂として助成金や税控除を与えました。土地を失ったため，マプチェ族は団体を組織し，活発に自分たちの土地の返還を訴え，特定の文化集団及び主権を持つ有権者として政治的に認めるよう求めました。中南米の他の先住民もまた，この時代に組織を作り，同じように先住民の権利や，大規模な開発──特に侵略的なダム建設や埋め立て地の問題──から環境を守る決意を認めさせる闘いをしている異なる先住民集団間に，連帯が生まれました。先住民運動は，さらに遠くからも支持を集めました。1992年，ガテマラに住むマヤ族の活動家 Rigoberta Menchiu が先住民に関する業績に対してノーベル平和賞を受賞しました。国連は，1993年を世界先住民年として，先住民族の権利宣言を発表しました。

　マプチェ族は，排他的なキュプリスモと呼ばれるトップダウンの政策決定を行う長いチリの伝統の中で，彼らの声を届けるために非常につらい経験をしました。「ピノチェト」後のコンセルタシオン連立政権が，支配構造としての共同参画実施に先住民族を含めるよう約束をしましたが，それは実現しませんでした。政治が約束を一貫して守らないことで，マプチェ族は環境に対する見方を同じくする人々と同盟を組み，ますます活発に自分たちの立場を明確にするようになり，特に，水力発電と木材の搾取を伴う彼らの土地での巨大開発プロジェクトに対して，激しい抵抗運動を起こしました。ピクンチェ族の土地におけるラルコダムの開発計画は，かなりの広さの土地を彼らの管理から排除する目的があり，Frei 大統領と Allende 大統領の下で推進されたイニシアティブと激しく対立するものでした。2人の大統領は，土地改革で7万 ha の土地をこの先住民族に返還しました。ラルコダムが建設されれば，多くの人々が移転させられ，かなりの環境破壊が起こるはずでした。

　マプチェ族の抵抗運動には，非政府組織が加わりました。彼らは，権利擁護の方法を先住民に伝え，自分たちの文化と伝統に対する主張を結集しようとしていた彼らを支援するため，マプチェ文化センターの創設を支えました。平行して，先住民族のための特別委員会等の国の取り組みがなされました。両組織は，先住民の権利を推進しようとしました。チリの先住民は，持続可能性と環境保護に関して，多くのことが約束されたが，それらはほとんど実現しませんでした。なぜなら，1994年の環境枠組み法には，環境の悪化防止，漸進主義，「汚染者による公害防止負担原

則」等期待できる特徴が含まれていましたが，工業化への要求が先住民の権利より勝ったからです（Carruthers & Rodriguez 2009：746）。マプチェ族の反対にもかかわらずラルコ水力発電プロジェクトが完成したことは，マプチェ族が各チリ政権の処遇で経験した失望感と敗北感を象徴していました。ピノチェト政権下では，上流のビオ川流域で，パンゲダム，続いてラルコダムと，一連の水力発電施設が建設されました。両者とも民間の所有であり，マプチェ族は反対しましたが，彼らの土地の上に発電設備が建設されました。ダム建設の被害は生態系にも，文化的にも大きく及び，地方の自然が開発され，何百人ものピクンチェ族の家族が高地から再定住させられました（Carruthers & Rodriguez 2009）。マプチェ族は，さまざまな環境活動家，人権グループ，その他の社会組織によってダム開発反対の支援を受けましたが，無駄に終わりました。チリはダム施設の完成に強い意志を示していたので，熟議の中で政府の路線への反対投票が予想されるさまざまな先住民組織では，賛成派への入れ替えが行われました。ラルコプロジェクトは，2003年に完成しました。

　同様の話が，元のマプチェ族の土地の民間木材プランテーションで起こりました。木材は，現在チリの輸出の34%を占めています。これらの土地の民有化防止への闘いは激しく，デモ隊への警察の残虐な行為は数知れません。プランテーションによって生物多様性が弱まり，貴重な生態系が破壊され，環境全体が悪化する恐れがあることが，マプチェ族と支援者たちの重大な関心事となっていました。たとえば，ユーカリと松のプランテーションには毎日非常に多くの水が必要で，周辺の土地と平野の乾燥化が進んでいます。農業生産に使われている空中散布の農薬と除草剤は，川の流域を汚染し人々の健康を蝕んでいます（Carruthers & Rodriguez 2009）。

　マプチェ族には，彼らの権利を主張するための長い闘いに，助言と支援を提供するさまざまな専門家が存在しました。警官に殺害されたマプチェ族の学生 Matias Catrileo 等，これまでの闘いの中で殺害された支援者も存在しますが，マプチェ族には，社会科学者，物理学者，市民社会活動家，人権運動家，人類学者，ソーシャルワーカー，地域起こしワーカー，エンジニア等の幅広い多様な仲間が存在しています。マプチェ族は，彼らの支援者がすべて共同参画の精神に基づき協力した訳ではないとコメントしていますが，彼らの遺産と土地を救う闘いへの寄与があったことについては歓迎しています（Carruthers & Rodriguez 2009）。マプチェ族の環境と文化遺産を守る闘いは，まだ終わってはいません。

い開発の方法があるかどうかを審議する責任がある。国の需要に見合うだけのエネルギーを作り出すのに，他の可能な方法があるのではないのだろうか。ここでは，再生可能エネルギー技術が，どんな役割を果たせるだろうか。マプチ

ェ族は，すべての関係者に受け入れられるような，国家と産業との全面的協力者として，どのように関わることができるだろうか。彼らの土地に関する審議からマプチェ族を排除することは，先住民は幼稚で依存的で自ら物事を決定できないという差別主義的で植民地主義的な考えによるものなのか。非常に複雑で困難な問題へのソリューションを見出すためには，国内に先住民が住んでいる政府であれば，この質問に答え，公正に彼らと仕事をする責任がある。実際，先住民が抱える懸念に向き合い，革新的で創造的な対応策を見出さなければならない。ソーシャルワーカーの援助があれば，その土地に住む人々と協力して新しいアプローチを生み出すことは可能である。チリのソーシャルワーカーは，長い間コミュニティに入り込み，すべての関係者を話し合いの場につける努力を行い，共に前進してきた（Ponce de Leon 2008）。

　マプチェ族の闘いもまた，環境運動においてさえ，先住民の社会的排除が慣行化されている深刻さを浮き彫りにしている。彼らは健全な決定を下すのに必要な情報を得るのが難しいと思っていたし，交渉場所の設定でさえ，自分たちの主張を聞いてもらうための難しい余分な仕事となっていた（Carruthers & Rodriguez 2009）。このような結果から，環境活動家は先住民の話に耳を傾けること，もっと彼らとの議論を参加型にするプロセスを経ること，現地の住民との関係を平等にして先住民に権限を与えるようにすることが重要であることがわかった。そうでなければ，たとえ環境を先住民とともに守ることができても，そのやり方は支配層エリートが好む排他的で抑圧的なやり方の再現となるであろう。これは，先住民がこれまで味わってきたことであり，受け入れ難いことなのだ。環境をめぐる闘いによって，先住民は自分たちの環境を守る問題に理解を深めることになった。彼らは，繰り広げられる複雑な権力の力学（dynamics of power）について理解しており，彼らの土地の保護につながらない環境アセスメントを，理解したり批評したりする能力を備えていることがわかっている。また，地球上のあちこちに繰り広げられている同じような闘いがあることが，彼らにはわかっている。このような知識があるかどうかは，自分たちが，不当に処遇される惨事となる政治的問題を乗り越えられる存在となるためにきわめて重要である。環境主義者やその他仲間候補たちとともに戦うのに，このような総合的で政治的状況の上に立つアプローチは，Coates et al.（2006）が

唱導する「エコ・スピリチュアルな見方」とは異なる「グリーンソーシャルワーク・アプローチ」と呼ばれるものである。

　国連と国連が組織した機関を通じて事業を行い，先住民は相互に学び合い，ネットワークを海外に広げて自分たちの社会資本的価値を高め，非先住民活動家だけでなく，その他の先住民族からも支持を得ている。例として，カナダに本部がある「先住民の復権ネットワーク」や，2010年にドイツのボンで開催された気候変動会議で設立された「気候変動と自決権に関する先住民族グローバルネットワーク」がある。また，カナダの先住民は，自分たちで環境アセスメントを開発し，自分たちの見解が国の開発に関する議論に反映されるようにし，それを誰もが利用できるようにした。このような経験から，マプチェ族が知って役に立つようなヒントとなるものはないだろうか。ここでは，カナダの先住民が策定し従っている環境アセスメントに関するホリスティック・アプローチとプロセスの主な要素を提供している。マプチェ族は，このアセスメントが，彼らの特定の環境に役立つかどうか自分たちで決めることができる。

7　カナダ先住民の環境アセスメント・フレームワーク

　カナダのファースト・ネーションズと呼ばれる先住民は，世界中の先住民同様，人々と生態系の利益を守る安全かつ健康な環境権を主張できるツールを開発しようと努めている。彼らの環境アセスメントはプロセスに関するツールであり，状況のすべての側面が考慮されることを保証するために工夫されており，一括して利用するのが最適である。彼らの定義による環境アセスメントは，「プロジェクト案や活動案が発表された後，実施に移される前に，提案のプロジェクトや活動の環境への影響評価を実施し予測するために利用されるプロセス」（FNEATWG undated：2）である。

　ファースト・ネーションズ環境アセスメントテクニカル・ワーキンググループ（以下，FNEATWG）は343頁にわたるツールキットを考案した。これは，あらゆる開発案が住民と物理的環境に及ぼす影響を評価するプロセスで，人々を支援するツールである。プロセスを強調することで，決定が下される過程そのものが，実際の決定内容と同じくらい重要であることを主張している。部族

レベルで効果的に参加することが，このツールの核心である。環境アセスメントは，生存を保証し回復力を促す持続可能な開発の機会を作る上で重要なツールとなり，彼らの遺産を未来の子どもたちに受け継ぐためのコミュニティの成長と継続を可能にする。環境アセスメントのツールキットは，ホリスティックであること，特定のプロジェクトに関する最終的な決定がどのようになされるかについて，偏見にとらわれないことを目指している。ホリスティックなツールとして，できる限り多くの情報を収集し良い決断をすることを目指している。このツールが推奨する考慮すべき要因は，以下のとおりである。

・環境的要因
　水陸にわたる生態系全体，動植物，生物や無生物の所在，それらの測定可能な位置関係や距離。
・健康及び社会経済的要因
　面積，人口の移動，社会構造，地域の安定性，建築インフラ，生活指標の質，個人及びグループへの健康上のリスク，雇用，現在・過去における提案事業の機会，導入されるべき調整プログラムが，検討すべき基本項目である。
・文化的要因
　文化的要因としては，伝統的なライフスタイル，言語，習慣，資源の利用（FNEATWG, undated.）がある。

　FNEATWG の環境アセスメントツールは，提案された開発に関係するが地域外にある政府，起業家，その他との交渉に重要であるが，別の目的を有している。

・プロジェクトがすでに進んでいれば，早い段階でハザードを特定し，低減する方法を計画すること。
・人々の健康，伝統的なライフスタイル，文化を含む既存の環境，人々，動植物の保護を強化すること。
・天然資源の持続可能な利用を促進すること。

・提案のプロジェクトのためのよりよい設計を行うこと。
・発生後に可能なソリューションを考案するのではなく，発生する可能性のある問題について考えることによって，プロジェクトコストを削減しプロジェクトを遅らせること。
・決定により影響を受ける事柄については，政府と起業家はアカウンタビリティ性を向上させること。
・決定により影響を受ける人々，特に先住民の直接参加を促すこと。

　情報を収集し，プロジェクト案についての人々の見解を究明するために利用する協議プロセスは重要である。先住民が開発をめぐって存在する不確実性について知っている情報は不完全で，軽減策は実施が難しいであろうし，予測は非現実的である。なぜなら，新しい情報がいつ入ってくるかもしれないし，そのために最初の決定の基礎が変更されるかもしれない。したがって，環境アセスメントは不完全なもので，新しい証拠に基づき絶えず再評価するものとして考えなければならない。特に，アクセスのための道路，作業者のための臨時宿泊施設，立ち退きが必要となれば再定住について検討する時，周囲の地域への施設の影響について考慮する際に，現実問題となってくる。FNEATWGのツールキットは，次頁のようなケーススタディで決定に至るために使われた。

　次頁の「ケーススタディ③」にあるように，回復不可能な害を環境に与え，人々の生活の質，文化，暮らしを破壊する可能性のある開発計画案については，環境アセスメントは，完璧な調査・分析を実施することで有用となることがわかる。また，争点となる企業が提供した情報を公平に適切に効果的に評価するために，協議し専門家の助言を入れることは，特に科学的知見に関しては，非常に重要であることがわかる。このようなプロセスを通じ，共同行動と協働研究がスヌネイミュックスの行動の中心になっている。彼らの協議は，公の場で他者とともに主張を繰り広げることができる決定を導き出した。また，BC Utilities委員会がこのケーススタディで示した通り，権力者が注意深く彼らの議論に耳を傾け，その見解を支持したことは明らかである。先住民ソーシャルワーカーは，このプロセスを促し調整できるし，活動家，専門家，特定の先住民グループのメンバーとして，環境に関する意志決定プロセスに関わってきて

─── ケーススタディ③ ───

　BC Hydro は，年間1.6%のバンクーバー島の電力需要の伸びに対応するため，火力発電所をカナダのナナイミ市に提案しました。発電所の建設は，総額7億1,000万カナダドルと予測されており，現在使用されている送電システムの部品老朽化で建設と同時にそれらの交換の可能性があります。電気が現地で作られるので，このプロジェクトによって，バンクーバー島のエネルギー需要の本土依存が低減されることになります。ナナイミ発電所が供給するエネルギーは，同じバンクーバー島のポートアルバーニで建設予定となっている新規施設によって発電する電気の補充となる予定でした。

　計画は，ナナイミプロジェクトが建設される予定地に住む先住民のスヌネイミュックスによって検討されました。自分たちで分析と環境アセスメントを実施した時，計画原案の議論とデータについて納得できなかったので，提供されたデータに関する懸念事項と質問を提出しました。提供された材料のデータ収集と分析における透明性の欠如，データ解釈の方法の不適切さ，エネルギー利用の過去，現実，予測のための数字評価の予測モデル利用の不十分さ，代替ソリューションがないこと等，エネルギー需要の増加予測には，ごまかしがありました。

　スヌネイミュックスは部族と協議して，計画案に対する助言と評価してくれる専門家を自分たちで選定することを要求しました。このプロセスの最後に，彼らは，ジョージア海峡の下に新しいパイプライン建設が必要となる火力発電所が，会社が提案する好ましいソリューションであると正当化する証拠が十分にはないと判断しました。人口の増加とエネルギー消費の増加予測には，会社が過去の実現しなかった高い予測を利用しており，正当性がありませんでした。提案は，人口増加により不足するという予測に対しても不適切であること，また，現存設備の老朽化した部品の交換は，コストの低い環境に優しいその他の手段で可能であることを，彼らは確信しました。スヌネイミュックスは，このプロジェクトの承認を拒否しました。ブリティッシュコロンビア州の公共事業委員会もまた，計画の採用を拒否し，この会社に対し「バンクーバー島の発電に対する代替案の決定を適切に行う」よう求めました（FNEATWG undated：9）。

いる。ソーシャルワーカーという実践家は，先住民が，特定のコミュニティに対し別の専門的アドバイスを提供できるさまざまな専門家に連絡できるよう支援することも可能である。さらに，先住民は，環境アセスメント・フレームワークを作成し，使いたいと希望する人々が自由に利用できるようにすることで，彼らが得た知見と知識を共有したいと考えている。これは，著作権契約書を通じて情報の流通を制限している人々が提供するアクセス規制と，好対照を成す

ものとなっている。

結　　論

　世界における先住民の存在，認識，行動方法は，彼らの精神性及び，人々，他の生き物，無生物，その他生態圏の間にある親密で密接なつながりに基づいている。先住民は，自然世界と向き合う時に象徴的な関係を求め，工業化というしばしば西洋諸国の現代モデルの特徴とされる資源開発的なものとは対照的である。大企業が適切に環境を守れなかったことは，ソーシャルワーカーを含む世界の環境保護主義者の大きな関心事であった（Besthorn 2011）。大企業は，世界が脅威にさらされている温室効果ガス排出の大きな原因であると現在は考えられている。しかし，その活動により環境を悪化させ人々の健康を脅かす問題を生み出した大企業は，それを解決するような具体的な方策をほとんど実施していない。

　先住民でないソーシャルワーカーは，先住民の世界観と生命に対するホリスティック・アプローチから多くのことを学び，それを地域コミュニティでの人々の支援に役立たせることで，生活の質の改善と環境保護という両方への願いをかなえることができる。環境を守ることは義務であり，見返りとして環境に守られるということが，どこで誰が実施する事業であろうと，持続可能な発展の核心となるものである。

終　章	グリーンソーシャルワークとは何か

はじめに

　現在，ソーシャルワーク実践に影響を及ぼしている社会的・財政的・環境的な危機により，地域住民，研究者，実践者，政策決定者そして学生たちが，抱える課題の解決に向けては，勇気と革新が求められている。人類そして地球のウェルビーイングを確かなものとし，現実のものとするために，新たな実践理論そして新たな実践パラダイムが不可欠である。グリーンソーシャルワークの枠組みに依拠し，地球の人的・社会的・物理的資源を分かち合うということは，多様なステークホルダー間で学際的に国家をまたぐ形での平等主義的なパートナーシップを基盤とした時に達成される。そのパートナーシップにより，多様な主体が互いの違いを尊重しつつ，生きとし生けるものすべてとそれを取り巻く物理的環境が，ケアされ，栄えある状態に向かうことを可能にする，共通性の探求が行われる。これがソーシャルワーカーの任務である。そのために，ソーシャルワーカーは，周縁化され，無力化され，意思決定の場における声を失っている人々への関心に対して，ホリスティックな視座から本書で議論してきたさまざまな方法を実践しなければならないのである。

　本書の締めくくりにあたり，私はこれまで各章で述べてきたことが，ソーシャルワーク実践のホリスティックなモデルの構築に向け，どのような示唆があるのか述べることとしたい。そのモデルとは，世界の人々，植物たちや動物たちとの間にある相互依存性や連帯性に根ざしたものであり，物質的資源を持続可能な方法で且つ平等に活用し，すべての人と地球のウェルビーイングを保持し，そして高めるような，持続可能なライフスタイルを可能にするものである。そうしたモデルのことを，私は本書ではグリーンソーシャルワークと名づけた。そのモデルには，日々の実践の中で，地域住民に寄り添い業務を遂行するソー

シャルワーカーの存在がある。具体的に，彼らは以下のことを行う。

・生きとし生けるものが持つ，社会文化的・物理的環境を尊重する。
・人々と環境との間に，エンパワメントを可能にする，持続可能な関係性を構築する。
・貧困撲滅に向けたものも含めた，すべての経済活動が社会性を担保するために権利擁護を推進する。
・社会が前進する前提だとして，過度な都市化や過度な消費に依存する，開発における産業化モデルに疑問を投げかける。
・社会的・環境的正義を促進する。

これらの目的を達成するためには，ソーシャルワーカーの地域レベル，国レベル，近隣諸国レベル，そして国際的なレベルにおける関与が必要である。権力，社会的資源，社会サービス，物品の不公平な分配に寄与してしまっている既存政策の修正を求めると同時に，人間とともに生きる植物や動物を含む地球の恵みの保護に焦点を合わせるために，ソーシャルワーカーは，先に挙げた各レベルにおいて組織化を図ることが求められる。

1　ホリスティックで持続可能な実践の開発

グリーンソーシャルワークは環境を，人々がそれぞれの生き様を紡ぐ場所であり空間としてとらえる。紡ぎだされる生き様は，世界の中で人々が生きる意味や目的を表現するものであり，他の人々，植物や動物等との関係性を規定するものである。グリーンソーシャルワークでは，モラルや倫理に基づいたアプローチが強調される。そのアプローチは，人々と周囲の人々，そして彼らを取り巻く物質的空間との間には，関係性が存在するというスピリチュアルな考えに根ざしている。そして，必要な時に必要な社会サービスを必要な人すべてに提供されること，周囲の人々との間でケアしケアされる権利を有することを，基盤とする。国家は，これらの権利をすべての住民が持つことを保障する存在となる。認識論的であり存在論的でもあるこうした主張には批判もあることを，

私は認識をしている。しかし，ある特定の開発の形が，すべてに当てはまるとは思えない。したがって，私はグリーンソーシャルワークをもって，すべての実践に当てはまるモデルだとは言わない。ただ，モラルと倫理に基づくという立ち位置は一貫していることは，前述してきた通りである。その立ち位置から，地球の資源の平等な分配，リスクと利益の集合的な分かち合い，自然の恵みを享受しながら周囲から気持ちよくケアされるための，地球，生きとし生けるものすべて，そして物質的なものすべてをケアする義務を，グリーンソーシャルワークは声高に主張するのである。開発推進論者たちは，地球の資源が，経済的に富める人々によって独占され，搾取されることを当然のこととしてきた。それは，まさに地球が直面している物理的な現実，鉱物，植物，動物，そして，それらとともに生きてきた人間を含めた，世界に存在する資源の取り扱いに対する，まさに無関心であり，結果として，人類そして生きとし生けるもののウェルビーイングを損なってきたのである。産業化の既存モデルや，土地，水や他の地球の恵みを含む生産の場面を個人が牛耳ること，さらには，それらを通して生まれた利益を，ほんの一握りの個人が独占すること，こういったことは，平等主義のグリーンソーシャルワークには適合しない。こうした所有形態は，強欲な個人主義の新自由主義と一般的には呼ばれる。これでは，市場という特定の個人あるいは集団のみが資源を得られる，たった一つの方法しか供与しない。このモデルはフェアではない。なぜなら，ほんの一握りの人の利益のために，リスクは多くの人に分散されているからである。社会的・環境的正義を目指す包摂的・平等主義的枠組みを通し，新自由資本主義の限界を乗り越えるために，新自由資本主義的考えでは，政府は後退するあるいは中立であるというように，その存在が見えにくくなっているが，グリーンソーシャルワーカーは，むしろはっきりと政治的なスタンスを明確にする。また，フェアで，平等主義的で，社会的にも環境的にも正義が貫かれる社会関係を構築するための方法の，政治家，専門職，社会科学，自然科学，そして住民らとの共同生産プロセスを分かち合うために，彼らにも立ち向かっていく。

　グリーンソーシャルワークはまた，実践は地域性と地域の文化性という文脈に依存的であることと同時に，すべての生命体のウェルビーイングを確たるものとするために，人類と地球，植物や動物との間にある相互依存性があり，そ

のことを重視することも包含する。それは，世界共通のこととしてとらえつつ，地域における実践でも相通ずるものとしてとらえるものである。したがって，グリーンソーシャルワーカーにとっての鍵となるタスクは，こうした相互依存性についての議論に人々を巻き込み，相互依存性から得られる示唆をいかに地域における行動に結び付けるべきなのかを理解させ，すべてのレベル，つまり地域からグローバルに，また逆にグローバルから地域において，実践行動を展開できるように協働を促進させることである。言い換えれば，グリーンソーシャルワークは，地域の固有性や特殊性に目を向けるだけでなく，人々と，地球，植物，動物及び周囲の物理的環境との関係性を包含する，グローバルな課題，政策，実践との相互関係性をも強調するのである。「ある特定の開発の形がすべてにあてはまる」とするような実践モデルがこれまで，ソーシャルワーク専門職の中では主流となっていた多くのパラダイムの典型であった。それらは，地域の有する経験に根ざす，いわば「おらが町」という考えに根ざしてきた。その考え方は，グローバルな中での地域，地域の中にあるグローバル，そうした相互浸透性や地域をより大きな視座からとらえるものとは異なっている。

　専門職であるならば，地域で起きた経験が，まったく同じでなくても似たような経験をしている人々がいるはずだ，と想定はしてきた。つまり，経験の越境は想定してきた。しかし，相互依存性や周囲の人々や生命体が地域に与える影響というものを看過してきた。その考え方が不適切な時やさらには破壊的である時ですら，現地の人々が指摘してきたように，長年そうした考え方の下でやってきたとの主張が繰り返し再生産されてきた。持続可能なライフスタイルこそ，地域に固有の暮らしの核をなすものである。地域に固有の実践が，今日において実践を展開する基盤としての新たなパラダイムを構築する上での示唆に富むことは，これまでもそして今後も変わらない。地域に根ざしつつ，その外側へと越境するのである。それは，時空を超えながら，また，先祖そして子孫による実践と現在の実践とをつなぎ合わせながらなされる。その中には，生物多様性の重視，暮らしをより良くするための伝統の保存，レジリエンスの開発，変化や脅威への対応といったダイナミックな実践がある。それは，Bruyere（2010）による「線路に残されたものを拾い上げる」という表現が当てはまる。過去，現在，未来は相互依存しているが，それらのつながりは，時

図終 - 1　ホリスティックな実践チャート

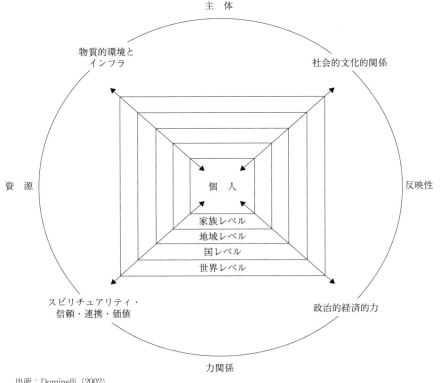

主　体

物質的環境と
インフラ

社会的文化的関係

資　源

個　人

反映性

家族レベル
地域レベル
国レベル
世界レベル

スピリチュアリティ・
信頼・連携・価値

政治的経済的力

力関係

出所：Dominelli（2002）.

空を超えた生き残りを確かなものとするためにも維持されなければならないの
である。地域で長らく生活する人々は，人間，スピリチュアル空間，住環境，
そして，それらを取り巻く物理的環境との間の関係性を密接なものとしている。
グリーンソーシャルワークの多様なパーツ間にあるダイナミックな関係性は，
図終 - 1に示したとおりである。人々による現実に関する議論があるからこそ，
変化が可能になるのである。
　現代社会における独占的新自由主義側の中で，グリーンソーシャルワークは，
それが抱える課題の大きなものの一つを提示する。そのことは，貧困を撲滅す
ると同時に，社会正義，環境正義，人権，能動的市民権という枠組みと新自由
資本主義による生産，配分，そして消費のやり方への批判という中で，環境を

ケアし保護する上で，グリーンソーシャルワークが重要な役割を果たすということである。ソーシャルワーカーは，貧困に立ち向かわなければならない。なぜなら，関わる人々の多数が貧困だからである。貧困は多くの人に影響を及ぼすもので，人としての権利からいって災害である。と同時に，緊急性の高い支援対象である。貧困は，とりわけ構造的な課題であり高度に政治的な問題であるにもかかわらず，その撲滅に向けた方策は複雑かつ批判の対象ともなる。さらには，既得権を守るべく，世界のありようを現状のままにとどめようとする多くの声もある。権力，そして公的資源，サービス，商品へのアクセスを含めた資源の分配は，不平等である。また，貧しい人々を周縁化し続けてきたという福祉国家の歴史は，中産階級のクレーマーたちが，福祉国家が提供する利益をむさぼってきたことを表している。たとえば，農業や他産業への公的補助は，北半球と南半球の双方における，資源の非効率な無駄遣いを助長している。そうした補助金をなくすことで，資源の無駄なそして非効率な活用を削減しうる（Guzmán et al. 2009）。しかしながら，そうしたところで，財力に欠ける人々がそうした資源にアクセスできるよう促進することは，置き去りにされたままである。そうした人々のニーズを満たすことが，グリーンソーシャルワーカーの最重要な関心事であり，新たな運動としての，生産，配分，商品の開発へと導く。

　貧困の撲滅は，水，食糧，エネルギー含めた商品やサービスへのアクセスが，すべての消費者にとって可能だとの前提に立っていては起こり得ない。平等に向けた業務の遂行が求められる。出入り自由の市場ベースは終わりにすべきだ。商品やサービスの分配におけるメカニズムの中心にそうした考えがある限り，妥当な収入を得られていない人々を，市場におけるアクターから除外したままで放置してはならない。そうした人々に，資格としてそして権利として，世界に存在する資源へのアクセスを可能にしなければならない。それは，ある時はすべての人への適切な収入を保障する形であろうし，最低限の生活を送るために必要なものを購入するに足る賃金を得られる仕事を彼らが持つというような形でもよく，それは歴史的にも定義づけされてきたことなのである。利益，給料あるいは賃金は，清潔な飲料水や保健サービスを含む，適切なレベルの生活を誰もが送ることを可能にするレベルにするべきである。有給労働が，人の暮

らしのすべてを占めるような形であってはならないし，人々と環境の間に存在
する相互依存的ニーズを満たすための新たな経済的パラダイムの構築にあたっ
て，唯一考慮すべき事柄だとしてもいけない。それと同じレベルで，レクリエー
ション，レジャー，家族生活が考慮されるべきである。周縁化された人々，
とりわけ女性や子どもたちの，人権，社会正義，環境正義，能動的市民権の具
現化が喫緊の課題であるということを基盤に，そうしたことの必要性が表出し
ている。そのためには，地球の恵みを全員で平等に分かち合うこと，そして生
産と消費の新たなパラダイムが必要となる。その目標に向け，ソーシャルワー
カーは人々の権利を擁護し，商品やサービスの市場をベースとした分配とは違
う方法が欠如していることに起因する，貧困で周縁化された人々の惨状を可視
化するための調査を行い，同時に地域で強靭なレジリエンスを醸成し，生産と
商品の代替的なモデルの開発を行う中で，鍵となる役割を果たすことができる
のである。

　地球上の生命保持に向け，資本主義的開発モデルに従った過度な産業化への
代替を見つけることは，不可欠なことである。劇的な都市化そしてアグリビジ
ネスによって，多くの機会を手にした人もいる。しかし一方で，地球資源の枯
渇が表出し始めている中で，この状況が，世界の人口のおよそ50％を排除し，
彼らを貧困に追いやり，先を見通せない状況に陥れ，劣悪な環境で暮らしを送
ることを余儀なくさせている。グリーンソーシャルワーカーが焦点を合わせて
行う活動の中には，より持続可能な暮らしを向上させる世界を作りたいという
夢の具現化に向け，これまでとは違うビジョンを人々とともに明確化するとい
うものがある。それは，個人，グループ，地域，複数の地域間，国，そして世
界レベルそれぞれでなすことができ，そのために人々が集団的行動に出られる
よう支援し，目的の達成に向けアクションを起こせるよう支援する。そのため
には，自然と社会との間に，互いを尊重し合うパートナーシップが必要となる。
自然と社会は，よりよい暮らしに向け必要な補充物を得ようとするプロジェク
トの当事者なのである。こうした考え方はディープエコロジーな視座に依拠し
ているが，その視座では「ソーシャルワーク実践は，自然に対する，人類によ
る過度で破壊的な介入によって生じた課題に対応する必要がある」とされた
（Van Wormer & Besthorn 2011：249）。したがって，グリーンソーシャルワーカ

ーにとって，破壊的な関係性を建設的で持続可能なものに置き換えることが，重要なタスクなのである。

　グリーンソーシャルワークは，現在災害支援でなされている人道支援についても示唆が大きい。なぜなら，支援は災害によって環境が悪化したという文脈の中で行われるわけだが，既存の人道支援が環境的な課題やエコロジカルな課題に特に焦点を合わせた形にはなっていないからである。災害支援アジェンダにそうしたグリーンソーシャルワークの考え方を統合することで，専門職と被災者の間に起こる分断等は克服される。ソーシャルワーカーは，そうした袂を分かった集団を結び付け，活動をコーディネートする。そのことによって，皆がユニットとして協働しはじめ，被災地域の住民が，主体的で，能動的に関与するというエンパワメントが促進されるプロセスを通して，自身の暮らしや環境を再構築していくことを後押しするのである。課題に対して知識と解決法を「共同生産」することは，異なる専門職集団が個別に動く現在の実践にも取り入れるべきである（Dominelli 2012）。

　都市化が進展したのは，ビジネス界が規模の経済を得つつ，生産コストを下げるために，その活動を中央集権化することを好んだからである。通勤する人々あるいは移住者といった土地を渡って移動する労働者たちが都市化によって増えることで，エネルギー消費は劇的に増大し，環境の悪化を招き，人々の健康にも悪影響を及ぼしてきた。そうした中で，都市化は活用すべき適切なモデルといえるのであろうか。また，都市化は地方の人口減に寄与してしまった。そうした状況下に存在する複雑で多様な事柄をとらえるホリスティックなシステムの開発，そして，経済的なコストだけではなく，考慮すべきすべてのことを包含した上で，目的に合致するアセスメントを行うことが不可欠である。ホリスティックな視座を基盤に人々の日常の暮らしを理解し介入するソーシャルワーカーは，人々と環境の両方を大切にするような解決法を探求する中で他の専門職とともに，直接的に影響を受ける住民や地域が調査を行うことで全体的なコストを可視化できるよう支援することができるのである。

2　すべての人々とその環境を育む惑星
——その持続可能性と助け合い・健全さのためにできること

　地球上のすべての人々に平等な，持続可能な，豊かな惑星を育む時にソーシャルワーカーに求められるのは，人々と彼らの環境の間の関係性を社会的，感情的，精神的，物理的に，さまざまな視点から考えることである。Rosenhek（2006：19）はこのことを，簡潔にこう述べた。

　　　「ディープエコロジー運動は，私たちが地球からやってきたものであること，そして地球の一部であって決して地球から離れるものではないことを思い出させる。」

　言い換えれば，人々と地球の関係は分離できるものではなく，人々と地球どちらか一方のウェルビーイングはもう片方なしにはあり得ないということである。それらは一つのまとまりのうちの2つの部分であって，それぞれ長い間お互いに依存し合いながら，持続可能で健全な状態を保っている。

　どんな種類でも，危機的状況や災害を扱うソーシャルワークの介入は，リスクアセスメントを伴う。その目的は，そのような出来事が起こる物理的な可能性を最小限に留めること，惨事により引き起こされる主観的な恐怖と向き合うこと，そして脆弱性という問題に対処するレジリエンスを醸成することである。人々が住んでいる多様な環境でリスクを減らそうと努力しているソーシャルワーカーは，一人ひとりと，グループと，地域とともに，地元で，国全体で，そして国境を超えて，国際的にグリーンソーシャルワークに関与することになるだろう。彼らはまた，政策の最前線，学術教育や研究，実践をもカバーするだろう。彼らが関わると，人々は次のようなことが可能になる。

　・健康を危険に晒す可能性を減らす。
　・確認できる障壁を取り除き改善する。
　・こわれにくさを手に入れ，確固たるレジリエンスを増強する。
　・来たる次の災害への備えを万全にする。

・災害による被害を緩和し，災害を予防するよう努力する。

　専門職として，ソーシャルワーカーはこの仕事をしながら，下のリストにあるようにたくさんの役割をこなすだろう。ソーシャルワーカーが担う役割は，以下の通りである（Dominelli 2010a より修正）。

　　・ファシリテーターの役割
　　・コーディネーターの役割
　　・地域の人々を結集させる役割
　　・資源を集め，コーディネートする役割
　　・交渉人の役割
　　・媒介する役割
　　・相談役の役割
　　・擁護者の役割
　　・教育者の役割
　　・訓練する役割
　　・異文化間の通訳者の役割
　　・心理社会的セラピストの役割
　　・自然科学の翻訳家の役割

　彼らが関わることのできる介入のプロセスは，どの実践分野であれ，ソーシャルワーカーがすでによく知っている，下に挙げたようなプロセスである。これらのプロセスは良い実践の例の一部であるが，実際に行動する中で決して一本の線のような簡単なものとして予想されるべきではないし，通信ネットワークや交通ネットワークが不通になるということが標準的に起こる災害の場合は特にそうである。ソーシャルワーカーが助け合いの関係の中で役立たせる介入のプロセスは，以下の通りである。

　　・最初のコンタクトを作る。
　　・介入のプロセスの最初から最後まで地元の人々を関与させる。

- 地元の人々の固有の知識や能力に敬意を払う。
- 特定のコミュニティや慣習について新たな知識と技術を共に作り出す。
- ホリスティックな視点で思考する。
- 利用可能な情報を精査し，最新の調査データを活用する。
- 活動の分野を識別する。
- 活動の計画を明確に示す。
- 行われるべき活動に対して契約書を作成する。
- 合意の上で行動を開始する。
- 絶えず結果の評価を行う。
- 物的資源，ソーシャルネットワーク，専門職や協力者等，支援となる社会資源を見つける。

　介入のプロセスに注意を払うことがなぜ重要かというと，これらのプロセスが焦点を合わせているのは，人々がその介入の経験を包括的で力に満ちた経験とするか，それとも専門家主導でかえって力を剝奪されてしまうものであるとするか，その判断材料となるようなものだからである。ソーシャルワーカーは，複雑な災害や困難な環境に置かれていたとしても，人々と地域のレジリエンスを育むために次に挙げるような活動を引き受ける。

- 緊急事態が発生する前，その最中，そして発生後にさまざまなパターンの災害のシナリオとその結果についての話し合いを行うなどして，意識を高める。
- 資源の分配や世界中でのグリーン・テクノロジーを促進するよう政策に訴えかけるために，政策決定者，実践家，そしてサービス利用者と対話を持ち続ける。グリーン・テクノロジーとは，人々や物理的環境を保護するための予防的なテクノロジー，たとえば津波早期警報装置や再生可能エネルギー源等を含むものである。
- 予防策を地域に，全国に，国際的に実現するためのロビー活動を行う。
- 個々人，地域，資源を結集させ，災害が発生する前，その最中，そして後に臨機応変な対応ができるよう養成する。

・世界を見る，そして世界の中で生き，存在する新たな方法を明確に規定するための課題や問題について調査研究を行う。
・異なる考え方を持つ他者であってもその価値を認め，尊重する方法を学ぶ。これはすべての人に同意しなければならないという意味ではなく，たとえ最終的に彼らが「異なる」ことに同意する場合でも，尊厳のある扱いをされた，自分たちの議論を聞き入れてもらえたという気持ちを人に抱かせることなしに，意見の不一致という結論に達してはならない，ということである。
・環境志向のケアの義務を守り，環境を保護するよう努める。
・平等で持続可能な発展のモデルを作る助けをする。
・ソーシャルワークのプログラムや他の関連する教育課程に資格を付与し，評価する際に，グリーンソーシャルワークを主流に組み入れるカリキュラムを推進する。

　人々をエンパワメントし，彼らに人権や市民権が付与されていることを気づかせる立場に置かれているグリーンソーシャルワーカーには，道徳的，倫理的に行動する義務がある。これを導く道徳や倫理の原則は，次のようなものである。

・個人レベル，集団レベルでの人権と尊厳
・相互に助け合うこと，互恵関係，相互関係と連帯
・社会正義
・環境正義
・文化多様性をたたえること
・生物多様性を保全すること
・平和

　これらの原則のうち特に大切にされているのは，グリーンソーシャルワークやこの原則の多く——特に最初の3つと最後の原則——を越えていくもの，抑圧に対峙する実践者が認識するであろう価値である。

3　コミュニティの能力を高める

　コミュニティというのは，その境界線や，包摂と排除の基準を決める際に広範囲なステークホルダーが関与するために，争点を生み出すものである。コミュニティ創造に関わり社会変革を目指す派閥であれば，それらの規則を定めることに，より関心を持つものもあるだろう。他方では，メンバーシップや活動に関してあまり厳密ではない規則を好む派閥もあるだろう。どのような場合であっても「コミュニティ」の定義はさまざまであるが，文献ではその定義を3つの主な類型に噛み砕いて表現する傾向がある。その3つというのが，地理性，同一性，そして利益関心である。Delanty（2003：187）によるとコミュニティとは，社会構造や文化的価値観よりもむしろ「伝達の慣習（communicative practice）や規範的概念を通して創造されるもの」である。文化や構造は，伝達の慣習や概念的規範の中身のうち幾分かを提供するため，全体的な実践においては，社会構造，文化的価値と毎日の決まり事がコミュニティ形成の際に重要な要素となる。さらに，コミュニティ形成は絶え間ない変化と適合を含む終わりのないプロセスである。そして，存続しているコミュニティが自らを形成し，また改良することを繰り返すように，それらの変容は左から右，右から左の政治的なスペクトラムの中の，どのポイントでも起こりうる。急進主義は，右派の特権ではない。コミュニティの境界線というのは穴が多く，あるコミュニティへ人々が抱く帰属意識は流動的な傾向がある。というのも，彼らは同時に複数のコミュニティのメンバーである可能性もあるし，コミュニティは時とともに変化するからである。コミュニティとは，さまざまな対話を通して形成される関係性と双方向性のある場である。これらの対話は，住民，外部の専門家，政治家，実践家を含むたくさんのステークホルダーが参加するものであり，国家の法律，政策，組織の決まり事や日常生活の実践を通して行われるものでありうる。コミュニティの形成過程と発展を概念化するのにちょうどよい出発点は，Emejulu（2011：230）によるコミュニティディベロップメントの定義「周縁化されたグループのための社会正義と自己決定を達成する，集合的教育や行動の政治的・社会的プロセス」である。

民主主義への関与と一連の民主的な実践は，コミュニティの形成プロセスでは重要である。なぜなら，それらはコミュニティについての議論において，すべての発言（voices）を含める方法を示してくれるからだ。これには，どのように人々が構成されるか，決定はどのように，誰によってなされるのか等をじっくり考え，集合的に，他者と連帯して行動する彼らの能力を高めるような，学びと活動のための「民主的な場」を組織することが含まれる（Emejulu 2011）。このような環境でコミュニティを機能させるためには，人々が自分たちのために決定し，活動を統率できる能力と集団がクローズアップされなければならない。そして反対意見を遠ざけるのではなく，むしろそれを聴いて関与させることによって，価値を持つことを可能にするようなプロセスを開発する必要がある。

　ここでの企みは，人々を支配することでも，役に立たない支配者たちを他のものにすげ替えることでもない。しかしながら，人々の二項対立の分類が規範的になっているこの世界に住んでいて，効果的な「民主的な場」で活動することは簡単ではないだろう。まず，周縁化とは支配による社会関係の副産物である。周縁とは支配の裏返しである。支配的な現実の代替を見つけ，平等な現実に置き換えるための行動を始めるのは，平等主義の民主的な実践者にとっては非常に大きな仕事となる。実践者は，その行動が概念化され，関与するすべての人々とともに協議されるからこそ，全体的で包括的な方法で実践しようと望むのである。そうした状況では，結果は非常に不確かなものであるだろう。

　もし，これらが環境志向であれば，地理的，空間的なコミュニティは強固な基盤を有している。関心事（テーマ）に基づく共同体の支援をしていると，人々は，空間や場所と結びついていない同一性に基づいたコミュニティよりは容易に，社会と環境の両方の事項についてじっくり考慮することができる。というのも，持続可能性といった抽象的な概念を考える時に，具体的な場所の概念は関連づけやすいからである。

　レジリエンスは，コミュニティディベロップメントの重要な構成要素である。なぜならその特徴は，お互いにまったく異質かもしれない人々を「多様性，社会正義，平和的共存」という対話を通して結びつける，規範についての団体交渉を通して形成されるものだからである（Kuecker et al. 2011：253）。さらにい

えば，人々が交渉によって確立する合意点を探ることによって，現在行われているたくさんの話し合いにおいて，どんな要素が地域への帰属意識を脅かす欠乏感を生み出すのかが明らかになることがある。たとえば，恵まれない人々が住むすでにストレスがかかっている地域への移住を考えるならば，そこには移住者を受け入れるだけの準備は不十分であるか，もしくは存在しないので，さらなる地域の資源，特に福祉供給への期待に関する話し合いが持たれる。

　そうした状況に介入するコミュニティワーカーは，動的な関係性を作り出すことによって，特定の場所に暮らすすべての住民の地域への帰属意識を高めることができる。動的な関係性とは，地域への感覚それ自体を変えること，そして地域を，集合的な問題共有と解決の包括的な場であるとして確認するためにコミュニティ内にネットワークを構築し続ける事である。この構築のためには，社会的孤立や集団間の分裂を減らし，ある特定の問題について全体で意見の一致した集団行動を始めながら，地域の緊張関係を緩和し，異なる立場同士での対話を通して潜在的な衝突を取り除く必要がある。このようなアプローチは，特に現在の国際協定にはカバーされていない，気候変動によって移住を余儀なくされる人々のニーズに対応する際に必要不可欠となる（McInerney-Lankford et al. 2011）。その地域の人々みんなを巻き込むプロジェクトを実行に移す際にコミュニティワーカーが請け負うのは，特に多様な文化や伝統を有している多文化コミュニティにおいて，現存する裂け目を見ないようにするのではなく，これらの裂け目を補修し，これらの分断の要因である緊張関係を緩和することである。完全な，そして能動的な市民権を確立すること，同盟を形成し，多くの異なるタイプの社会格差を越えて連帯して取り組むことは，すべてのコミュニティのメンバーの存在を維持する生態系を大切にすることと同じように，このプロセスにおいて重要な部分を占めている。

　地域の尊厳を維持しようとする闘いは，南側諸国においてはさらに激化するかもしれない。南半球の諸国では，住民が武装闘争の間に強制的に転居させられたり，採取産業の社員の豪華な住居——これらは地域の環境を悪化させ労働者やその家族の健康を危険にさらすのだが——のために貧しい人々を立ち退かせる，「発展（developments）」に道を譲るということが起こっている。

　こうした企ては，エクアドルのフニンで起こったように，しばしば反対運動

　　フニンはエクアドルの北西に位置する農業地域で，1990年代より特に銅に代表される広大な鉱山開発が盛んに行われていました。いくつかの会社の提案では，「露天掘り」による採掘が要求されていますが，この提案はアンデスの熱帯雨林を傷つけ，多様で希少な野生動植物を破壊し，水源を汚染し，鉱脈があるとされた地域に住む人たちが転居したとしても人々の生活の質を土台から崩す恐れのあるものです。フニンは，草の根の運動団体のDECOIN（環境保護団体「インタグの生態系の防衛と保護」）とアクションエコロジカ・エクアドル（Acción Ecológica）と協働し，根強く継続されてきたこの露天掘りのプロジェクトに必死に抵抗しようとしています。これらの団体は，環境やその土地に住む住民のくらしを守ることを目的とした連合体──そこには地域住民，環境保護活動家，解放神学者，科学者，海外からの支援者や市民社会組織等が含まれますが──の一部になりました。その地域はまた，採掘企業に参加型の企画会議を通して地域住民と協議することを要求する，「環境保護州」になるという法律を可決したのです。結局，露天掘りは法律によって禁止されました。加えて，多国籍企業の企画への反対勢力は，彼らの提案をことあるごとに批判していた政府の大臣と，コタカチ郡の長も味方に組み込みました。全キリスト教会人権委員会（CEDHU），国際連合やアムネスティ・インターナショナルといった主要団体もまた，その地域の人々の訴えを支持しました。鉱山業に関して国連グローバル・コンパクトは，地域住民の人権を尊重する責任をグローバル企業に課していますが，多くの場合，人権は無視されています。地域住民と採掘企業の間で議論が長引くと，時折暴力を伴うこともありました。それでも，人々は結集し続け，自分たちのやり方で発展する権利を主張しました。これが，それらの産業からその地域に流入するはずだった潜在的な拠出金の代わりに，コーヒーの有機栽培やエコツーリズム，手作りのものを売るといった代替的な所得創出の仕組みとして結実したのです。採掘企業は現在活動していませんが，Kuecker et al.（2011）によると彼らはまだ諦めていません。彼らはただ，自分たちの要望を再び主張する機会を待っているのです。

に遭う（Kuecker et al. 2011）。ここでその状況を詳しく説明しよう（「ケーススタディ」〔本頁〕参照）。

　　フニンの地域の人々が生態系と調和の取れた生活の仕方を維持するため奮闘しているこの例は，グリーンソーシャルワーカーに重要な教訓を提供している。ここで示されているのは，正しく機能している市民権に不可欠な要素である「権利を有する権利」を信じること，そして地方のコミュニティを産業的な目

的で発展させることに抵抗する際に強い連帯を持つことが重要であるということである。異なるものとの対話によって首尾よく，周縁化された農業社会は活気づき，先祖代々伝わる土地を守る集団行動を起こした。そのプロセスで，元々あった相互依存の絆は，地域のストレングスを醸成し，より広い俯瞰図を見る視点を維持し，社会ネットワークを促進しながら国外からの支持者にまでつながりを拡大した。元々の地域の絆は，この特定の社会運動を長い期間をかけて形成していく上で重要な位置にあったのである。人々が結集するプロセスは，既存の連帯や互恵主義の感情を増強し，特定の脅威を前にして全員の目的が合致する感覚を促した。フニンの指導者はまた，ミンガ（Kuecker et al. 2011）と呼ばれる伝統的な習慣によって地域が労働力を供給することを期待し，地域のメンバーが地域の共通の利益を守る時にお互いに支え合うことを可能にしていた。そしてまた彼らの状況は，多国籍企業が目をつけたテリトリーについて自分たちの意志を押し付けようとした時に，いかに国際的な企業の圧力によって地域の境界線が崩れてしまいうるかということ，そしてそうした企業が地域の結集力への対応で自分たちのプランを変えざるを得なくなった時に，いかに（地域の）抵抗が国際的な企業や経済に影響を及ぼすか，ということを描き出している。またこの例は，国家の役割と，国家が市民の側にいるのかそれとも企業エリートの側にいるのかという疑問を投げかけてもいる。こうした疑問はグリーンソーシャルワーカーに，少数の利益のために人々や地球の資源を搾取している新自由主義とグローバル企業の役割への批判的視点をもたらし，彼らの思考の訓練になる。国際財政の代表と地域住民の間にある力関係の不均衡を手直しするのは，簡単なことではないだろう。

結　論

グリーンソーシャルワークは，野心的ではあるが貴重なアジェンダをソーシャルワーク専門職に示した。人間がお互いに，そして生物圏も含めて相互にケアし，ケアされる権利を持つことを認め合い，実際にそれを当てにするならば，実践のための新たな概念，理論，モデルの絶えざる発展が必要となる。その実践とは，貧困，環境悪化，発展と産業化の非常識な形態，種族の絶滅，資源の

欠如といった私たちが生きる時代の持つ主要な課題に対して，地域特有の，そして文化的に関連づけられた対応を考え出すこと，世界的な相互の助け合いに取り組む幅広いステークホルダーが関わる実践である。グリーンソーシャルワーカーは，身近な地域で起こったことに対する解決策を見つけ出そうとしてきたが，それは，全国レベル，広域地域レベル，国際的レベルの出来事にも共鳴している。なぜなら彼らが論じていることは，世界中の人間が置かれた状況に影響するからであり，そして地球上のすべての住民の力を合わせて解決されなければならない社会問題だからである。グリーンソーシャルワークは，過去，現在，未来をつなぎ合わせる一筋の光明を示している。それは，連帯・平等を活用することによって，これまでの過程において長きに渡って多くの物理的環境を破壊し，人々の潜在能力を抑止してきた構造的な不平等の問題を，自然と協働して解決しようとすることによって，私たちがお互いを，そして地球上の動植物相や天然資源に依存していることを強調することによって可能になる。このシナリオでは，生産，再生産，消費の間の関係性はマルクス主義者の著作で描写されているように敵対するものではないが，現在そうであるように，社会的組織の中で利益や分化した特権との衝突があるかもしれない。しかし，その必要はないのである。新作の論文[(2)]で私が述べたのは，「人々の間の良好なパートナーシップは，より良い現在と未来のための希望を提供する」ということである（Dominelli 2014）。人々は，代替的な経済モデルを発案することができる。そのモデルは，地球上の住民すべてでその豊かで多様な文化を包括する，資源を公平に分け合う，人々が居住している場所の側に，動植物相（フローラ・ファウナ）や物質的資源が居住する社会から始めるものである。すべての生き物に適正な QOL を供給し，物質的環境を維持し，現在と未来の両方においてこれらすべての存続を保証するという目的のもと，自然の法則の中ではすべてのものが同等のパートナーとして位置づけられている。ローカルをグローバルに，グローバルをローカルにつなぐエンパワメントのプロセスで，すべてのもので分かち合われるべき一つの世界において，ソーシャルワーカーはコミュニティの動員を通して非常に重要な役割を有している。最終的に，グリーンソーシャルワークは素晴らしいソーシャルワーク実践モデルを提供するのである。

注

(1)　（訳注）エクアドルでは，コミュニティ全体の利益のために村などで住民が協力して何かを成し遂げる慣習のことを「ミンガ」と呼ぶ。

(2)　（訳注）Dominelli, L. (2014) 'Internationalizing professional practices: The place of social work in the international arena', *International Social Work*, 57(3): 258-67.

参考文献

Abdisaid, M. (2008) *The Al-shabaab Al-Mujahidin: A Profile of the First Somali Terrorist Organisation.* Berlin: Institut für Strategie Politik Sicherheits und Wirtschaftsberatung (ISPSW).

Action Aid (2011) *Building fot the Future.* London: Action Aid.

Adger, N. and Vincent, K. (2005) 'Uncertainty in Adaptive Capacity', *Geoscience*, 337: 399–410.

Agenda 21 Plus (2004) *Agenda 21 for Culture.* Available at www.agenda21culture.net and www.barcelona2004.org. Both accessed 2 August 2011.

Agyeman, J. and Evans, B. (2004) '"Just Sustainability": The Emerging Discourse of Environmental Justice in Britain?' *Geographical Journal*, 170(2): 155–64.

Agyeman, J., Cole, P., Haluza-Delay, R. and O'Riley, P. (eds.) (2009) *Speaking for Ourselves: Environmental Justice in Canada.* Vancouver: University of British Columbia Press.

Aiken, M., Cairns, B. and Thake, S. (2008) *Community Ownership and Management of Assets.* York: Joseph Rowntree Foundation.

Allan, J. P. and Scruggs, L. (2004) 'Political Partisanship and Welfare State Reform in Advanced Industrial Societies', *American Journal of Political Sciences*, 48(3): 496–512.

Allouche, J. (2007) 'The Governance of Central Asian Waters: National Interests versus Regional Cooperation', *Disarmament Forum*, 4: 44–55.

Alston, M. (2002) 'From Local to Global: Making Social Policy More Effective for Rural Community Capacity Building', *Australian Social Work*, 55(3): 214–26.

Amin, A., Cameron, A. and Hudson, R. (2002) *Placing the Social Economy*, London: Routledge.

Anand, P. B. (2004) *Water and Identity: An Analysis of the Cauvery River Water Dispute.* BCID, Research Paper 3. Bradford: Bradford University.

Angelsen, A. (ed.) (2008) *Moving Ahead with REDD: Issues, Options and Implications*, Bogor Borat: CIFOR.

Anishchuk, A. (2010) 'Fires Could Stir Up Chernobyl Radiation', *The Vancouver Sun*, 12 August, p. B4.

Arblaster, L., Conway, J., Foreman, A. and Hawkin, M. (1996) *Inter-agency Working for Housing, Health and Social Care Needs of People in General Needs Housing.* York:

Joseph Rowntree Foundation.

Austin, M. (1983) 'The Flexner Myth and the History of Social Work', *Social Services Review*, 57(3): 357-77.

Averchenkova, A. (2010) *The Outcomes of Copenhagen: The Negotiations and The Accord.* New York: UNDP.

Bachir, H. (2008) *Tears of the Desert: A Memoir of Survival in Darfur.* London: One World, Ballantine.

Bader, M. (2009) 'The Government's Carbon Off-Set Scheme Is a Scam', *The Vancouver Sun*, 2 December.

Balk, D., Montgomery, R., McGranahan, G., Kim, D., Mara, V., Todd, M., Buettner, T. and Doréelien, A. (2009) 'Mapping Urban Settlements and the Risks of Climate Change in Africa, Asia and South America' in J. Guzmán, G. Martine, G. McGranahan, D. Schensul and C. Tacoli (eds.) *Population Dynamics and Climate Change.* New York: UNFPA/ IIED.

Barker, H. (1986) 'Recapturing Sisterhood: A Critical Look at "Process" in Feminist Organisations and Community Action', *Critical Social Policy*, 16(3): 80-90.

BBC News (2010) 'Short History of Immigration', *BBC News Online.* Available at http://news.bbc.co.uk/hi/english/static/in_depth/uk/2002/race/short_history_of_immigration.stm. Accessed 20 April 2010.

BCWWA (British Columbia Water and Waste Association) (2011) 'Drinking Water Week', *The Vancouver Sun*, 27 April, pp. A8-A9.

Benzie, M., Harvey, A., Burningham, K., Hodgson, N. and Siddiqi, A. (2011) *Vulnerability to Heatwaves and Drought: Case Studies of Adaptation to Climate Change in South-West England.* York: Joseph Rowntree Foundation.

Bertazzi, P. (1991) 'Long-term Effects of Chemical Disasters: Lessons and Results from Seveso', *The Science of the Total Environment*, 106(1-2): 5-20.

Besthorn, F. (2004) 'Globalized Consumer Culture: Its Implications for Social Justice and Practice Teaching in Social Work', *The Journal of Practice Teaching in Health and Social Work*, 5(3): 20-39.

Besthorn, F. (2008) 'Environment and Social Work Practice' in *Encyclopaedia of Social Work.* Oxford: Oxford University Press. Second edition.

Besthorn, F. (2011) 'The Deep Ecology's Contribution to Social Work: A Ten Year Perspective', *International Journal of Social Welfare*, on-line version, 9 December.

Besthorn, F. and Meyer, E. (2010) 'Internally Displaced Persons, Broadening Social Work's Helping Imperative', *Critical Social Work.* Available at www.uwindsor.ca/criticalsocialwork/2010-volume-11-no-3. Accessed 3 August 2011.

Biermann, F. and Boas, I. (2010) 'Preparing for A Warmer World: Towards a Global Governance System to Protect Climate Refugees', *Global Environmental Politics*, 10 (1): 66–88.

Bishop, J. (1996) *Becoming an Ally*. Halifax, NS: Fernwood Publishing.

Bishop, M. and Green, M. (2008) *Philanthrocapitalism: How the Rich Can Save the World*. London: Bloomsbury Press.

Bissio, R. (2011) *After the Fall: Time for a New Deal, Social Watch Report 2010*. Available at www.socialwatch.org. Accessed 20 October 2011.

Blanchard, B. (2011) 'Higher Sea Levels Add to China's Disasters', *The Vancouver Sun*, 25 April, p. B5.

Bocquier, P. (2008) 'Forecast No. 8, Urbanization to Hit 60 Per Cent by 2030 Causing More Epidemics and Environmental Problems, *The Futurist*. Available at www.britannica.com/blogs/2008/12/forecast-8-urbanization-to-hit-60-by-2030/. Accesssed 29 April 2011.

BoE (Bank of England) (2003) *Financing for Social Enterprises: A Special Report by the Bank of England*. London: BoE.

Bolger, S., Corrigan, P., Dorking, J. and Frost, N. (1981) *Towards a Socialist Welfare Practice*. London: Macmillan.

Bolz, D. (2009) 'Endangered Site: The City of Hasankeyf, Turkey', *The Smithsonian*. Available at www.smithsonianmag.com/travel/Endangered-Cultural-Treasures-The-City-of-Hasankeyf-Turkey.html. Accessed on 2 August 2011.

Bornstein, D. (1996) *The Price of a Dream: The Story of the Grameen Bank and the Idea that It Is*. New York: Simon and Schuster.

Borrell, J., Lane, S. and Fraser, S. (2010) 'Integrating Environmental Issues into Social Work Practice: Lessons Learnt from Domestic Energy Auditing', *Australian Social Work*, 63 (3): 315–28.

Boswell, R. (2010) 'Massive Iceberg Threatens Ships, Oil Rigs', *The Vancouver Sun*, 11 Aug, p. B2.

Boyden, J. and Mann, G. (2005) 'Children's Risk, Resilience, and Coping in Extreme Situations' in M. Ungar (ed.) *Handbook for Working with Children and Youth: Pathways to Resilience across Cultures and Contexts*. London: Sage Publications.

Brahic, C. (2007) 'Unsustainable Development "Puts Humanity at Risk", *New Scientist*, 15: 17, 25 October. Also available at www.newscientist.com/article/dn12834-unsustainable-development-puts-humanity-at-risk.html?full=true&print=true. Accessed 20 January 2011.

Brender, N., Cappe, M. and Golden, A. (2007) *Mission Prossible: Successful Canadian*

Cities and Sustainable Prosperity for Canada. Ottawa: The Conference Board of Canada.

Bronfenbrenner, U. (1977) 'Toward an Experimental Ecology of Human Development', *American Psychologist,* July: 513–31.

Brown, O. (2008) 'The Numbers Game', *Forced Migration Review,* 31 (October): 8–9.

Brown, P. and Garver, G. (2009) *Right Relationship: Building a Whole Earth Economy.* San Francisco: Berrett–Koehler Publishers Inc.

Brox, J. (2008) 'Infrastructure Investment: The Foundation of Canadian Competitiveness', *Policy Matters: Institute for Research in Public Policy,* 9 (2/August): 1–48.

Brundtland, G. (1987) *The World Commission on the Environment and Development: Our Common Future.* Oxfored: Oxford University Press.

Bruyere, G. (2010) 'Picking up What was Left by the Trail: The Emerging Spirit of Aboriginal Education in Canada' in M. Gray, J. Coates and M. Yellow–Bird (eds.) *Indigenous Social Work Around the World: Towards Culturally Relevant Education and Practice.* Aldershot: Ashgate.

Bullard, R. (2000) [1990] *Dumping in Dixie: Race, Class, and Environmental Quality.* Boulder, CO: Westview Press. Third edition.

Burkett, I. (2007) 'Globalised Microfinance: Economic Empowerment or Just Debt?' in L. Dominelli (ed.) *Revitalising Communities in a Globalising World.* Aldershot: Ashgate.

Byrne, D. (2005) *Social Exclusion.* Maidenhead: McGraw–Hill.

Cabinet Office (2008) *The Pitt Review: Learning Lessons from the 2007 Floods.* London: Cabinet Office.

CAG Consultants (2009) *The Differential Social Impacts of Climate Change in the UK.* Edinburgh: SNIFFER (Scotland and Northern Ireland Forum for Environmental Research).

Cahill, M. and Fitzpatrick, T. (eds.) (2002) *Environmental Issues and Social Welfare: Broadening Perspectives in Social Policy.* Oxford: Blackwell Publishers Ltd.

Callahan, M., Dominelli, L., Rutman, D. and Strega, S. (2002) 'Undeserving Mothers? Practitioners' Experiences Working with Young Mothers in/from Care', *Child and Family Social Work,* 7: 149–59.

Cameron, D. and Clegg, N. (2010) *Buliding the Big Society.* Available at www.cabinetoffice.gov.uk/news/building–big–society. Accessed 26 April 2011.

Carrington, D. and Vidal, J. (2011) 'Global Food System Must Be Transformed on "Industrial Revolution Scale"', *The Guardian,* 24 January. Available at www.guardian.co.uk/environment/2011/jan/24/global–food–system–report. Accessed on 28 January 2011.

Carruthers, D. and Rodriguez, P. (2009) 'Mapuche Protest, Environmental Conflict and

Social Movement Linkage in Chile', *Third World Quarterly*, 30(4): 743–60.

Carson, R. (1962) *The Silent Spring*. New York: Houghton Mifflin Co.

Catney, P. and Doyle, T. (2011) 'The Welfare of Now and the Green (Post) Politics of the Future', *Critical Social Policy*, 31 (2): 174–93. Published online 9 February 2011. Available at http://csp.sagepub.com/content/31/2/174.abstract. Accessed on 21 December 2011.

CCDPRJ (Civic Coalition for Defending Palestinian Rights in Jerusalem) (2009) *Aggressive Urbanism: Urban Planning and the Displacement of Palestinians within and from Occupied East Jerusalem*. Jerusalem: CCDPRJ.

Chalmers, T. (1821) *The Christian and Civic Economy of Large Towns, London 1856*. Glasgow: Chalmers and Collins.

China Daily Business Weekly, 'Some Basic Facts about the Three Gorges Dam'. Available at www.chinadam.com/dam/facts.htm. Accessed on 6 June 2011.

Christian Aid (2007) *Human Tide: The Real Migration Crisis*. London: Christian Aid.

Churchill, W. (1998) *A Little Matter of Genocide*. Winnipeg: Arbeiter Ring Publishing.

Cloward, R. and Piven, F. (1979) *Regulating the Poor: The Function of Public Welfare*. London: Tavistock.

Coates, J. (2003) *Ecology and Social Work: Towards a New Paradigm*. Halifax: Fernwood Books.

Coates, J. (2005) 'Environmental Crisis: Implications for Social Work', *Journal of Progressive Human Services*, 16(1): 25–49.

Coates, J., Gray, M. and Hetherington, T. (2006) 'An "Ecospiritual" Perspective: Finally, a Place for Indigenous Approaches', *British Journal of Social Work*, 36(3): 381–99.

Comerio, M. (2002) 'Housing Issues after Disasters', *Journal of Contingencies and Crisis Management*, 5(3): 166–73.

Connelly, S., Markey, S. and Roseland, M. (2011) 'Bridging Sustainability and the Social Economy: Achieving Community Transformation through Local Food Initiatives', *Critical Social Policy*, 31(2): 308–24.

Connett, M. (2003) *The Phosphate Fertilizer Industry: An Environmental Overview*. Available at www.fluoridealert.org/phosphate/overview.htm. Accessed 6 April 2011.

Conway, L. (2010) *A Case Study of The Isle of Eigg Heritage Trust, Scotland*. Available at www.caledonia.org.uk/socialland/eigg.htm. Accessed 2 August 2011.

Cox, A. (2000) 'Will Tribal Knowledge Survive the Millennium?' *Science 7, Essays on Science and Society*, 287(5450): 44–5.

Craig, G. and Mayo, M. (eds.) (1995) *Community Empowerment: A Reader in Participation and Development*. London: Zeb Books.

Crawford, T. (2011) 'Demonstrators Plan to "Disrupt" Construction of Four-Lane Highway', *The Vancouver Sun*, 25 April, p. A10.

Cronin, M., Ryan, D. and Brier, D. (2007) 'Support for Staff Working in Disaster Situations: A Social Work Perspective', *International Social Work*, 50(3): 370-82.

Crouch, D. and Ward, C. (1997) *The Allotment: Its Landscape and Culture*. London: Five Leaves Publication.

Cryderman, K. (2009) 'Accord Reached on Global Warming,' *The Vancouver Sun*, 19 December, p. B1.

Culpitt, I. (1992) *Welfare and Citizenship: Beyond the Crisis of the Welfare State?* London: Sage.

Curtis, A., Li, B., Marx, B., Mills, J. and Pine, J. (2011) 'A Multiple Additive Regression Tree Analysis of Three Exposure Measures during Hurricane Katrina', *Disasters*, 35 (1): 19-35.

Cyr, G. (2007) 'An Indigenist and Anti-Colonialist Framework for Practice' in L. Dominelli (ed.) *Revitalising Communities in a Globalising World*. Aldershot: Ashgate.

Dass-Brailsford, P. (2008) 'After the Storm: Recognition, Recovery and Reconstruction', *Professional Psychology: Research and Practice*, 39(1): 24-30.

De Moor, A. and Calamai, P. (1997) *Subsidizing Unsustainable Development: Undermining the Earth with Public Funds*. Ottawa: Institute for Research on Public Expenditure.

De Souza, M. (2011) 'Oilsands Pollution Major Concern', *The Vancouver Sun*, 26 December, p. A26.

Dempsey, J. and Ewing, J. (2011) 'Germany in Reverse, Will Close Nuclear Plants by 2022', *New York Times*, 30 May. Also available at http://www.nytimes.com/2011/05/31/world/europe/31germany.html. Accessed on 22 December 2011.

Denton, M. (1986) 'Environmentalism and Elitism: A Conceptual and Empirical Analysis', *Environmental Management*, 10(5): 581-9.

Delanty, C. (2003) *Community*. London: Routledge.

Dixon, J. (2011) 'Diverse Food Economies, Multivariant Capitalism, and the Community Dynamic Shaping Contemporary Food Systems', *Community Development Journal*, 46 (1): 20-35.

Doh, J. P. and Teegen, H. (2003) *Globalization and NGOs: Transforming Business, Government and Society*. Westport, CT: Praeger Publishers.

Dominelli, L. (1997) *Sociology for Social Work*. London: Macmillan.

Dominelli, L. (2000) 'International Comparisons in Social Work' in R. Pearce and J. Weinstein (eds.) *Innovative Education and Training for Care Professionals: A*

Providers' Guide. London: Jessica Kingsley.

Dominelli, L. (2002) *Anti-Oppressive Social Work Theory and Practice*. London: Palgrave-Macmillan.

Dominelli, L. (2004) *Social Work: Theory and Practice for a Changing Profession*. Cambridge: Polity Press.

Dominelli, L. (2006) *Women and Community Action*. Bristol: Policy Press.

Dominelli, L. (2010a) *Social Work in a Globalizing World*. Cambridge: Polity Press.

Dominelli, L. (2010b) 'Anti-Oppressive Practice' in M. Gray and S. Webb (eds.) *Ethics and Value Perspectives in Social Work*. London: Palgrave/Macmillan.

Dominelli, L. (2011) 'Climate Change: Social Workers' Roles and Contributions to Policy Debates and Interventions', *International Journal of Social Welfare*, 20 (4/October): 430-8.

Dominellli, L. (2012). 'Social Work in Times of Disaster: Practising across Borders' in M. Kearnes, F. Klauser and S. Lane (eds.) *Risk Research: Practice, Politics and Ethics*. Oxford: Wiley-Blackwell Publishers.

Dominelli, L. (2014) 'Mind the Gap: Built Infrastructures, Sustainable Caring Relations and Resilient Communities in Extreme Weather Events', *Australian Journal of Social Work*.

Dominelli, L., Strega, S., Warmsley, C., Callahan, M. and Brown, L. (2011) '"Here's My Story": Fathers of Looked After Children Recount their Experiences of the Canadian Child Welfare System', *British Journal of Social Work*, 41 (2): 351-67.

Donnelly, A. (2011) 'Say "No" to California Dreams, Nightmares', *The Vancouver Sun*, 29 April, p. A13.

Dovers, S. and Handmer, J. (1992) 'Uncertainty, Sustainability and Change', *Global Environmental Change*, 2 (4): 262-76.

D'Silva, T. (2006) *The Black Box of Bhopal: A Closer Look at the World's Deadliest Industrial Disaster*. Victoria, BC: Trafford Publishing.

DuPuis, E., Goodman, D. and Harrison, J. (2006) 'Just Values or Just Value? Remaking the Local in Agro-food Studies' in T. Marsden and J. Murdoch (eds.) *Between the Local and the Global: Confronting Complexity in the Contemporary Agri-food Sector*. Amsterdam: Elsevier JAI.

EC (European Commission) (2004) *Joint Report on Social Inclusion*. Brussels: EC Directorate General for Employment and Social Affairs.

ECA (Economic Commission for Africa) (2005) *Review of the Application of Environmental Impact Assessment in Selected African Countries*. Addis Ababa: ECA.

Edwards, M., Hulme, D. and Wallace, T. (1999) *NGOs in a Global Future: Marrying Local*

Delivery to Worldwide Leverage. Birmingham: Birmingham University Press.

Edwards, S. (2008) 'Social Breakdown in Darfur', *Forced Migration Reviwe*, 31: 23–4.

Ehrenreich, J. (1985) *The Altruistic Imagination: A History of Social Work and Social Policy in the United States*. Ithaca, NY: Cornell University Press.

Emejulu, A. (2011) 'The Silencing of Radical Democracy in American Community Development: The Struggle of Identities, Discourses and Practices', *Community Development Journal*, 46(2): 229–44.

Engels, F. (1972) [1884] *The Origin of the Family, Private Property and the State*. London: Lawrence and Wishart Publishing.

Englund, W. (2011) '25 Years after Chernobyl, Nuclear Crisis, A Sence of Betrayal', *The Vancouver Sun*, 26 April, p. B4.

ERRC (European Roma Rights Centre) (2007) *Written Comments of the European Roma Rights Centre, the Centre on Housing Rights and Evictions, Osservazione and Sucar Drom Concerning Italy for Consideration by the United Nations Committee on the Elimination of Racial Discrimination at its 72nd Session*. Budapest: ERRC.

Escobar, A. (1998) 'Whose Knowledge, Whose Nature? Biodiversity, Conservation, and the Political Ecology of Social Movements', *Journal of Political Ecology*, 5: 53–82.

Escobedo, T. (2009) 'FBI Knew of Report that Suicide Bomber was Somali-American', *CNN*, 23 September.

Ewen, S. and Pusztai, A. (1999) 'Effects of Diets Containing Genetically Modified Potatoes Expressing *Galanthus nivalis* Lectin on Rat Small Intestine', *Lancet*, 354: 1353–4.

Fackler, M. (2011) 'Report Finds Japan Underestimated Tsunami Danger', *New York Times*, 1 June.

Falstrom, D. (2001) 'Stemming the Flow of Environmental Displacement: Creating a Convention to Protect Persons and Preserve the Environment', *Journal of International Environmental Law and Policy*, 1: 1–19.

Figley, C. R. (ed.) (1995) *Compassion Fatigue: Coping with Secondary Traumatic Stress Disorder in Those who Treat the Traumatized*. New York: Brunner/Mazel.

Fisher, S. (2005) *Gender-Based Violence in Sri Lanka in the Aftermath of the Tsunami Crisis*. Leeds: University of Leeds.

Flexner, A. (2001) [1915] 'Is Social Work a Profession?' Reprinted in *Research on Social Work Practice*, 11(2): 152–65.

Florida, R. (2004) *The Rise of the Creative Class: And How It Is Transforming Work, Leisure, Community and Everyday Life*. New York: Basic Books.

FNEATWG (First Nations Environmental Assessment Technical Working Group) (undated) *First Nations Environmental Assessment Toolkit*. Cranbrook, BC: Canadian

Columbia River Inter-tribal Fisheries Commission. Also available at www.fneatwg. org/toolkit.html. Accessed 12 August 2011.

Folghereiter, F. (2003) *Relational Social Work: Toward Network and Societal Practices.* London: Jessica Kingsley.

Folke, C., Carpenter, T., Elmqvist, L., Gunderson, C., Holling, B., Walker, J., Bengtsson, F., Berkes, J., Colding, K., Danell, M., Falkenmark, L., Gordon, R., Kaspersson, N., Kautsky, A., Kinzig, S., Levin, K. G., Mäler, F., Moberg, L., Ohlsson, P., Olsson, E., Ostrom, W., Reid, J., Rockstroem, H., Savenije, U. and Svedin, U. (2002) *Resilience and Sustainable Development: Building Adaptive Capacity in a World of Transformations.* Stockholm: Environmental Advisory Council to the Swedish Government.

Forbes, T. (2011) 'Kachin NGO Questions Myitsone Dam Suspension', *Healthy Rivers, Happy Communities for Now and The Future*, 17 October. Available at www. burmariversnetwork.org/news/11-news/723-kachin-ngo-questions-myitsone-dam-suspension.html. Accessed 23 October 2011.

Foster, P. (2010) 'Deadly Landslide was Avoidable, Experts Say', *The Vancouver sun*, 12 August, p. B4.

Franklin, J. (2011) 'For Chile's Rescued Miners, a New Darkness', *The Globe and Mail*, 5 August, p. A12.

Friends of the Earth (2008) *A Dangerous Distraction: Why Offsetting is Failing the Earth and People: The Evidence.* London: Friends of the Earth.

Garrett, P. M. (2009) 'Recognizing the Limitations of the Political Theory of Recognition: Axel Honneth, Nancy Fraser and Social Work', *British Journal of Social Work*, 40: 1517-33.

Germain, C. (ed) (1979) *Social Work Practice: People and Environments, An Ecological Perspective.* New York: Columbia University Press.

Germain, C. and Gitterman, A. (1995) *The Life Model of Social Work Practice: Advances in Theory and Practice.* New York: Columbia University Press.

GHA (Global Humanitarian Assistance) (2010) *Global Humanitarian Assistance Report, 2010.* Wells, Somerset, UK: Development Initiative.

Giddnes, A. (2009) *The Politics of Climate Change.* Cambridge: Polity.

Gilchrist, R. and Jeffs, T. (2001) *Settlements Social Change and Community Action: Good Neighbours.* London: Jessica Kingsley Publishers Ltd.

Gill, O. and Jack, G. (2007) *Child and Family in Context: Developing Ecological Practice in Disadvantaged Communities.* Lyme Regis: Russell House.

Glover, S. (2011) 'Forests Require Flexible Management', *The Vancouver Sun*, 26 April, p. A9.

Golders, J. (2011) 'Obama Cooling on Global Warming', *The Vancouver Sun*, 29 April, p. A13.

Goodman, D. and DuPuis, E. M. (2002) 'Knowing Food and Growing Food: Beyond the Production-Consumption Debate in the Sociology of Agriculture', *Sociologia Ruralis*, 42 (1): 6-23.

Gottschalk, J. (ed.) (1993) *Crisis Response: Inside Stories on Managing under Siege*. Detroit: Visible Ink Press.

Grande, S. (2004) *Red Pedagogy: Native American Political Thought*. Lanham, MD: Rowman & Littlefield.

Gray, M., Coates, J. and Yellowbird, M. (eds.) (2008) *Indigenous Social Work Around the World: Towards Culturally Relevant Education and Practice*. Aldershot: Ashgate.

Green, J. and Thomas, R. (2007) 'Learning Through Our Children, Healing For Our Children: Best Practice in First Nations Communities' in L. Dominelli (ed.) *Revitalising Communities in a Globalising World*. Aldershot: Ashgate.

Greenough, P. (2008) 'Burden of Disease and Health Status among Hurricane Katrina Displaced Persons in Shelters: A Population-based Cluster Sample', *Annals of Emergency Medicine*, 51(4): 426-32.

Gubbins, N. (2010) *The Role of Community Energy Schemes in Supporting Community Resilience*. York: Joseph Rowntree Foundation.

Guzmán, J., Martine, G., McGranahan, G., Schensul, D. and Tacoli, C. (eds.) (2009) *Population Dynamics and Climate Change*. New York: UNFPA/IIED.

Haddad, L. and Godfray, C. (2011) *Global Food and Farming Futures Report*. Oxford: Institute of Development Studies.

Hagerty, J. (2011) 'Shale-Gas Boom Fuels Race for Factories', *The Globe and Mail*, 27 December, p. B6.

Haig-Brown, C. (1988) *Resistance and Renewal: Surviving the Indian Residential School*. Vancouver: Arsenal Pulp Press.

Hallegatte, S., Henriet, F., Patwardhan, A., Narayanan, K., Ghosh, S., Karmakar, S., Patnaik, U., Abhagankar, A., Pohit, S., Corfee-Morlot, J. and Herweiger, C. (2010) *Flood Risks, Climate Change Impacts and Adaptation Benefits in Mumbai: An Initial Assessment of Socio-Economic Consequences of Present and Climate Change Induced Risks and of Possible Adaptation*. OECD Environment Working Paper 27. Paris: OECD Publishing.

Hanson, L. (2009) 'Environmental Justice as a Politics of Place: An Analysis of Five Canadian Environmental Groups' Approaches to Agro-Food Issues' in J. Agyeman, P. Cole, R. Haluza-Delay and P. O'Riley (eds.) (2009) *Speaking for Ourselves: Environmental Justice in Canada*. Vancouver: University of British Columbia Press.

Hoang, X. T., Dang, A. N. and Tacoli, C. (2005) *Livelihood Diversification and Rural-Urban Linkages in Vietnam's Red Rever Delta*. Rural-Urban Working Paper 11. London: IIED.

Hodgson, D. (2002) 'Introduction: Comparative Perspectives on Indigenous Rights Movements in Africa and The Americas', *American Anthropologist*, 104(4): 1037-49.

Hoff, M. and McNutt, G. (1994) *The Global Environmental Crisis: Implications for Social Welfare and Social Work*. Brookfield, VT.: Avebury.

Hoogvelt, A. (2007) 'Globalisation and Imperialism: Wars and Humanitarian Intervention' in L. Dominelli (ed.) *Revitalising Communities in a Globalising World*. Aldershot: Ashgate.

Houston, S. (2008). 'Beyond Homo Economicus: Recognition, Self-realization and Social Work', *British Journal of Social Work*, 40(3): 841-57.

Howard, E. (1902) *Garden Cities of Tomorrow*. London: S. Sonnenschein and Co., Ltd.

Hudson, C. (2000) 'At the Edge of Chaos: A New Paradigm for Social Work', *Journal of Social Work Education*, 36(2): 215-30.

Humber, Y. and Kate, D. T. (2011) 'Mongolia Lays Tracks for the Future', *The Vancouver Sun*, 25 April p. B5.

Hyde, M., Dixon, J. and Drover, G. (2003) 'Welfare Retrenchment or Collective Responsibility? The Privatisation of Pension Provisions in Western Europe', *Social Policy and Society*, 2(3): 189-97.

IAIA (International Association for Impact Assessment) (2010) *Social Impact Assessment*. Available at www.iaia.org/iaiawiki/sia.ashx. Accessed 11 August 2011.

ICG (International Crisis Group) (2002) *Border Disputes and Conflict Potential: ICG Asia Report Number 33*. Brussels: ICG.

Ioakimides, V. (2010) 'Expanding Imperialism, Exporting Expertise: International Social Work and the Greek Project', *International Social Work*, 54(4): 505-19.

IOM (International Organisation for Migration) (2010) *The Future of Migration: Building Capacity for Change*. London: IOM.

IPCC (Intergovernmental Panel on Climate Change) (2001) *Glossary of Terms Used by Working Group II-Impacts, Adaptation, and Vulnerability in the Third Assessment Report*. Available at www.grida.no/climate/ipcc_tar/wg2/689.htm. Accessed on 2 April 2011.

IPCC (2007) *Fourth Assessment Report of the Intergovernmental Panel on Climate Change*. Geneva: IPCC.

ISDR (2005) *The Hyogo Framework for Action 2005-2015: Building the Resilience of Nations and Communities to Disasters*. New York: United Nations, ISDR.

Jackson, B. (1993) 'Union Carbide: Disaster at Bhopal' in J. Gottschalk (ed.) *Crisis Response: Inside Stories on Managing under Siege*. Detroit: Visible Ink Press.

Jeong, M. (2011) 'In Mumbai, Dhobis against Developers', *The Globe and Mail*, 4 August, p. B6.

Jiang, L. and Hardee, K. (2009) *How Do Recent Population Trends Matter to Climate Change?* Working Paper. Washington, DC: Population Action International.

Jones, K. and Duarte-Davidson, R. (1997) 'Transfers of Airborne PCDD/Fs to Bulk Deposition Collectors and Herbage', *Environmental Science and Technology*, 31(10): 2937-43.

Jones, V. (2008) *The Green Collar Economy: How One Solution Can Fix Our Two Biggest Problems*. New York: Harper Collins.

Kameri-Mbote, P. (2007) 'Water, Conflict and Cooperation: Lessons from the Nile River Basin', *Navigating Peace* (Woodrow Wilson International Center for Scholar, Washington, DC), 4: 1-6. Also available at www. wilsoncenter. org/topics/pubs/NavigatingPeaceIssue4.pdf. Accessed 28 December 2011.

Kan, N. (2011) 'The Road to Recovery and Rebirth', *The Vancouver Sun*, 27 April, p. A15.

Kaseke, E. (1996) 'Social Work and Social Development in Zimbabwe', *Journal of Social Development in Africa*, 11(2): 151-65.

Kendall, K. (2000) *Social Work Education: Its Origins in Europe*. Alexandria, VA.: Council on Social Work Education.

Khan, U. (2008) 'The Number of Workers Spending More Than One Hour Commuting to Work Falls', *The Daily Telegraph*, 27 October, p. 32. Also available at www.telegraph.co.uk/motoring/3269119/The-number-of-workers-spending-more-than-an-hour-commuting-to-work-falls.html. Accessed on 30 December 2011.

Kirkpatrick, D. and Bryan, M. (2007) 'Hurricane Emergency Planning by Health Care Providers Serving the Poor', *Journal of Health Care*, 18(2): 299-314.

Klein, N. (2008) *The Shock Doctrine: The Rise of Disaster Capitalism*. London: Allen Lane.

Klein, R., Nicholls, R. and Thomalla, F. (2004) *Resilience to Natural Hazards: How Useful is the Concept?* EVA Working Paper 9. Potsdam: Potsdam Institute for Climate Change Research.

Klinenberg, E. (2002) *Heat Wave: A Social Autopsy of Disaster in Chicago*. Chicago: University of Chicago Press.

Kovats, R. S. and Ebi, K. L. (2006) 'Heatwaves and Public Health in Europe', *European Journal of Public Health*, 16(6): 522-99.

Kroll, L. and Fass, A. (2011) *Forbes Magazine*, Special Report *The World's Billionaires*, 8

March.

Kuecker, G., Mulligan, M. and Nadarajah, Y. (2011) 'Turning to Community in Times of Crisis: Globally Derived Insights on Local Community Formation', *Community Development Journal*, 46(2): 245-64.

Laming, H. (2009) *The Protection of Children in England: A Progress Report*. London: DCSF.

Landon, J. (2011) 'Greek Bonds Lure Some, Despite Risk', *New York Times, Global Business*, 28 September. Available at www.nytimes.com/2011/09/29/business/global/hedge-funds-betting-on-lowly-greek-bonds.html?pagewanted=all. Accessed 10 October 2011.

Lane, S. (2008) 'Climate Change and the Summer 2007 Floods in the UK', *Geography*, 93 (2): 91-7.

Lane S., Odoni, N., Landström, C., Wahtmore, S. J., Ward, N. and Bradley, S. (2011) 'Doing Flood Risk Science Differently: An Experiment in Radical Scientific Method', *Transactions of the Institute of British Geographers*, 36(1): 15-36.

Larsen, J. (2003) *Record Heat Wave in Europe Takes 35,000 Lives: Far Greater Loses May Lie Ahead*. Washington, DC: Earth Policy Institute.

Leckie, S. (2009) 'Climate-Related Disasters and Displacement: Homes for Lost Homes: Lands for Lost Lands' in J. Guzmán G. Martine, G. McGranahan, D. Schensul and C. Tacoli (eds.) *Population Dynamics and Climate Change*. New York: UNFPA/IIED.

Leggett, M. (2011) 'Dangers of Fracking Go Beyond Poisoned Water and Earthquakes', *Earth Times*, 22 March. Available at www.earthtimes.org/energy/dangers-hydraulic-fracturing-poisoned-water-supplies-earthquakes/552/. Accessed 12 December 2011.

Levesque, L. and Mathieu, A. (2011) 'Tunnel Collapse Prompts Montreal Mayor to Call for Immediate Funds', *The Globe and Mail*, 3 August, p. A9.

Levy, D. (2010) *IMF Backtracks on Debt Relief for Haiti*. Available at www.naomiklein. org/articles/2010/01/imf-backtracks-debt-relief-haiti. Accessed 5 June 2011.

Liebenthal, A. (2005) *Extractive Industries and Sustainable Development*. Washington, DC: World Bank.

Lorenz, W. (1994) *Social Work in a Changing Europe*. London: Routledge.

Löscher, P. (2009) *Pictures of the Future: Magazine for Research and Innovation: Special Edition: Green Technologies*. Munich: Siemens, Aktiengesellschaft.

Macalister, T. and Webb, T. (2011) 'Carbon Fraud May Force Longer Closure of EU Emissions Scheme', *The Observer*, 23 January, p. 20.

Macqueen, A. (2011) 'Los 33: Chilean Miners Face Up to a Strange New World', *The Observer*, 17 July. Available at www.guardian.co.uk/world/2011/jul/17/chilean-miners

-one-year-on. Accessed 5 August 2011.

Malthus, T. R. (1798) *An Essay on Principles of Population*. Oxford World Classics Reprint. Oxford: Oxford University Press.

Manthorpe, J. (2010) 'Floods Threaten Fabric of the Pakistani State', *The Vancouver Sun*, 11 August, p. B1.

Manyena, S. B. (2006) 'The Concept of Resilience Revisited', *Disasters*, 30(4): 434–50.

Maracle, L. (1993) *Ravensong*. Vancouver: Press Gang Publishers.

Martell, P. (2011) 'Camps Fill as Somalia's Famine Spreads', *The Globe and Mail*, 4 August, p. A16.

Marx, K. (1978) *Das Capital: A Critique of Political Economy*. Moscow: Progress Publishers.

Mary, N. L. (2008) *Social Work in a Sustainable World*. New York: Lyceum Books.

Mason, R. (2009), 'UK Pleads for Investment Deals at Copenhagen,' *The Daily Telegraph*, 9 December, p. 83.

Massey, D., Axinn, W. and Ghimire, D. (2007) *Environmental Change and Out-Migration: Evidence from Nepal*. Population Studies Center Research Report 07-615. Ann Arbor, MI: Institute for Social Research, University of Michigan.

McCurry, J. (2011) 'Japan Faces Power Shortages Due to Nuclear Shutdowns', *The Guardian*, 6 July. Available at www.guardian.co.uk/world/2011/jul/06/japan-power-shortages-nuclear-shutdowns. Accessed on 12 December 2011.

McInerney-Lankford, S., Darrow, M. and Rajamani, L. (2011) *Human Rights and Climate Change: A Review of the International Legal Dimensions*. World Bank Study. Washington, DC: World Bank.

McKinnon, J. (2008) 'Exploring the Nexus Between Social Work and the Environment', *Australian Social Work*, 61(3): 268–82.

McMichael, A. J., Woodruff, R. and Hales, S. (2006) 'Climate Change and Human Health: Present and Future Risks', *The Lancet*, 367: 859–69.

Medvedev, G. (1991) [1989] *The Truth about Chernobyl*. Trans. E. Rossiter. New York: Basic Books.

Miller, S. M., Rein, M. and Levitt, P. (1990) 'Community Action in the United States', *Community Development Journal*, 25(4): 365–8.

Mitchell, T., Tanner, T. and Haynes, K. (2009) *Children as Agents of Change for Disaster Risk Reduction: Lessons from El Salvador and the Philippines*. Brighton: IDS.

Mohanty, C. (2003) *Feminism without Borders: Decolonizing Theory, Practising Solidarity*. Durham, AL: Duke University Press.

Mott, A. (2004) 'Increasing Space and Influence Through Community Organising and

Citizen Monitoring: Experiences from the USA', *Institute of Development Studies Bulletin*, Special Issue, *New Democratic Spaces*, 35(2): 91-112.

Munro, E. (2011) *Munro Review of Child Protection: Final Report-A Child-Centred System*. London: Department of Education.

Murphy, M. (2006) *Sick Building Syndrome and the Problems of Uncertainty: Environmental Politics, Technoscience and Women Workers*. Durham, AL: Duke University Press.

Myer, N. (2005) 'Environmental Refugees: An Emerging Security Issue'. Paper Presented at the 13th Economic Forum, Organization for Security and Cooperation in Europe, Prague, 23-27 May.

Nagle, L. E. (2008) 'Selling Souls: The Effects of Globalization on Human Trafficking and Forced Servitude', *Wisconsin International Law Journal*, 26(1): 131-40.

Närhi, K. (2004) 'The Eco-social Approach in Social Work and the Challenges to the Expertise of Social Work', Ph.D. thesis, University of Jyväskylä, Jyväskylä, Finland, 30 June.

Newbery, D. (1997) 'Determining the Regulatory Asset Base for Utility Price Regulation', *Utilities*, 6(1): 1-8.

Nicholls, R., Hanson, S., Herweijer, C., Patmore, N., Hallegatte, S., Corfee-Morlot, J., Chateau, J. and Muir-Wood, R. (2007) *Ranking of the World's Cities Most Exposed to Coastal Flooding Today and in the Future*. Southampton: Southampton University and OECD.

Nickel, S. (2011) SaskPower to build first carbon capture plant, *The Vancouver Sun*, 27 April, p. C11.

OCSE (Office for Security and Co-operation in Europe) (2009) *Assessment of the Human Rights of Roma and Sinti*. Warsaw and The Hague: OCSE and Office for Democratic Institutions and Human Rights, High Commissioner for National Minorities.

ONS (Office for National Statistics) (2009) *Ageing in the UK: Interactive Mapping Tool*. Available at www.statistics.gov.uk/ageingintheuk/default.htm. Accessed 2 July 2011.

ONS (2011) *Population Estimates*. Available at www.statistics.gov.uk/cci/nugget.asp?id=6. Accessed 7 August 2011.

Osif, B., Baratta, A. and Conkling, T. W. (2004) *TMI 25 Years Later: The Three Mile Island Nuclear Power Plant Accident and Its Impact*. University Park, PA: Pennsylvania State University Press.

Owen, D. (1982) *The Government of Victorian London, 1855-1889: The Metropolitan Board of Works, the Vestries and The City Corporation*. Cambridge, MA: Belknap Press.

Oxtoby, K. (2009) 'Social Pedagogues in Mainland Europe', *Community Care*, 18 March, p. 21.

Padilla, B. (2008) *In Philippines Slums Desperately Poor Sell Kidneys for Cash*. Available at http://afp.google.com/article/ALeqM5hArQn4tsN4n_cT1TcmiLJN_axsfQ. Accessed on 2 August 2011.

Panet-Raymond, J. (1991) *Partnership or Paternalism?* Montreal University of Montreal Publication.

Paperny, A. (2011) 'Companies Vie for Iconic Reactor' *The Globe and Mail*, 4 August, p. A4.

Pardeck, J. (1996) *Social Work Practice: An Ecological Approach*. Westport, CT: Auburn House.

Parry, N., Rustin, M. and Satyamurti, C. (eds.) (1979) *Social Work, Social Welfare and the State*. London: Edward Arnold.

Parry, R. (1989) *Privatisation: Social Work Research Highlights 18*. London: Jessica Kingsley Publishers.

Pearsall, H. and Pierce, J. (2010) 'Urban Sustainability and Environmental Justice: Evaluating the Linkages in Public Planning/Policy Discourse', *Local Environment*, 15 (6): 569–80.

Penner, D. (2010) 'Kootenay Partners Forge Ahead with $900-million Power Project', *The Vancouver Sun*, 27 August, p. C1.

Peskett, L., Huberman, D., Bowen-Jones, E., Edwards, G. and Brown, J. (2008) *Making REDD Work for the Poor: Poverty Environment Partnership (PEP) Policy Brief*. Brighton: ODI.

Pickles, E. (2011) *Action to Boost Support for Voluntary Sector and Cut Red Tape for Councils*. Available at www.communities.gov.uk/news/corporate/1885482. Accessed on 26 April 2011.

Pisupati, B. (2004) *Connecting the Dots: Biodiversity, Adaptation, Food Security and Livelihoods*. Nairobi: BLL, DELC, UNEP.

Pitt, M. (2007) *The Pitt Review: Lessons Learnt from the 2007 Floods*. London: Cabinet Office and Environment Agency.

Plummer, J. (2011) 'Analysis: Sector Budgets Feel the Squeeze' *Third Sector*. Available at www.thirdsector.co.uk/news/Article/1060843/Analysis-Sector-budgets-feel-squeeze /. Accessed on 26 April 2011.

Ponce de Leon, M. (2008) 'Social Work in Chile'. Paper given at the IASSW Board Seminar, International Conference Centre, Durban, South Africa, 10–13 July.

Putnam, R. (2000) *Bowling Alone: The Collapse and Revival of American Community*.

New York: Simon and Schuster.

Pyles, L. (2007) 'Community Organising for Post-Disaster Development: Locating Social Work', *International Social Work*, Special Issue on Disasters, 53(5): 321-33.

Pynn, L. (2011) 'Fisheries' "Evasive" Action Costs $80,000 in Orca Case', *The Vancouver Sun*, 27 April, p. A3.

Quayle, M. and Richards, J. (2011) 'BC Needs to Take Green Economy to Next Level', *The Vancouver Sun*, 26 April, p. A9.

Ramon, S. (ed.) (2008) *Social Work in the Context of Political Conflict*. Birmingham: Venture Press.

Ramon, S., Campbell, J., Lindsay, J., McCrystal, P. and Baidoun, N. (2006) 'The Impact of Political Conflict on Social Work: Experiences from Northern Ireland, Israel and Palestine', *British Journal of Social Work*, 36: 435-50.

Ravallion, M., Chen, S. and Sangraula, P. (2008) *Dollar a Day Revisited*. Policy Research Working Paper 4620. Washington, DC: World Bank.

Reacher, M., McKenzie, K., Lane, C., Nichols, T., Iversen, A., Hepple, P., Walter, T., Laxton, C. and Simpson, J. (2004) 'Health Impacts of Flooding in Lewes: A Comparison of Reported Gastrointestinal and Other Illness and Mental Health in Flooded and Non-flooded Households', *Communicable Disease and Public Health*, 7(1): 1-8.

Roberts, G. (1998) 'Environmental Justice and Community Empowerment: Learning from the Civil Rights Movement', *American University Law Review*, 48: 229-57.

Rogge, M. E. (1994) 'Environmental Justice: Social Welfare and Toxic Waste' in M. D. Hoff and J. G. McNutt (eds.) *The Global Environmental Crisis Implications for Social Welfare and Social Work*. Aldershot: Ashgate.

Rogge, M. E. and Coombs-Orme, T. (2003) 'Protecting Children from Chemical Exposure: Social Work and US Social Welfare Policy', *Social Work*, 48(4): 439-50.

Rogge, M. E. and Darkwa, O. K. (1996) 'Poverty and The Environment: An International Perspective for Social Work', *International Social Work*, 39: 395-409.

Room, G. (1995) *Beyond the Threshold: The Measurement and Analysis of Social Exclusion*, Bristol: Policy Press.

Rose, F. (2000) *Coalitions across Class Divides*. Ithaca, NY.: Cornell University Press.

Roseland, M. (2005) *Toward Sustainable Communities: Resources for Citizens and their Governments*. Gabriola Island, BC: New Society Publishers.

Rosen, A. and Livne, S. (2011) *Personal versus Environmental Emphases in Social Workers' Perceptions of Client Problems*. Available online at www.mcnellie.com/525/readings/rosenlivne.pdf. Accessed on 26 April 2011.

Rosenhek, R. (2006) 'Earth, Spirit and Action: The Deep Ecology Movement as Spiritual

Engagement', *The Trumpeter: The Journal of Ecosophy*, 22(2): 90–5.

Rounsevell, M. and Reay, D. (2009) 'Land Use and Climate Change in the UK', *Land Use Policy Journal*, 265: 5160–9.

Roy, A. (1999) *The Greater Common Good*. Available at www.narmada.org/gcg/gcg. html. Accessed 6 June 2011.

Ruwhiu, L. (1998) *'Te Puawaitango o te ihi me te wehi': The Politics of Maori Social Policy Development*. Ph.D. thesis, Massey University, Palmerston North.

Schlosberg, D. (2007) *Environmental Justice: Theories, Movements and Nature*. Oxford: Oxford University Press.

Schlosser, E. (2001) *Fast Food Nation: The Dark Side of the All American Meal*. New York: Houghton Mifflin Co.

Schmidt, G., Westhhuies, A., Lafrance, J. and Knowles, A. (2001) 'Social Work in Canada: Results from a National Sector Study', *Canadian Social Work*, 3(2): 83–92.

Schumacher, E. F. (1974) *Small is Beautiful: A Study Of Economics As If People Mattered*. London: ABACUS.

Schumpeter, J. (1935) 'The Analysis of Economic Change', *Review of Economic Statistics* (May): 2–10.

Schutz, A. and Sandy, M. (2011) *Collective Organising for Social Change: An Introduction to Community Organising*. London: Palgrave.

SCIE (Social Care Institute for Excellence) (2008) *Research: Role of Social Work in Mental Health Services*. Available at www.communitycare.co.uk/Articles/14/07/2008/ 108835/Research-role-of-social-work-in-mental-health-services.htm. Accessed on 20 October 2011.

Scoones, I. (1999) 'New Ecology and the Social Sciences: What Prospects for a Fruitful Engagement?' *Annual Review of Anthropology*, 28: 479–507.

Scudder, T. (2005) *The Kariba Case Study*. Social Science Working Paper 1227. Pasedena, CA: California Institute of Technology.

Seabrook, J. (2007) *Cities: Small Guides to Big Issues*. London: Pluto Press.

Sebellos, F., Tanner, T., Tarazona, M. and Gallegos, J. (2011) *Children and Disasters: Understanding Impact and Enabling Agency*. Paris: UNICEF.

Sewpaul, V. and Hölscher, D. (2005) *Social Work and Neo-Liberalism*. Pretoria: Van Shaik.

Shah, A. (2010) *Poverty: Facts and Stats*. Available at www.globalissues.org/article/26/ poverty-fact-and-stats. Accessed on 4 July 2011.

Sharkey, P. (2007) 'Survival and Death in New Orleans: An Empirical Look at the Human Impact of Katrina', *Journal of Black Studies*, 37(4): 482–501.

Shaw, M. (2011) 'Stuck in the Middle? Community Development, Community Engagement and the Dangerous Business of Learning Our Democracy', *Community Development Journal*, 46(2): 128-46.

Shiva, V. (2003) 'Food Rights, Free Trade and Fascism' in M. Gibney (ed.) *Globalizing Rights*. Oxford: Oxford University Press.

Shivii, I. (2006) *The Silences Behind the NGO Discourse: The Role and Future of NGOs in Africa*. Oxford: Fahamu Ltd.

Shragge, E. and Fontane, J. M. (eds.) (2000) *Social Economy: International Debates and Perspectives*. Montreal: Black Rose Books.

Sinesi, B. and Ulph, D. (1998) *Species Loss through the Genetic Modification of Crops*. London: UCL.

Skehill, C. (2008) 'Looking Back While Moving Forward: The History of Social Work: Historical Perspectives in Social Work', *BJSW*, Special Issue Editorial, 38(4).

Spickett, J., Brown, H. and Katscherian, D. (2008) *Health Impacts of Climate Change: Adaptation Strategies for Western Australia*. Available at www.public.health.wa.gov. au/cproot/1510/2/Health_Impacts_of_Climate_Change.pdf. Accessed on 6 June 2011.

Steadman Jones, G. (1984) *Outcast London*. London: Pantheon Books.

Stern, D. (2010) 'Kyrgyzstan: Surviving Ethnic Conflict', *Global Post*, 17 June. Available at www.globalpost.com/dispatch/asia/100617/kyrgyzstan-news-ethnic%20conflict. Accessed on 4 August 2011.

Stern, N. (2006) *Stern Review of the Economics of Climate Change*. Cambridge: Cambridge University Press.

Stern, P., Bietz, T. and Guagnano, G. (1995) 'The New Ecological Paradigm in Social-Psychological Context', *Environment and Behaviour*, 27(6): 723-43.

Stier, M. (2011) *Rebuilding our Neighborhoods Block by Block*. Available at www.stier. net/writing/other/Rebuilding_Our_Neighborhoods_Block_by_Block.pdf. Accessed on 28 April 2011.

Stott, K. (2009) 'Remote Village Turns to the Sun for Power', *Vancouver Sun*, 26 October, p. B4.

Sturge, S. (2010) 'Social Work in Palestine'. Paper presented to BASW group on Palestine.

Swift, K. and Callahan, M. (2010) *At Risk: Social Justice in Child Welfare and Other Human Services*. Toronto: Toronto University Press.

Tacoli, C. (2009) 'Crisis or Adaptation? Migration and Climate Change in a Context of High Mobility' in J. Guzmán, G. Martine, G. McGranahan, D. Schensul and C. Tacoli (eds.) *Population Dynamics and Climate Change*. New York: UNFPA/IIED.

Tait-Rolleston, W. and Pehi-Barlow, S. (2001) 'A Maori Social Work Construct' in L.

Dominelli, W. Lorenz and H. Soydan (eds.) *Beyond Racial Divides: Ethnicities in Social Work*. Aldershot: Ashgate.

Tholfsen, T. (1976) *Working-Class Radicalism in mid-Victorian England*. London: Croom Helm Ltd.

Thompson, E. P. (1963) *The Making of the English Working Class*. London: Penguin.

Toomey, A. (2011) 'Empowerment and Disempowerment in Community Development Practice: Eight Roles Practitioners Play', *Community Development Journal*, 46(2): 181–95.

Townsend, M. (2011) 'A Stone's Throw from Dale Farm, Travellers' Stand-off Simmers On', *The Observer*, 30 October, p. 21.

TRRT (Thames Rivers Restoration Trust) (2011) *Projects*. Available at www.trrt.org. uk/index.aspx?articleid=15819. Accessed on 2 August 2011.

TW (Thames Water) (2011) *London's Victorian Sewer System*. Available at www. thameswater.co.uk/cps/rde/xchg/prod/hs.xsl/10092.htm. Accessed on 12 December 2011.

TWN (Third World Network) (2010) *Bonn Climate News Updates, May/June 2010*. Penang, Malaysia: Jutaprint.

UN (2003) *The Challenge of Slums*. New York: Human Development Programme.

UN (2006) *On Better Terms: A Glance at Key Climate Change and Disaster Risk Reduction Consepts*. New York: UN.

UN (2011) *The World Urbanisation Prospects: Report for 2009*. New York: UN Department of Economic and Social Affairs.

UNDP (United Nations Development Fund) (1998) *The Human Development Report, 1997*. New York: UNDP.

UNDP (United Nations Development Fund) (2008) *The Human Development Report, 2007*. New York: UNDP.

UNDP (Unidet Nations Development Fund) (2009) *The Human Development Report, 2008*. New York: UNDP.

UNDP (United Nations Development Fund) (2011) *The Human Development Report, 2010*. New York: UNDP.

UNEP (United Nations Environment Programme) (2009) *Disasters and Conflicts: Factsheets*. New York: UNEP.

UNESA (United Nations Department of Economic and Social Affairs) (2009) *World Population Prospects: The 2008 Revision*. New York: UNESA.

UNESCO (United Nations Educational, Scientific and Cultural Organisation) (2006) *Water Conflicts: An Analysis of Water-Related Unrest and Conflict in Urban Context*.

Paris: UNESCO/IHP.

Ungar, M. (2002) 'A Deeper, More Social Ecological Social Work Practice', *Social Service Review*, 76(3): 480-97.

UNICEF (United Nations International Children's Emergency Fund) (2010) *Recovery for All: A Call for Collective Action*. New York: UNICEF.

UNISDR (United Nations International Strategy for Disaster Reduction) (2004) *Living with Risk: A Global Review of Disaster Reduction Initiatives*. New York: UN.

Unruh, M. K. (2005) *Environmental Change and its Implication for Population Migration*. Cambridge: Cambridge University Press.

Van Wormer, K., Besthorn, F. and Keefe, T. (2007) *Human Behavior and the Social Environment: Macro-level Groups, Communities and Organizations*. New York: Oxford University Press. Second edition, 2010.

Velásquez, L. (2005) 'The Bioplan: Decreasing Poverty in Manizales, Colombia, through Shared Environmental Management' in S. Bass (ed.) *Reducing Poverty and Sustaining the Environment: The Politics of Local Engagement*. London: Earthscan.

Vergara, E. (2011) 'Protesters Throw Fruit at Chile's Rescued Miners', *Associated Press*, 6 August. Available on www.washingtonpost.com/world/protesters-throw-fruit-at-chiles-rescued-miners/2011/08/06/gIQAunxUzI_story.html. Accessed on 6 August 2011.

Vidal, J. (2010) 'Climate Aid Threat to Countries that Refuse to Back Copenhagen Accord', *The Observer*, 11 April.

Walker, A. (1990) 'The "Economic" Burden of Ageing and the Prospect of Inter-generational Conflict', *Ageing and Society*, 10: 377-96.

Walker, J. S. (2004) *Three Mile Island: A Nuclear Crisis in Historical Perspective*. Berkeley: University of California Press.

Walker, P. (2011) *Getting Humanitarian Aid Right*. Available at http://sites.tufts.edu/gettinghumanitarianaidright/. Accessed on 26 November 2011.

Walker, R. (2010) 'Global Population Still a Problem', *The Guardian*, 13 July.

Walter, M. (2008) 'Chavez's Cheap Oil Gives Him Sway Over US Allies, Aid Funds', *Bloomberg*, 5 October. Available at www.bloomberg.com/apps/news?pid=newsarchive&refer=Latin_America&sid=aUMDzYgZ0h6Y. Accessed on 12 June 2010.

Walton, R. (1975) *Women in Social Work*. London: Routledge and Kegan Paul.

Warmington, P., Daniels, H., Edwards, A., Leadbetter, J., Martin, D., Brown, S. and Middleton, D. (2004) 'Learning In and For Interagency Working: Conceptual Tensions in "Joined Up" Practice'. Paper presented to the TLRP Annual Conference, Cardiff, November.

Warren, M. (2001) *Dry Bones Rattling: Community Building to Revitalize American Democracy*. Princeton, NJ: Princeton University Press.

Waterhouse, R. (1994) 'Supervision for Safari Boy', *The Independent*, 13 January, and '"Safari Boy" Jailed for Nine Months', *The Independent*, 24 September.

Watts, J. (2011a) 'China Warns of Urgent Problems Facing Three Gorges Dam', *The Guardian*, 20 May, p. 24.

Watts, J. (2011b) 'Aung San Suu Kyi: China's Dam Project in Burma is "Dangerous and Divisive"', *The Guardian*, 12 August, p. 26.

Webb, B. (1909) *Minority Report*. London: Commission on the Poor Law.

Webb, S. (1918) *Labour and the New Social Order*. London: The Fabian Society.

Webb, S. (2010) '(Re)assembling the Left: The Politics of Redistribution and Recognition in Social Work', *British Journal of Social Work*, 40(8): 2364-79.

Webster, M., Ginnetti, K., Walker, P., Coppard, D. and Kent, R. (2009) 'The Humanitarian Response Costs of Climate Change', *Journal of Environmental Hazards*, 8(2): 149-63.

Werner, E. E. and Smith, R. S. (1992) *Overcoming the Odds: High Risk Children from Birth to Adulthood*. Ithaca, NY: Cornell University Press.

WHO (World Health Organisation) (2004) *Extreme Weather and Climate Events and Public Health Responses: Europe*. Copenhagen: WHO.

Wiebe, R. and Johnson, Y. (1998) *Stolen Life: The Journey of a Cree Woman*. Toronto: First Vintage Canada.

Wielm, A. (2004) *Digital Nation: Towards an Inclusive Information Society*. Michigan: Michigan Institute of Technology Press.

Williams, C. (2011) 'Geographical Variations in the Nature of Community Engagement: A Total Social Organisation of Labour Approach', *Community Development Journal*, 46 (2): 213-28.

Williams, C. and Millington, A. (2004) 'The Diverse and Contested Meanings of Sustainable Development', *Geographical Journal*, 170(2): 99-104.

Winne, M. (2009) *Closing the Food Gap: Resetting the Table in the Land of Plenty*. Uckfield, East Sussex: Beacon Press.

Winter, M. (2003) 'Embeddedness, the New Food Economy and Defensive Localism', *Journal of Rural Studies*, 19(1): 23-32.

Wisner, B., Gaillard, J. C. and Kelman, I. (eds.) (2011) *Handbook of Hazards and Risk Reduction*. London: Routledge.

Wong, L. (1994) 'The Privatization of Social Welfare in Post-Mao China', *Asian Survey*, 34 (4): 307-25.

World Bank (2008) *World Development Indicators, 2008*. Washington, DC: World Bank.

World Bank (2010) *World Development Report 2010: Development and Climate Change.* Washington, DC: The International Bank for Reconstruction and Development and World Bank.

World Bank (2011) *Securing the Present, Shaping the Future.* Washington, DC: World Bank.

World Vision (2009) *Raising Resilience: The 2004 Asian Tsunami 5 Years On.* Bangkok: World Vision.

Yaffe, B. (2010) 'Knocking Oilsands Bolsters Northern Gateway', *The Vancouver Sun*, 12 August, p. B2.

Zapf, M. K. (2005) 'The Spiritual Dimension of Person and Environment: Perspectives from Social Work and Traditional Knowledge', *International Social Work*, 48(5): 633–43.

Zapf, M. K. (2009) *Social Work and the Environment, Understanding People and Place.* Toronto: Canadian Scholars' Press.

Zhu, Y. X. and Sim, T. (2009) 'Working with Children in the Sichuan Earthquake Using the "Person-in-the-Environment" Perspective', *Journal of Social Work*, 9(2): 31–4. [In Chinese：朱雨欣. 沈文伟. 灾后儿童心理重建路径探析. 社会工作，2009年9月下半月，31–34页.]

Some useful websites

www.ecosocialwork.org for 'deep' ecological social work and the Global Alliance for Deep Ecological Social Work.

www.environment-agency.gov.uk for flood plans.

www.ifrc.org for the International Federation of the Red Cross and Red Crescent Societies; provides a considerable amount of information about humanitarian aid, and the crises that they respond to.

www.kildonan.unitingcare.org.au for a discussion of energy audits that involved social workers.

www.med.monash.edu.au/glass for analyses of women and climate change (Global Leadership and Social Sustainability).

www.scie-socialcareonline.org.uk for online information about social work.

www.socialwatch.org for analyses conducted by an NGO; the site includes an interactive map on the impact of the fiscal crisis on all countries in the world for which data are available.

www.socialworkeducation.org.uk for articles on social work.

www.socialworker.com for online articles about social work.

www.un.org for the United Nations website, which is a source of a wide range of information.

www.unicef.org for information on children and the impact of policies on them.

www.u1windsor.ca/criticalsocialwork for online articles on social worker involvement in ecological issues.

www.who.int/hac/network/interagency/news/mental_health_guidelines for the IASC guidelines on gender, mental health and psychosocial interventions in several languages.

www.worldbank.org for information about government policies and actions on development matters.

コミュニティから「環境」へ
―― 共生社会実現のための新たな視座・グリーンソーシャルワーク ――

（1）「共生」という概念をどうとらえるか

　所めぐみ（以下，所）　レナ・ドミネリ先生は，現在，イギリスのダラム大学でソーシャルワークの教授をされています。国際ソーシャルワーク学校連盟（International Association of Schools of Social Work：IASSW）の会長（1996〜2004年）をされたこともある方ですが，ソーシャルワークだけでなく，主には社会学や関連学術領域にも依拠しながら，これまで数多くの著書，論文を出されております。この5〜6年の間に，私はダラム大学を何度か訪れ，また先生には科研費や科学技術振興機構の助成を得ての研究会で日本へ2度お越しいただきました。フィールドワーク等をご一緒する中で，先生のお人柄とソーシャルワークにかけておられる思いを知りました。

　ソーシャルワークは人と社会に関わりますが，人と社会へのまなざしというか，どういうふうに社会とその中にある人をとらえるかという点に，ドミネリ先生独自の視点があるように感じております。先生が暮らしておられるイギリス社会はもちろんなのですが，地域社会というレベルでもそうですし，国際社会であるとか，言葉としては適切かどうかわかりませんけれども，発展途上の社会であるとか，あるいは日本のような社会であるとかについて，ドミネリ先生はそれらがどういう社会なのだろうかと関心をもたれます。そこで，どのような暮らしや営みが行われているのかというところを丁寧に見ておられて，そういう基盤がある中で，ソーシャルワークをどのように展開したらよいかを考えておられます。

　ドミネリ先生は，これまでもフェミニストソーシャルワークやコミュニティディベロップメント等の多くの研究著作を出されていますが，身近な地域社会から国際社会，ローカルからグローバルまでを視野に入れたソーシャルワークを考えた時に，本書の主題となっているグリーンソーシャルワークという概念に基づきソーシャルワークを取り組んでいく必要性を感じられたようです。翻訳をした私たちもまだ説明が難しいなと思っているのですが，なぜ「グリーン」かというと，やはりその社会というものが人のみで成り立っているととら

えずに，広く環境や，そこに生きる植物や他の動物たちのことも範疇に入れて考えられていること，また土壌とか空気とか私たちのまわりに存在する環境に，いかに人間社会が影響を与えているかということ，そして現在の気候変動やその結果として生じるいろいろな災害等もソーシャルワークが関わるべき範疇ととらえられているからだと思います。災害については，自然災害だけではなくて，人災のようなものもありますけども，そういったものがソーシャルワークと切り離されたものではなく，自分たちの社会の中で起こっていることととらえた時に，さぁソーシャルワーカー，どうしていくのだという問いかけや呼びかけにつながっているということです。災害に関すること，自然災害，それから人災に関することも，本書には書かれています。先生のご紹介というより本書の中身に入ってしまいましたけれど，ドミネリ先生は社会学とソーシャルワークのバックボーンと，社会においてソーシャルワークが果たす役割や意義についての確信をもって，研究，実践，教育に取り組んでこられた方です。ソーシャルワークのアイデンティティを明確に持ちつつ，学際研究も大切にされています。ダラム大学の中にある災害関係の研究所でも重要な役割を担っておられて，災害領域での学際的共同研究も国際的に進められています。

　上野谷加代子（以下，上野谷）　私は本書の監訳をさせていただいて，ドミネリ先生の思考の広さと深さに驚きました。たとえば「共生」という概念の使い方にしても，ただ，人との共生だけでなく，動植物との共生であるとか，地球規模でその共生を成り立たせるための基盤との関係でとらえています。空気も，エネルギー問題も含め，世界における共有のあり方，エネルギーをどう分け合うのかという辺りの共生の仕方にまで言及しています。人間社会に対して，地域社会に対して，その社会のとらえ方は常にミクロからマクロにわたる広い視野に基づいています。常に目の前にある課題，たとえば，貧困であったり，虐待であったりを突き詰めていくと，フェミニズムの問題や，レイシズムの問題となり，あらゆる人権問題につながります。そのことを，文献や事例を駆使して各章で繰り返し論じています。たぶん先生も研究の広がりと深まりの中で，最終的にグリーンソーシャルワークというところに行き着いたのかなと。そのように思っているのですが，その解釈でよろしいですか。

　所　私も同感です。共生というのがテーマかと思います。ただドミネリ先生

は「共生」という表現は必ずしも用いられてはいないのですが。これまでの先生の他の著作と比較して，"*Green Social Work*"を読み切った時には，「共生」が最も重要なキーワードかなとも感じました。私たち日本人がイメージするような「共生」という言葉のとらえ方もあるかなと思うのですけれど。そして，ソーシャルワークもミクロからマクロにまたがっていて，そして国や地域を越えてつなげて考えているという感じです。

（2）グローバルにミクロからマクロにつなげる

　上野谷　「ミクロからマクロ」と「つながっている」がキーワードですね。

　所　人と人も，国境を越えてつながっています。人が他の生きものやいろいろな環境とつながっているということが大前提としてあり，だからこそ，まずは地球全体を見ていく必要性があるということ，そして見ていくだけじゃなくて，行動していくことの必要性を伝えようとされているのではないでしょうか。

　上野谷　そうですね。だから一つひとつの出来事に対して，そのアセスメントの視点が非常にグローバルなのですね。そのアセスメントによると，生活困難が生じているあらゆるところにソーシャルワーカーが介入するレベルがあるのだと。すべてのものというのは，ドミネリ先生が保持している基本的な立場ですよね。まるごと生活が見られて，しかも，グローバルな視点で見ているのです。それがしっかりと社会学や政治学や経済学，そして自然科学など，非常に広い学問の領域に裏づけられています。学生の頃からの蓄積でしょうか。

　所　そうですね。先生の学生時代について詳しくはお話を伺っていないのですけれど。ただ，社会人になってからのお話は，これまで何度かお伺いしたことがあります。たとえば，東北の被災地でのフィールドワークをご一緒した時や，イギリスを何回かお訪ねした時に聞いている中では，現場でのご経験のお話が多かったです。先生ご自身はソーシャルワーカーとしてのアイデンティティをもってお仕事をされているのですが，狭い範囲での社会福祉サービスの提供には従事されておらず，また必ずしもソーシャルワーカーという肩書でお仕事をされていたわけでもないようです。

　たとえば，アフリカのある国では，どちらかというと教育に関わっておられました。また，日本にも紹介されていますけれども，イギリスではパッチシス

テム⁽¹⁾というような形で実験的な取り組みが行われたことがあり、これは残念ながらイギリス全土には広まらなかったのですが、先生はその実践地域の近郊で民間団体のワーカーをされていた経験を通じて、必要な学術的基盤をさらに積み上げるというか磨いていかれたようですね。

　上野谷　そうなんですか。パッチシステムの経験がおありなんですね。日本の小地域福祉活動に対する関心と正しい理解をなさる理由がわかりました。

（3）フェミニスト・ソーシャルワークとラディカル・ソーシャルワーク

　所　まだ現場に入りたての頃に、実際に経験されたこととして伺った話があります。先生はフェミニストであり、『フェミニスト・ソーシャルワーク』という著書もあります。コミュニティセンターのようなところで、家庭内暴力を振るう男性を対象とするグループワークを始められた時、フェミニズム運動に関わる人々からドミネリ先生はずいぶんと批判されたそうです。男性への対応についてです。先生は徹底してソーシャルワークの基本からのアプローチを試みられていました。暴力を振るう男性を批判するだけで、彼らに対して何も働きかけないでいては、女性たちへの支援にならない。暴力を振るっていた男性たちも実は、深刻な生活状況や生育歴をもっている。そこで、先生は男性たちのためのグループ支援をされたのです。フェミニズムの運動も、ソーシャルワークも、頭でっかちでは実践はできない。筋を通した価値や理念、またその上に理論が必要なことを教わりました。

　上野谷　だから、やっぱり現場で起こっている事実から目をそらさないで、その事実に向き合うことが大切だと。そしてなぜそういう状況になっているのかということを説明し、分析する学問（理論）を求め続けていると。もし、それがなければ自分で作っていく。あるはずだと。徹底的に勉強して作ろうとする姿がありますよね。

　所　それだと思うのです。ですから一方で現場主義者ではあるけど、今、上野谷先生が言われたように、実践だけで終わらせない。起こっていることやその解決に向けての説明をすることを追求されるのです。たとえば、日本でも今、大学の地域連携という形でどんどん地域実践のところに学生さんに入ってもらいながらいろいろな教育もやっていますけど、イギリスでもそういう取り組み

表1　ドミネリ先生主要業績

Dominelli, L. (2012) *Green Social Work*, Polity.
Dominelli, L. (2010) *Social Work in a Globalizing World*, Policy Press.
Dominelli, L. (2009) *Introducing Social Work*, Policy Press.
Dominelli, L. (2008) *Anti-Racist Social Work*, Palgrave.
Dominelli, L. (2007) *Revitalising Communities in a Globalising World*, Ashgate.
Dominelli, L. (2006) *Women and Community Action*, Policy Press.
Dominelli, L. (2005) *Social Work Futures: Crossing Boundaries*, Transforming Practice.
Dominelli, L. (2004) *Social Work: Theory and Practice for a Changing Profession*, Policy Press.
Dominelli, L. (2002) *Anti-Oppressive Social Work Theory and Practice*, Palgrave.
Dominelli, L. (2002) *Feminist Social Work Theory and Practice*, Palgrave. （＝須藤八千代訳（2015）『フェミニストソーシャルワーク──福祉国家・グローバリゼーション・脱専門職主義』明石書店。）

があります。ただ，もし学生を現場に送るだけだったり，そこにちゃんとした理論が無ければ駄目だとおっしゃるのですね。徹底されています。だから理論というか，拠って立つものが無ければ探し，見つからなければ作るという。そういう意味では自分の基盤となるものを持ちつつも，学際性などを大事にされる。

　表1に挙げたものは，ドミネリ先生の代表的な著書です。数多くの業績がおありですので，すべてをご紹介できませんが，ドミネリ先生のご研究については，たとえばファーガソンは，ラディカル・ソーシャルワークを受け継ぐ研究者として，ドミネリ教授のいくつかの文献を紹介しています[2]。ラディカル・ソーシャルワークは，抑圧された状況にある人々を，その人々の生活の背景にある社会的・経済的構造から理解することや，ソーシャルワーカーとクライエントとの対等な関係性を追求しようとする。また当事者等による集団的なアプローチを重視しているものです。それに対してドミネリ先生の場合は，認識論のレベルだけではたりなくて，その認識から明らかになる社会の問題状況を解決し，社会の中にある不平等や不均等な力関係を変えていこうとする社会正義に基づく運動論的要素もはっきりとお持ちです。そうした，実際にどう動くか，働きかけるかというレベル，つまり実践のレベルにおいて状況をどうとらえ，誰にどう働きかけるかという，より具体的なソーシャルワークの根本とする理念に，ドミネリ先生はフェミニズムをおいておられます。

　難しいのはラディカル・ソーシャルワークにしても，フェミニスト・ソーシ

ャルワークにしてもそれぞれが単一の考え方ではないことです。最近，ドミネ
リ先生のフェミニスト・ソーシャルワークのとても優れた翻訳書が出版されま
した。フェミニズムにもさまざまな流れや考え方があり，それらとの共通点や
相違点についてもこの本からわかるかと思います。ドミネリ先生の著作に一貫
しているのは，社会変革の方法としてソーシャルワークが有用であることを示
している点です。ソーシャルワークに従事している人に対して理論や実践的課
題を提示しているという以上に，ソーシャルワークは学術研究にも社会変革に
も貢献できるのだという信念がおありだと思います。

（4）ドミネリ先生の最近の研究関心

　上野谷　ドミネリ先生は，最近では，どんな研究関心を持っていらっしゃる
のでしょう。

　所　このグリーンソーシャルワークについて，ソーシャルワーカーの間で理
解を深めていきたいという思いをお持ちです。それから実は本書の中でも出て
くるのですけれども，そのアプローチとしてコミュニティを重視する姿勢を打
ち出されていて，新しく今，過去に書かれたものをまた少しバージョンアップ
するような形で書かれている本があります。「コミュニティプラクティス（コ
ミュニティ実践）」という言葉を使う予定だとおっしゃっていました。

　つまり，より具体的には，グローバルと地域社会レベルの両面からのソーシ
ャルワークの関与の手法の確立を目指されているのではないでしょうか。

　上野谷　コミュニティプラクティスというのは，アメリカの用語だと思うの
ですが。

　所　はい。イギリスでも実は『コミュニティプラクティス』という本が出て
います。たまたまなのですけれど，ドミネリ先生と同僚の別の教授が出されて
いて。その先生はコミュニティディベロップメントがご専門です。イギリスで
もアメリカほどではないですが，コミュニティプラクティスという言葉が使わ
れるようにはなってきております。ただ，従来ですとコミュニティディベロッ
プメントという用語が用いられていました。イギリスではコミュニティディベ
ロップメントワークという，ソーシャルワークとはまたちょっと違う専門職も
ありますし，そのようなこともいろいろ加味して，もうちょっと全体を包含す

るような意味でコミュニティプラクティスという言葉をどうも使われようとしているようです。

　さっき学生時代のお話，あまり聞いていないとお伝えしましたけど，ドミネリ先生ご自身が，ご自分がソーシャルワークのトレーニングを受けていた時は，ソーシャルワークの中でコミュニティワークとかコミュニティディベロップメントというのはちゃんとしっかりとあったと。そういうトレーニングを受けてソーシャルワーカーになったとおっしゃっていました。ところが現在は変わってきているとのことです。

　上野谷　だからドミネリ先生がある時おっしゃっていたのは，日本の方がソーシャルワークとしてのコミュニティオーガニゼーションとかが残っているのではないかと。そういう言い方をしていましたけど，あの意図はどういうことだったのですかね。イギリスには無くなってしまったと。特にイギリスでは子どもの問題に関するソーシャルワーカーの失敗が，いわゆるマスコミに糾弾され，また，財源問題等々もあって，養成に対する考え方が変わってしまったようですが。だからでしょうか，リップサービスでおっしゃったのか，いや，日本はまだまだコミュニティオーガニゼーションや，コミュニティワークを含めて，ソーシャルワーカーとしてやる素地があるよという意味かもしれません。

　所　そのような話をされていましたね。今，現場のレベル，実践のレベルではイギリスがかなり専門分化というか，ジェネラリストというよりは個別支援に焦点化されていたりとか，あるいは領域で言えば児童虐待への対応がソーシャルワークでは確かに大きくなっていて，命に関わることに対しての緊急的な対応とか，かなり専門的な対応のところにソーシャルワークが集約されてきているところが正直ありますよね。イギリスでは従来であれば，たとえば，児童虐待のケースでいえば，親への支援とかいうところがもっとあったのですけども，最近はずいぶん早くに親から子どもを切り離してしまうようになっています。

　ちょっとずれるかもしれませんけども，ソーシャルワーカーがたとえば，周りの環境や，それからその周りの人たちにどういうふうに関わっていくかというのも，だいぶ変わってきているんですね。というのは，つまりそれはアセスメントの話からすると見方が変わっていますよね。それはどこから来るかとい

うと，現場のレベルもそうだし，教育のレベルもそう変わってきているところがあります。

（5）次元の異なる関係性の修復

上野谷　だからソーシャルワークには，本書でも何回も出てきますが，「関係性」の修復であったり，回復であったり，あるいはそこに力を付けるという役割があります。その辺りが弱まっているというか，関係性の力動関係を変えることによって課題を解決に導くためにご本人を力付けたり，ご本人は力を高めようというのではなく，むしろご本人そのものに介入をして治療をするみたいなのにまた戻らざるを得ないほど本人の課題が難解になってきたという感じはしないでもないんですけどね。

所　「関係性」に関わるのはソーシャルワークだと思うんですけど，その支援によって，家族の関係性を断ち切ってしまうこともあります。イギリスでヒアリング調査（2015年春）をした時に，民間のアドボカシー団体のソーシャルワーカーと，子どもを虐待したとの理由で，自分のもとからわが子を離されてしまった親御さんのお話をお伺いしました。その方々から聞いた，行政のソーシャルワーカーといいますか児童保護に関わるソーシャルワーカーの関わり方は，本当に同じ職に就いている人なのかと思えるほど根本的な考え方や人への関わり方に違いがありました。

上野谷　ソーシャルワークが変質してきているということでしょうか。

所　変わってきている。変わってしまったというか。もちろんそのアドボカシー団体の方たちも自分はソーシャルワーカーだとおっしゃっているので，ソーシャルワーク自体は否定されている訳ではないですけど。方法として関係性に働きかけていくのがソーシャルワークです。その対象は，時には親子関係であり，友人関係であり，地域関係であり，いろいろなところで大切なものだったはずなのですが。

上野谷　「関係性」にこだわるのがソーシャルワークです。関係性に変化を及ぼし，生活が成り立たなくなる事象が頻発している。関係性に変化を及ぼすのがお金であったり，権力であったり，政治であったりします。そのような中でソーシャルワーカーの技術や技法によって「関係性」が変化できるかどうか

が，ソーシャルワークの専門性に関する議論とつながっていきます。だからソーシャルワーカーの特権としての技法かどうかいうのは専門性の問題でしょうね。

　所　本当にそう思います。

　上野谷　次元の違うものの関係づくりだから，そこを強調されてこのグリーンソーシャルワークを書かれたのですね。一見，ソーシャルワークから遠い書物のように思えるかもしれないけど，本来，ソーシャルワークの本質はこの立ち位置から見たらよくわかりますよという意味で私は日本のソーシャルワーカー，あるいはソーシャルワーク研究者にとって本当に目からウロコというか，開眼させられるという，そういう本だと思いますよね。

　所　日本では，また海外でもコミュニティアプローチを取っていると，ソーシャルワークの中では，マクロっていうふうに括られてしまいがちです。もちろんこの種のアプローチは社会を変えていく社会変革とか，開発的側面とかを重要視しています。しかし一方でミクロな側面にも目を向けています。ミクロからメゾ，マクロのレベルまでつながっていることをドミネリ先生は本書を通じて伝えたいのではないでしょうか。

　上野谷　日本では，関係の束を個別対応から地域対応まで一貫して扱っているのは，大橋謙策先生と岩間伸之先生（故人）ですね。この広範なニーズへの対応として，一人ひとりのニーズへの対応からこのソーシャルアクションまでというこの流れがソーシャルワークだとしたら，ドミネリ先生が言うところの，個別支援のコミュニティアプローチというのはまさしくそれです。そんな感じがする。そして，この書物を読み進めると，たくさんの世界中のソーシャルワーカーや研究者と「つながっている」のがよくわかりますよね。この辺りは今どうなんでしょう。私たちの仕事の仕方というのは，そんなに広いネットワークを持っていないですよね。

（6）広いネットワークと国際性

　所　ドミネリ先生ご自身が長く国際ソーシャルワーク学校連盟の中でいろいろな役職をされていたのが理由の一つだと思います。今も災害支援担当委員会と学校連盟と国連の国際委員会の委員長，グローバルアジェンダ委員会のメン

バーです。今回も熊本の地震の直後に日本に対してのメッセージを国際ソーシャルワーク学校連盟のホームページにアップされていました。連盟の方でできることは言って下さいみたいなことだったのですけど。個人でも発信をされています。そういう時にもちろん国際的なネットワークも，ソーシャルワーカーとかソーシャルワーク研究者のネットワークもありますし，さっきもちょっと申し上げたのですけど，他分野，他領域の人たちとのネットワークもお持ちです。

　上野谷　すごいですね。ドミネリ先生の人的，機関・団体に関してのネットワークの広さには感心させられます。

　所　本書を読んでいると，先程，学際的と言いましたが，単に社会科学系の中での学際性だけではなくて，自然科学にも及んでいます。たとえば，環境問題で言いますと，毒素のある物質とかが私たちに影響を与えたりするわけですね。呼吸を通じて体内に入ってくるような物質の問題とか。仙台で国連の防災世界会議が開かれた時もご一緒した時に，ドミネリ先生が集めて来られたいろいろな発表ですとか団体の出している資料なんかを夜は一緒に読んでいたんですけど，ドミネリ先生の幅広い知識には驚かされました。私は知らないので理系ってこう一まとめに言ってしまいますけれども，そういう科学技術的な事とかですね。非常に詳しいだけじゃなくて，関連の団体であるとか，研究者とのネットワークもお持ちです。たとえば，災害で言えば，地震だけでなく，火山の研究者ともずっと共同研究をされている。今回も実は熊本で震災が起こった時に，共同研究者が鹿児島におられて，その方とかなり早い段階から連絡をとられていたみたいなのです。

　先生ご自身が多方面にお強いというよりも，多様なネットワークを組んでいかないと力が発揮できないという認識がお強いのかなと。イギリスに伺うと，いろいろな方を紹介してくださいます。

　上野谷　そうですよね。だから私たちに各大学での教育でもそういうグローバルな視点で文理融合して発想できるような人を養成したいという願いがあるんだけれども，学生たちにリアリティを持ってそのことの必要性を伝えるための手段が無いんですよね，今。研究者も気づいていないから。だからドミネリ先生の考え方を紹介できれば，エネルギー問題から政策から何から全部，説得

力を持った授業ができると思います。

　ただ単にエネルギーだけの議論でも，アフガニスタンの平和だけでも部分部分になってしまって。そういう意味で，日本でドミネリ先生が求めていることや気づいたことの発信が伝わりにくいのはなぜなんでしょうね。日本のソーシャルワークが狭く，守りに入ってしまったからかな？

（7）ミクロからマクロへのまなざし──事例の見立て

　所　ドミネリ先生は伝え方というところでは，本書の各章にケーススタディを載せるわけですよね。ケースはミクロのケースだけではないのですけれども，なるべく具体的なケースから考えられるようにという，そういう伝え方の工夫はされたんじゃないかなというふうに思います。たとえば，以前ドミネリ先生に，イギリスではこの本は，どう理解されているのですか，とりわけソーシャルワーカーたちはどう読んでいるんでしょうかってお尋ねした時に，すべてのソーシャルワーカーが「よくわかった」というふうに理解をされているとは自分は思っていないというようなことをおっしゃっていました。

　上野谷　そうですよね。

　所　特にさっきも申し上げたようなイギリスの今のソーシャルワークの現状からすれば，日本以上にある意味難しいかもしれませんよね。たとえば先程の，私たちソーシャルワーカーは，世界を見渡すとまでいかなくても身近な生活というような視点から見ることができますよね。生きるとか命，暮らし，人生からのライフの視点で見た時に，自分の周りの環境によって人の命や暮らしが脅かされたりとか，あるいは基盤にあったものが奪われてしまったりとかいうことがある。それらを逸話的に伝えるのがドミネリ先生のやり方なのかなと。そこからソーシャルワーカーよ，考えてみてくれないかなみたいな。だけど，じゃあ，そういう状況をどう解決していこうかというと，やはり目の前のミクロもですけども，マクロ的なところも必要だと。ただしそのマクロというのは福祉にとどまらないところまで関わっていく必要があるのだというのを伝えようとされていますね。

　上野谷　貧しい人々がいる，そしてその人たちの異議申し立てや生きたいという願いに対して無視せず，置いてきぼりにせず，一人ぼっちにしないという

表2　各章の「ケーススタディ」概要

章	キーワード	事例の概要	レベル
第1章	貧困と環境危機（社会的環境と物理的環境）構造的問題への着目　調査機能の発揮	① ソーシャルワーカーが，18歳の男性（無免許運転・窃盗等で更生施設入所）の想いに寄り添い支援することで，就職に向けた訓練に進むことができた事例。	ミクロ
		② ソーシャルワーカーが，高速道路建設による地域の分断を，多様な専門職と協働しながら，地域住民自身がその建設による影響の数値化をできるように支援をし，影響を最小限にとどめた事例。	メゾ
第2章	産業化と都市化　開発性　変革性　全体性	障害を抱える若い男性とその周囲のより良い生活に向け，ソーシャルワーカーが，丁寧なアセスメント，彼らの組織化，課題の明確化と共有を行い，彼ら自身が主体性を獲得し，自信を身につけていった事例。	ミクロ　メゾ
第3章	災害ソーシャルワークとレジリエンス　資源活用と法的手段	① ソーシャルワーカーが，災害跡地への豪華なアパート建設に反対する地域を支援し，外部専門家の協力も仰ぎつつ，計画変更の必要性を示す調査書類作成までこぎつけた事例。	メゾ
		② ソーシャルワーカーが，荒れた地域の環境改善に自ら乗り出し，地域を他者と連帯し，互いを気遣い，他者から助けられる場所に変えていった事例。	メゾ
第4章	気候変動　専門職の組織化　多職種間連携　予防的機能	① ソーシャルワーカーが，多様な関係者をつなぎ調整し，対話の場を企画・運営し，さまざまなデータを収集などをすることで，地域住民が環境への配慮に目覚める機会そしてつながりを構築し，自身の生活の質を改善しようと動き出した事例。	メゾ
		② ソーシャルワーカーが，地域住民と手に手を取る関係性を基盤とし，住民を教育し，意識の変容を促し，二酸化炭素排出量の削減に成功した事例。	メゾ
		③ ソーシャルワーカーが，住民などが環境を保護し，他の人々のニーズを満たそうとする文化に根ざした主体的な活動に寄り添い，環境保全に寄与した事例。	メゾ
第5章	環境危機と食糧危機　難民支援　住民の組織化	代替的な食料供給システムを既存の体制に持ち込みながらその将来性を保証することの難しさを記した事例。解説では，ソーシャルワーカーが，さまざまなステークホルダーをつなぐ重要な役割を果たし，周縁化された人々の食糧ニーズを満たすコレクティブ・アクションを促進すべきだとされている。	マクロ
第6章	人道支援　ソーシャルワーク教育　グローバルとローカルへの複眼的視点	① 人道支援に関わる人々に向けた，公式に認められた教育の枠組みの欠如を示す事例。続く解説では，ソーシャルワーカーの専門領域のひとつとすべきだと主張されている。	マクロ
		② 2010年にハイチで起こった地震後に，ユニセフが主導し，現地にソーシャルワーカーを配置し，子どもたちが日常生活に戻ることを支援した事例。	メゾ
第7章	資源をめぐる紛争　チームアプローチ　ホリスティックな視座	① 国境と水をめぐる争いが武力衝突に発展してきた地域における，非政府組織（NGO）の実践を紹介した事例。解説で，ソーシャルワーカーが紛争地域でその役割を発揮するための方法について述べられている。	マクロ
		② ソーシャルワーカーが，紛争地域における目の前にいる課題を抱えた人の支援を行う上で圧倒的な資源不足に直面し，孤立しそうになる事例。	ミクロ　マクロ
第8章	持続可能な関係性　先住民の世界観からの学び（アセスメント）	① ソーシャルワーカーが，先住民の支援を行う中で，彼らが持つ豊富な知識や知恵から見識を得ることの重要性に気づき，その文化や歴史に関する研修を取り入れ，先住民との信頼関係構築を始めた事例。	メゾ
		② 国家の支援を得られない場合，環境保護を成功させることがどれほど難しいのかについて述べた事例。その後の解説では，ソーシャルワーカーが長年，その地に入り込み住民の政策決定議論への参加に向けた努力を行ってきたとされている。	マクロ

章	キーワード	事例の概要	レベル
		③ 先住民が，自身の生活の質，文化，暮らしを破壊しかねない開発計画案に対し，専門家を巻き込み実施した環境アセスメントに基づき自治体に対して声を上げ，計画案の拒否に至った事例。	マクロ
終 章	産業目的の開発に対する抵抗 ネットワーキング 既存資源の活用	南米において，既存の連帯や互恵主義の感情を増強し地域の結集力を高め，鉱山開発における露天掘りを阻止した事例。	マクロ

のは確かに大切です。ソーシャルワーカーの良心とかそういう言葉，あったと思うんですね。ソーシャルワークの良心というのは，他にさまよい歩かずに，そこにじっと，今の言葉で寄り添うというか，じっと事実を見つめて，新たな活動領域を拡張していくと。実践の場合は互いが互いの実践ののりしろをたくさん作りながら制度の中でできないことでもできるようにしていこうというようなね，少しずつ越境し改革していくみたいなね。それに対して先生の場合は，無ければ新たな活動領域を作ればいいんだと。そういうことをソーシャルワークが承諾したのではないかという問題提起が結構あると思うんですね。日本の場合なんかは特に制度化された中でソーシャルワーカーが働いている。イギリスと同じようなことに陥ったら，本当にソーシャルワーカーはいらないというふうになっていくんじゃないかと不安に思います。一方で民間の社会事業がまだ日本の場合も残っている。もちろん制度化された，民間の社会事業ですね。社会福祉法人施設だったり，社会福祉協議会という大きな団体がまだ残っているからソーシャルワーカーが残っていると。これが自治体だけだったら，たぶんイギリスと同じ目に遭っていると思うのですよね。だからそういう意味で，私は本書を日本なりに解釈をして，もう一度ソーシャルワークの基本的な考え方をここから読み取ってほしいですね。各章に事例が必ず載っていますので，個別事例からそれを読み込んでほしいと思います。

　所　本書の各章にはケーススタディとして各章のテーマに関係した事例が掲載されています（表2）。第1〜2章で取り上げられている若者，障害のある男性のケースについては，個別のケースが直面している困難から出発して，解決方法としては，その人を含む周りの環境を改善していく，その際には本人の周りの人々を巻き込んでいく形で集団的なあるいはコミュニティアプローチを

301

とっています。すべての章のケーススタディに共通しているのは「環境」をよくしていくことであるといえますが，いずれのケースでもその方法としてソーシャルワーカーやコミュニティワーカーが介入して，直接関係する人々が力を付け，集団的に必要な働きかけができるようにしています。第3〜8章のケーススタディについては，日本でのソーシャルワークからすると，少し取り組む問題が異なるように思われる方もいるかもしれません。ただ，ソーシャルワークとして認識されていないかもしれないのですが，日本でも同様な地域での取り組みは一部でみられます。たとえば，村おこしや町おこしの取り組みの中で，エネルギー問題に取り組んでいる地域や，公害等による環境汚染，また住環境の劣悪さを改善しようとする取り組み等です。

　上野谷　すべての事例で介入とアセスメントについて述べています。逃げないで，プログラムを作って，介入をするというのは全部の事例で扱っています。だからそういう意味でわかりやすい。もう1つ，レジリエンスという概念が大切です。レジリエンスについては2013年に，ソーシャルワーク学会誌で特集を組んでいます。[6]日本のソーシャルワークに欠けている（ソーシャルワーカーの声の不在，権利擁護等）ものが，よく理解できます。

（8）複眼的アプローチによる事例の見立て

　上野谷　回復していくプロセスであるとか，その課題にご本人が対応できるような姿勢にするには，ワーカーが逃げたら対応どころではない。レジリエンスというのは本人の問題解決していく，あるいは問題を直視したり，関係性を作るというところの回復力のようなものです。ソーシャルワーカーにとっても同じことが言えて，相互の関係の中でしか回復しないし，その人，クライエントさんはその家族であるとか，その関係の中でしか私たちは回復させられないんだっていうとらえ方です。ましてやそれが気候変動やエネルギー問題などから生ずる生活問題の場合，関係性に翻弄され続けます。ただ，そこで振り回されたらソーシャルワークになりませんから。だからドミネリ先生がすごいのは，個別支援を忘れて社会変革に没頭しない。軸足がしっかりしているという，ぶれないっていう辺りね。それは何なのでしょうか。ソーシャルワークを成立させる哲学思想，価値？

　所　先程，ドミネリ先生から伺った現場時代のお話で，あるコミュニティセンターで彼女が始めたプロジェクトで，女性のパートナーに対して暴力を振るう男性向けのプログラムを始めた話をしました。このエピソードからも，単に「問題である人」として排除したり，直ちに関係性を切り離すことによってのみ問題状況を解決しようとしているのではなく，関わる人々それぞれにとっての困難や置かれている状況，お互いの間の関係等を丁寧にみておられることと，一人ひとりの人権や尊厳を大切にされていると思います。

　上野谷　なるほど。

　所　だけど，何を目指している，何を見ているのかという話に持っていったら，このことが必要だと。つまり，この事例を使ってお伝えすると，おそらく怒りを誰かにぶつけるとかではなくて，やはり目指すところは，もし夫婦関係であって，それが本来はもっと良い関係でやっていきたいということであればそういうふうに修復していくことだし，それに何か問題が起こっているなら，それを解決していこうと。

　実際にその男性たちというのは，確かに暴力を振るうということはやってはいけないことかもしれないし，それを擁護するわけではないけれども，そうせざるを得ないいろいろな状況が実はあったと。そこを取り除いたり解決していかない限りはだめなんだと。ソーシャルワーカーとしてぶれていない。

（9）グリーンソーシャルワークで社会は変わるのか

　上野谷　そうですよね。興味深い事例です。そしてもう1つね。こういうグリーンソーシャルワークの思想や展開で果たして社会は変わるのかっていう。この辺，どうです。

　所　どうなんでしょう。というか，これは考え方だけじゃなくて，これが本当に実現というか実践する形に動いていかない限りは何も変わらないというか。そういう意味では，まず第1には，ソーシャルワーカーに対して理解をと，一緒に行動というメッセージではありますけど，おそらく狭い意味でのソーシャルワーカーに含まれない人たちに，こういうものの見方とかを理解してもらわなければ，実際に現実を動かしていくことは困難であると認識されている。本書で取り上げられている話でもグローバルなとらえ方ですから，お互いに影響

を与え合っているということ，何か事象が起こっているのがある1つの国であろうと，その国だけの問題としては決してとらえていないんですね。そういう視点でいくのであれば，今，直ちに何かが起こっている地域に駆け付けなければ解決にならないとかいうことでは，それだけでは決してない。だとしたら離れていた所にいても，共に取り組めることっていうのはあるじゃないかというふうに受け止めた時に，さあ私たちがどう動くのか。ある意味問われているのかなと。そういうふうに呼応して動き出す人たちが出てきた時に先生の質問に戻りますと，何か変えていけるのかなというふうに思います。

　上野谷　そうですね。だから，どの章もそのソーシャルワークの機能として，全体性，開発性，運動性の機能が挙げられています。全体性は個人の持っているさまざまなニーズが包括的で全体的であるという意味だけでなく，個人，地域，国，世界というあらゆる対象を包含するという意味でも使われているんですね。そしてその全体性の中で開発性や運動性等が強調されますので，それを発揮するためには参加と協働しかないんだということですよね。これは日本でも私たちも参加と協働というのはよく使うんだけれども，その参加っていうことは具体の事例ではこんなことですよとか，ソーシャルワーカーが参加できるし，住民も参加，当人だって参加できるんですよということを事例の中で全部語っているわけね。そして，そのワーカーが変化していくプロセスなんかが出ていると。とても面白かったと思います。

　所　そうですね。その参加と協働でやっていく，実際に活動であったり，運動であったり。その結果，コ・プロダクション（Co-Production）という言葉も使われていますけど，その協働を通じて自分たちの知識というものを共に作っていくというようなことも言われているんですね。そういうのができてきた時に変わっていくのかなというか。

　上野谷　細かい話も面白かったのがありましたね。電話支援のオンラインのマニュアルみたいなものとか，わりと丁寧に細かいことまで書いてあります。日本と一緒だなと思ったのは，ケーススタディで紹介されている，2010年のハイチの地震の例。第6章のハイチでは専門家による長期的開発作業に投資を行う力も資源もなく，結果，こうした活動が減退し撤退してしまったという話で，要するに既存のシステム，政府からの支援，すでに活動を行っているNGO，

304

ソーシャルワーカーの養成校等へのおんぶに抱っこの限界がすぐに露呈したっていう事例でした。日本でもあります。今，私たちが被災地支援に入る場合も同様です。ソーシャルワーカー養成校等，いろいろな所が東日本も行きました。しかし，おんぶに抱っこの限界の露呈ということがあります。だから，そういう意味では受援力というのが言われています。受援力は資源の状態のあり方からすべてに言えると思います。一定程度の日常的な資源や，制度，政策が無ければ外からの支援が有効に働きません。「ソーシャルワークが展開できる基盤」が必要です。都市再開発や堤防を作るというところとは連携しながらやる必要がありますが，やっぱり遠い所で，私たちの力が発揮できる基盤は一定程度必要なことは素直に認めた方がいいだろうと思います。これが医療との違いですね。たとえば，雨露をしのぐ住まいの確保で，住宅を建てるにはやっぱりそれを建てる技術がいるけど，私たちはその技術は無いわけだから。だからそういう人たちと一緒に組んでやったら効果が上がる専門職だということは自覚して，何もかもができると思わないことと，基盤があった上で対応できないと。しかし，基盤を作るための支援はできると。そこが私，ドミネリ先生はそのような認識をはっきり持っているから，他のいろいろな活動家やら研究者と連携できるのです。日本の場合は，私たちソーシャルワークの研究者が，都市計画や法学や，政治学などの人たちとの協働を通して，ソーシャルワークが展開でき，活かされる基盤を作る必要がありますね。

所　最後に，ソーシャルワークのグローバル定義の関係で，ドミネリ先生の著書の意義を確認しましょう。ソーシャルワークのグローバル定義が，2014年7月にオーストラリアのメルボルンで開催された国際ソーシャルワーク学校連盟（IASSW）及び国際ソーシャルワーカー連盟（International Federation of Social Workers；IFSW）の総会において採択されました[7]。新グローバル定義は，従前の国際定義と異なり，グローバル定義を基に，それに反しない範囲で，世界の各地域（region）及び各国において，それぞれの置かれた社会的・政治的・文化的状況に沿った定義の「展開」が認められることとなり，各地域及び各国での検討がなされています。グローバル定義，また「アジア太平洋地域における展開」[8]には，グリーンソーシャルワークが訴えているソーシャルワークの環境への責任や環境保全への関与が明記されています。また災害については，

アジア太平洋地域における展開案では，自然災害だけでなく人災についてもふれられています。

「日本における展開」(9)（2016年4月14日版）には，「また日本に暮らす人々は，伝統的に自然環境との調和を志向してきたが，他のアジア太平洋諸国と同様に多発する自然災害へのさらなる対応が求められている」という一文があります。これは日本がこれまで経験してきた災害に対しての取り組み，それらは平時からの防災や減災，災害からの復興・再生，レジリエンスの力の向上までの幅広いものととらえることができるかと思いますが，日本の国内外において広め発展させていくことの必要性とそこにおけるソーシャルワークの役割や機能をより明確化し実践できるようにすることの必要性をいっているかと思います。そういった取り組みを今後進めていく上で，「グリーンソーシャルワーク」という考え方を用いていくことの利点といいますか，「グリーンソーシャルワーク」という考え方や実践の広まりに期待したいことがあります。ドミネリ先生は「環境」や「自然災害」が人々の生活にもたらす影響やそれに対してのソーシャルワークの関わりの必要性を問うておられますが，「グリーンソーシャルワーク」であって「環境ソーシャルワーク」とはされませんでした。被災地での支援に入られる中で，「市民性（シチズンシップ）」「人の主体性」「人権」をソーシャルワークの中心に置かなければならないと考えるに至ったと，私たちの研究会が開催した講演会でお話されていました。(10) これらは，ソーシャルワーカーが通常の活動において大切にしていることです。もし「環境ソーシャルワーク」としてしまうと，その対象の中心が「環境」になってしまいます。環境は重要であるがそれは一部分であり，構造的不平等への取り組みや人権の尊重，環境破壊問題への取り組みの中に，グリーンソーシャルワークの実践を位置づけているドミネリ先生にとっては「環境ソーシャルワーク」では十分ではなかったのです。また「災害」については「自然災害」だけでなく，「人災」についても取り上げておられますが，「災害ソーシャルワーク」とされることもありませんでした。それは「環境ソーシャルワーク」としなかった理由と同じです。

では，なぜ「ソーシャルワーク」のままではなく「グリーンソーシャルワーク」としたのか。それは，これまでのソーシャルワークが私たちの生活に環境

が与える影響の大きさを言いながらその環境の保全や環境に対する責任を果たしてこられなかったこと，また実際に環境保全やそれを含む社会開発に取り組もうとすると，ソーシャルワーカーはもちろんのことソーシャルワーカー以外で環境保全や関連した社会開発に関わっている人々にもソーシャルワークへの関心を向ける必要があったと，ドミネリ先生は話されました。そして従来の「ソーシャルワーク」にはなかった「環境正義」という考え方がその基盤にあることを今一度強調したいと思います。環境正義とは先の講演時のドミネリ先生の言葉では，健康な環境に生きる権利ということであり，健康な環境とは将来のニーズ充足を脅かすことなく今日の充足を図ることができる環境のことで，環境正義とはそのような環境に住むことができる権利であり，私たちはすべて同一の共同体に属しているということ，重要なのは思いやり，関心を持つことだといわれています。そしてソーシャルワーカーの役割として，問題意識を人々に持ってもらうという重要な仕事があるとし，そのために一般の人たちが理解できるように科学的な言葉をわかりやすい言葉で説明したり，重要な質問を投げかけたりすることができるというのです。グローバル定義にもある「ソーシャルワークは，できる限り，『人々のために』ではなく，『人々とともに』働くという考え方をとる」という姿勢は，グリーンソーシャルワークにおいても明確で，主体性，力関係，資源，知識といった概念を用いて，分かち合って実践をすすめていくことの重要性を伝えておられます。

　グリーンソーシャルワークの実践や研究も，こうした「共に」進めていくことを大切にされています。日本でも自然災害だけでなく，水俣病や森永ヒ素ミルク事件やその他の公害等による人災への対応に社会福祉実践者・研究者が関わってきた歴史もあります。本書のように，身近な事例から私たちなりのグリーンソーシャルワークの実践・研究をこれからより多くの方々と進めていけるといいですね。

　そうすることで，日本のソーシャルワークをめぐる状況からは少しわかりにくいグローバル定義の目指す所やその方法について，本当の意味で理解していけるのではないでしょうか。グリーンソーシャルワークはその橋渡しになれるのではと思います。

注

(1) パッチ（近隣，小地域）とは人口1万人前後の地域を指す。パッチシステムは「近隣社会サービス」ともいわれる。イギリスにおいて，1979年頃からみられた中央集権的官僚主義批判の視点にたち，分権化，供給体制の多元化，住民参加を志向した福祉サービス供給体制の改革を目指した取り組み（濱野一郎・大山博編（1988）『パッチシステム――イギリスの地域福祉改革』全国社会福祉協議会）。

(2) Ferguson, Ian. (2008) *Reclaiming Social Work: Challenging Neo-liberalism and Promoting Social Justice*, SAGE Publishing.（＝2012，石倉康次・市井吉興監訳『ソーシャルワークの復権新自由主義への挑戦と社会正義の確立』クリエイツかもがわ。）

(3) 須藤八千代（2015）『フェミニストソーシャルワーク　福祉国家・グローバリゼーション・脱専門職主義』明石書店。（Dominelli, Lena, (2002) *Feminist Social Work: Theory and Practice*, Palgrave Macmillan.）

(4) Banks, Sarah, et al. eds. (2013) *Managing Community Practice: Principles, Policies and Programmes ― Second Edition*, Policy Press.

(5) 対象国あるいは対象地域の国民，住民の意思を尊重しつつ，社会的，経済的状態の改善を図る方法。元々は開発途上国あるいはその国々の中の地域での援助の方法であったが，近年では先進諸国も含めた地域社会開発，地域共同社会開発の意味でも用いられている。地域社会において，地域の住民がその地域社会の問題を自ら解決できるように，専門的知識・技術を有したワーカーが地域組織化等の活動を通じて援助することをイギリスでは，コミュニティディベロップメント，その後コミュニティディベロップメントワークと称していたが，最近ではコミュニティディベロップメントプラクティスという言葉で称されるようになってきている。

(6) 『ソーシャルワーク学会誌』（日本ソーシャルワーク学会，第26号，2013年6月），「リジリエンスによるソーシャルワーク論とその実践」をテーマとした第29回大会報告が掲載されている。

(7) 国際ソーシャルワーク学校連盟（IASSW）・国際ソーシャルワーカー連盟（IFSW）〔日本社会福祉教育学校連盟・社会福祉専門職団体協議会訳「ソーシャルワーク専門職のグローバル定義（日本語訳確定版）」〕（https://www.jacsw.or.jp/06_kokusai/IFSW/files/SW_teigi_japanese.pdf，2017.6.20.）。

(8) 「ソーシャルワーク専門職のグローバル定義のアジア太平洋地域における展開（日本語訳確定版）」（https://www.jacsw.or.jp/06_kokusai/IFSW/files/SW_teigi_asia.pdf，2017.6.20.）。

(9) 社会福祉専門職団体協議会及び日本社会福祉教育学校連盟・ナショナル定義検討ワーキンググループ「ソーシャルワーク専門職のグローバル定義の日本における展開案（2016年4月14日版）」（https://www.jacsw.or.jp/06_kokusai/IFSW/files/sw_

0160414.pdf，2017.6.20.）。

⑽ 「講演録　グリーンソーシャルワーク——今こそ社会開発と環境正義への鋭敏な
まなざしで，実践パラダイムの再考を」『月刊福祉』2014年 8 月，12-19頁。

参考文献

上野谷加代子（2014）「特集の視点」『月刊福祉』2014年 8 月号，全国社会福祉協議会。
ドミネリ，リーナ／所めぐみ監修（2014）「【講演録】グリーンソーシャルワーク——
今こそ社会開発と環境正義への鋭敏なまなざしで実践パラダイムの再考を」『月
刊福祉』2014年 8 月号，全国社会福祉協議会。

監訳者あとがき

　本書は，「災害ソーシャルワーク」に関する書物というより，その前提となる原因やソーシャルワーカーの課題解決の基盤となる思想や，姿勢，方法を問う書物です。理解を深めるために，幾度も研究会や読み合わせを行いましたが，翻訳するのに多くの時間を費やしました。理由は，今まで私たちがエネルギー問題や環境保全等との関係でソーシャルワークを考えていないこと，何より狭いソーシャルワーク研究や実践に甘んじてきたからです。また，発想はもとより，数々の多様な法制，単語になじみがないことも影響しました。しかし私たちは，「福祉ガバナンスとソーシャルワーク」研究を長らく続けてきたメンバーであり，ソーシャルワークの広がりと開発力を信じている者たちです。また，著者であるドミネリ先生のパワフルな思想とソーシャルワークへの熱い思いに惚れ込み，一緒に変革に向けて歩み続けることを誓い合った仲間でもあります。

　今日，地球上の各地であらゆる災害が生じ，平和な中で人として生きていく基本的人権が守られていない状況が，巷にあふれています。ソーシャルワークがこのような状況を打破できるのかが問われています。私たちは，ソーシャルワーカーの養成や，ソーシャルワークの展開を通して，持続可能な開発目標（Sustainable Development Goals ; SDGs）の達成を目指していかなければならないと強く感じています。

　本書の出版を快諾下さったミネルヴァ書房の杉田啓三代表取締役社長，私たちの遅々として進まない翻訳状況を見守り支えてくださった編集者の音田潔さんに心より御礼申し上げます。各章の翻訳責任は各訳者にありますが，本書全体を通しての責任は監訳者にあります。

　本書が，今後のソーシャルワーク研究および教育への一助となれば幸いです。

2017年5月

　　　　　　　　　　　　　　　　　　　　　　　監　訳　者

索　引

訳者紹介 （所属，執筆分担，執筆順，＊は監訳者）

＊**所めぐみ** （ところ・めぐみ） 序章・コミュニティから「環境」へ
　　監訳者紹介参照。

　南友二郎 （みなみ・ゆうじろう） 第1章・第2章・第4章・第6章・終章
　　現　在　同志社大学研究開発推進機構特別任用助教。
　　著　作　『福祉ガバナンスとソーシャルワーク──ビネット調査による国際比較』（共著）ミネルヴァ書房，2015年。
　　　　　　「社会福祉法人による「地域における公益的な活動」に向けた協働の成立要因──滋賀の縁（えにし）創造実践センターへの質的調査から」『地域福祉研究』第4号，2016年，19-29頁。

　室田信一 （むろた・しんいち） 第1章
　　現　在　首都大学東京都市教養学部准教授。
　　著　作　『子どもの貧困／不利／困難を考えるⅠ──理論的アプローチと各国の取組み』（共著）ミネルヴァ書房，2015年。
　　　　　　『問いからはじめる社会福祉学──不安・不利・不信に挑む』（共著）有斐閣，2016年。

　斉藤弥生 （さいとう・やよい） 第3章
　　現　在　大阪大学大学院人間科学研究科教授。
　　著　作　『スウェーデンにみる高齢者介護の供給と編成』大阪大学出版会，2014年。
　　　　　　Meeting the Challenges of Elder Care: Japan and Norway（共著）京都大学出版会，2010年。

　佐藤桃子 （さとう・ももこ） 第5章・第6章・終章
　　現　在　日本学術振興会特別研究員PD（同志社大学）。
　　著　作　『スウェーデン・モデル──グローバリゼーション・揺らぎ・挑戦』（共著）彩流社，2016年。
　　　　　　「デンマークにおける課題を抱える家族と子どもへの支援──社会的養護と子育て支援の連続性に焦点を当てて」計量経済研究所『季刊家計経済研究』第106号，2015年，69-82頁。

　羅珉京 （な・みんきょん） 第7章
　　現　在　佐賀女子短期大学地域みらい学科准教授。
　　著　作　『福祉ガバナンスとソーシャルワーク──ビネット調査による国際比較』（共著）ミネルヴァ書房，2015年。
　　　　　　「日韓における児童虐待の実態と対応の特色」『佐賀女子短大研究紀要』第51集第1号，2016年，147-157頁。

　野村裕美 （のむら・ゆみ） 第8章
　　現　在　同志社大学社会学部社会福祉学科准教授。
　　著　作　『ソーシャルワーカー論──関わり続ける専門職のアイデンティティ』（共著）ミネルヴァ書房，2012年。
　　　　　　「住民と協働する個別支援ワーカーの養成研修──対話をベースとした人材育成」『月刊福祉』第97号，2014年，24-29頁。

＊**上野谷加代子** （うえのや・かよこ） コミュニティから「環境」へ
　　監訳者紹介参照。

監訳者紹介

上野谷加代子（うえのや・かよこ）

1974年　大阪市立大学大学院家政学研究科社会福祉学専攻修士課程修了。
現　在　同志社大学大学院社会学研究科教授。日本地域福祉学会前会長。
著　作　『福祉ガバナンスとソーシャルワーク——ビネット調査による国際比較』（共編著）ミネル
　　　　ヴァ書房，2015年。
　　　　『地域福祉の学びをデザインする』（共編著）有斐閣，2016年。

所めぐみ（ところ・めぐみ）

現　在　関西大学人間健康学部教授。
著　作　『福祉ガバナンスとソーシャルワーク——ビネット調査による国際比較』（共著）ミネルヴ
　　　　ァ書房，2015年。
　　　　『地域福祉の学びをデザインする』（共著）有斐閣，2016年。
　　　　『現代社会の福祉実践』（共著）関西大学出版部，2017年。

グリーンソーシャルワークとは何か
——環境正義と共生社会実現——

2017年10月1日　初版第1刷発行　　　　　　　〈検印省略〉

定価はカバーに
表示しています

監訳者　　上野谷　加代子
　　　　　所　　　めぐみ
発行者　　杉　田　啓　三
印刷者　　田　中　雅　博

発行所　株式会社　ミネルヴァ書房
607-8494　京都市山科区日ノ岡堤谷町1
電話代表　(075)581-5191
振替口座　01020-0-8076

創栄図書印刷・新生製本

ISBN978-4-623-08054-0
Printed in Japan

福祉ガバナンスとソーシャルワーク

上野谷加代子・斉藤弥生 編著
A5判／280頁／本体6000円

よくわかる地域福祉 第5版

上野谷加代子・松端克文・山縣文治 編
B5判／208頁／本体2200円

福祉の哲学とは何か

広井良典 編著
四六判／332頁／本体3000円

ソーシャルワーカー論

空閑浩人 編著
A5判／272頁／本体4200円

住民と創る地域包括ケアシステム

永田 祐 著
A5判／228頁／本体2500円

ミネルヴァ書房
http://www.minervashobo.co.jp/